U0071295

左舜生回憶錄

左舜生——原著
蔡登山——主編

導讀：名士風流——從《左舜生回憶錄》談起

陳正茂（國立東華大學縱谷跨域書院兼任教授）

湖湘人物，自咸同以來，即不絕如縷，從曾國藩、胡林翼、左宗棠到譚嗣同、唐才常；自黃興、宋教仁、陳天華、蔡鍔到毛澤東、劉少奇、彭德懷等，此起彼伏，源源不斷，蔚為壯觀。饒富趣味的是，創造近代史者多為湘人，記錄近代史者亦頗不乏湖南人身影，這其中有第一流的近代史學者蔣廷黻，也有以一部《最近三十年中國政治史》而蜚聲中外的李劍農，還有一位少為人提及乃至漸被遺忘的左舜生。

左舜生，光緒十九年（1893）生於湖南長沙，譜名學訓，字舜生，別號仲平，黨名謂公。左是民國政治史上一位重要的人物，為中國青年黨「曾、左、李」三巨頭之一，長期為青年黨主要領導人之一，曾擔任青年黨中央執行委員會委員長、「民盟」秘書長，民國三十六年四月，國府改組，青年黨參加政府，先生出任張群內閣之農林部長。嚴格說來，畢竟一書生，踏足宦海終非先生所長，亦非其所好。先生集政治家、政黨活動家、詩人和史學家於一身，然真正志趣則在文藝與史學，其雖然激於民族危機和時代洪流而涉足政海，但終其一生，始終未能忘情於史學研究，並為後人留下累累碩果，贏得同為湘人的著名史學家吳相湘的讚譽「左舜生為近六十年來，注意研究中國近代史三五先驅之一，與李劍農、蔣廷黻齊名，而各有樹立」。

先生著作宏富，撰述不少研究中國近現代史的著作，但自己卻未留下回憶錄或日記之珍貴史料，此為相當可惜之事。是以，筆者過去鑽研青年黨史及其人物多年，曾為先生主編《左舜生先生晚期言論集》三冊（台北：中研院近史所版，民國八十五年）；及編著《左舜生年譜》（台北：國史館版，民國八十七年）等著作，提供想研究青年黨史或先生者之學界人士一基本素材。今好友蔡登山先生，以其慧眼和史識欲出版《左舜生回憶錄》一書以嘉惠士林，自是美事一樁，承登山兄不棄，委筆者撰一導讀，敢不從命，茲略述如下：

《左舜生回憶錄》共三部分，第一部分是先生名著《近三十年見聞錄》（按：原名應為《近三十年見聞雜記》），此書出版甚早，有好幾個版本，最早是由香港「自由出版社」於民國四十一年付梓發行。民國五十七年，沈雲龍先生將該書與先生另一名著《萬竹樓隨筆》合刊，由台北文海出版社再版，列為「近代中國史料叢刊」第五輯。其後，民國七十三年，中國青年黨黨史委員會又將該書重新印行，由此可見先生此書之重要及風行之廣了。《近三十年見聞雜記》其實是民國四十一年（1952）三月，先生將其於香港《新聞天地》所寫的文章，收集出版成為此書。該書是先生於民國四十年四月寓居香港時所寫，內容敘其個人有關之少年中國學會、五四運動、中華書局編譯、九一八事變、七七抗戰前後數度應邀晤蔣；及參與國民參政會、民主政團同盟（「民盟」），訪問延安和毛及共黨高層會談，國共和談以第三方面立場調和鼎鼐迄於和談破裂的親身經歷，擔任農林部長等經緯共三十年間事，提供第一手資料，為歷史作見證，亦先生在民國三十八年以前的大事記，說是先生前期的回憶錄亦無不可，故彌足珍貴。

第二部分，編者名為《散憶零簡》，收錄先生的〈我的少年時期〉、〈香港三年〉、〈從我的流亡生活說起〉、〈述最近留台觀感〉、〈最近十年的香港〉、〈台北與大陸之間〉、〈記新春的雜感與瑣事〉等七篇文章。

〈我的少年時期〉可銜接《近三十年見聞雜記》附錄〈清民之際的長沙〉，可視為先生更早年的回憶錄，因為該文始於先生出生的光緒十九年（1893），終於民國二年（1913）先生赴上海求學止的整二十年之成長歷程。所記者有先生所處的時代背景介紹、對故鄉長沙風土民情的追憶，對長沙地理景觀的年少回憶，寫湘江春暖，敘岳麓秋色；更道「嶽麓書院」對其孩童時期的影響，當然更免不了提及鄉賢陳天華、蔡松坡等烈士對其少年心理留下的深刻烙印。文中內容主要是寫先生的家庭背景和教育環境，先生出身書香世家，祖父左莘農為長沙教諭，有聲於里，父親為一士子，在家中設館授徒，唯先生啟蒙教育反而是賴母親與三姐教導。進入「長邑高等小學」後，校長余子昭，教員唐濟渠、曹孟其等，俱一時名師，對先生學問思想影響頗大。總之，在先生少年的求學時期，偷閱梁任公《國風報》、逼校長剪辮、開始於《長沙日報》撰稿等驚世駭俗事，先生都詳述於〈我的少年時期〉。如上文所說，如果《近三十年見聞雜記》算是先生回憶錄的話，那麼〈我的少年時期〉即為先生回憶錄之前傳。

〈香港三年〉是先生於民國四十一年八月連載於香港《自由人》三日刊的文章，《自由人》

創刊於民國四十年（1951）三月七日，先生也是發起人之一，另外主要參與者還有：王雲五、王新衡、端木愷、程滄波、胡秋原、吳俊升、陶百川、雷震、阮毅成、劉百閔、雷嘯岑、徐道鄰、徐復觀、陳克文、成舍我、金侯城、張丕介、彭昭賢、許孝炎、卜少夫、丁文淵等三十餘知名之士。（見拙文，〈動盪時代的印記——《自由人》三日刊始末〉，《傳記文學》第八十七卷第四期（民國九十四年十月，頁二十一。）〈香港三年〉時序為民國三十八年八月起，先生斯時正離台來港，文中先生提及在港島三年最愉悅之事是在生活上，無論精神或物質上，都沒有任何人予以干擾，此亦先生之所以離台的原因，在極權與威權的政治高壓下，想保有一點說話的自由，大陸固不可留，台灣也待不了，英國治下的香港，乃不失為不滿國、共兩黨的知識分子及政治異議者的首選之地，先生初履香江之心境大抵如此。

先生在香港三年中，有鑒於香港的繁榮與建設的進步，不禁大哉問了一個好問題「究竟政府是為人民而設，還是人民為政府而設？」先生有感而發的自問自答：「我深深的知道今天中國的老百姓覺不需要什麼『大同』不『大同』，他們所迫切希望的，只是政府能救衣食住行公共衛生這類基本問題，好好的給他們一點兌現。」先生的感慨之語，與同為湘人周德偉的「忍將功業苦蒼生」不謀而合。接著，順著香港百年來建設的突飛猛進，先生筆鋒一轉的批評中國人是有「想振作」的念頭，但是看見無數做官的人，目的不在做事，而在「光宗耀祖」、「揚名顯親」，因此「親親政治」不獨與「民主」絕不相容，希望中國會有現代的民主政治出現，恐怕總是南轅北轍吧！先生曾任行憲後短暫的農林部長，宦海浮沉感受頗深。在〈香港三年〉中，先生有提到「最近國際方面有一種從事救濟知識份子的活動，惜點到為止語焉不詳。此事為美國舊金山方面的民間團體，為營救滯港流亡的中國知識份子，特別斥資在香港成立的「中國知識份子救濟協會」，該協會曾請昔同濟大學校長丁文淵主持其事，當時避居香江一隅的知識份子，十之八九都向該會填表登記了，惜填表登記後，該會並無進一步拯救事實的表現，經過年餘，最後會務亦停止了。（見拙文〈懷才不遇——丁文淵〉，收錄於《逝去的虹影——現代人物述評》，台北：秀威版，二〇一一年十二月，頁一七五。）當然，在〈香港三年〉中，先生亦觀察入微，舉凡香港的民生物價、文化出版事業、醫療衛生、衣食住行、教育制度、娛樂活動等面向，以其實地體驗，為吾人簡潔清楚的勾勒了五〇年代初期香港的城市面貌。

〈從我的流亡生活說起〉副標為〈順便報告一點香港的見聞〉，文中提及民國三十八年大變動期間，先生「先台後港」的經過，先生說到其來台後，先寄居在台北「中華農學會」四月餘，約莫三十八年底才離台去港，而去港之因據先生言：「其時大陸的形勢已一天不如一天，但我還有好幾十位朋友，分別轉徙於廣州港九一帶，而且多數是攜帶家小，負擔相當的沉重，如果我拒絕他們的請求，不去為他們加以籌劃，實為我的責任所不許，這便是我三十八年到達臺北以後又匆匆離去的主要原因。」先生這篇文章寫於四十三年，其已赴港定居多年，但說到離台主因僅是檯面話，真正原因是當時其手下謝澄平已和美國搭上線，正準備辦《自由陣線》週刊，從事「第三勢力運動」，謝為左任農林部長時之政務次長，為青年黨二線人物，論資望還不足以服眾，因此有需要奉先生為精神領袖以資號召；另外，先生日後也提到，台灣當時環境，對其研究中國近現代史，在資料蒐集上，遠不如香港方便，此亦促其赴港的另一原因。

〈述最近留台觀感〉是先生於民國四十三年二月二十八日至四月九日在台期間，因當年為第二任總統選舉，先生以國大代表身分來台出席投票，利用來台開會之際，先生對國府治下的台灣，尤其是台北有一番深刻的感受。大體而言，先生肯定國府治下的台北已有明顯的進步，舉凡社會秩序良好、交通便利、人民生活情況安穩等；唯讓先生不敢恭維者是台灣那時還是「文化沙漠」，台北的出版界仍是非常不景氣，因政府審查太嚴，以致很多圖書無法輸入，這是頗為可惜的地方。另外，針對台灣當年的生產事業與農業，因著先生當年擔任農林部長的敏銳度，對台灣農業的米和水產，工業方面的製糖、紡織以及化肥等都有一番觀察。難能可貴的是先生所述者都是以治史者的精神，查覈數據親訪當事人，因此所言有憑有據，非走馬看花徒託空言。

值得一提的是，先生對台灣工業化的遠見，先生對當年國府的工業化政策，提出鼓勵民營企業以臻工業化之要旨。先生認為應該鼓舞人民對於經營企業之興趣，而使其自然趨向此途的方法有五：1.能獲合法之利潤。2.確受法律之保護。3.改良稅法及進出口管制辦法。4.購取原料及銷售貨品多予便利，盡可能使其成本輕減。5.減少各種手續上之麻煩。這五點便民之措施，倘政府能付之實行，先生說「則游資皆納入正軌，群趨於生產之建設一途，而工業化之目的，可以漸達。」先生高瞻遠矚的建言，證之五〇年代台灣經濟發展的軌轍，竟有相當多雷同之處。除此之外，先生文中也提到如何培植人才和獎勵發明；甚至外資僑資問題，老成謀國之心，溢於言表。

當然通篇文章最大亮點是先生不諱言論及當時國府幾個最敏感問題，反攻大陸的準備、國、民、青三黨關係，「吳國楨事件」和言論自由等，先生都坦然暢談。例如反攻準備，先生即務實說到，一定要與整個世界反共行動相配合，決無法採取單獨的動作。朝野黨派關係，先生提到一秘辛，即蔣介石一直希望民、青兩黨合併成一有力在野黨，胡適則建議國民黨一分為二較為迅速有效。先生文中倒是說的比較實際，國民黨之無法可分，也正如民、青兩黨之無法可合，不是那麼簡單就一蹴可幾的，書生與政治人物之別就在於此。最後，先生不無嘲諷的說，據他觀察所得，台灣言論自由是有些許進步，一些持批評政府的報章雜誌如《星島》、《華僑》、《自由中國》、《民主潮》等都可以進口及存在，但媒體報導的遣詞用字，如提到行政院長陳誠用「陳揆」，遇著總統兩字一定要空一格，這些不良習慣，先生認為大可不必。

〈最近十年的香港〉所論者為香港在港督葛量洪統治十年下的所思所感，民國三十六年至四十六年是葛量洪任香港總督期間，這顆「東方之珠」在各方面的成就均讓外界刮目相看，因此有人稱此時期為「葛量洪時代」。先生於此期間也正好長住香港，對葛氏亦有相當高的評價，先生以為葛氏能容納民國三十八年後，自內地避秦南下的成千上萬之難民，使其能安居樂業於香江一隅，僅此一端即為了得。其次，將昔日的文化殖民地香港，發展為文化水準頗高的地區，這也是葛氏的功蹟一件，最後，默許香港居民有其反共、親共的選擇自由，此固然是英國的既定方針，但葛氏以其優異的政治才能，讓中共無機可趁，這也是葛氏政治手腕高明之所在。當然，以香港為前哨的對中共文化鬥爭，先生仍憂心的鼓勵大家要團結配合，重點是要加強自我的實力，世界局勢不斷的在變，我們更要審時度勢，順應潮流的演變才可。

〈台北與大陸之間〉這篇文章，恰逢大陸與台灣兩地各發生了幾件大事而引起先生連想寫就。民國四十七年，正值大陸毛澤東發動「陽謀」，引蛇出洞大鳴大放，整肅黨外「右傾知識份子」運動熱火朝天之刻，先生很多昔日老友如章伯鈞、羅隆基被打成「章羅同盟」，正日以繼夜遭到調查清算；一大群知識份子如費孝通、潘光旦、錢端升、吳文藻、儲安平等「反動學術權威」也遭牽連受審時。對毛的這一「反右運動」，逼得如沈鈞儒、黃炎培、邵力子、張治中、李濟琛之流，各個噤若寒蟬、誠惶誠恐的感激「毛主席」的不殺之恩，從此願把心交給黨，永遠不再放言高論。先生對此現況有感而發的說：「千古艱難惟一死」，在死亡面前，這些過去標榜清流的知識份子及政治人物，如今氣節何在？

關於此事，章詒和在《往事並不如煙續篇》提到：「章、羅在北京掉進政治網羅的時候，在香港的左舜生不去伸張正義，反而說他倆是『咎由自取』。這話很有點像說話刻毒的聶紺弩。為什麼要說刺痛老友的話？左舜生有才氣，但是才氣並非是唯一重要的人格構成，真正有用且極為難得的是經過豐富實踐經驗（特別是政治經驗）而形成的認知能力。左舜生說『章羅咎由自取』，就是這種能力的體現。」章詒和不愧是章詒和，垂暮之年，回首前塵，人世滄桑閱歷已深，對當年先生批評其父章伯鈞，不僅不慍不怒，反而肯定先生對毛及共產黨的先見之明，較之其父高明多矣！另一方面，台灣當時也是多事之秋，除「出版法」修正案在立法院引起軒然大波外，最主要是關於當局允許《胡適與國運》的發行來圍剿胡適之事，先生諷刺此舉與大陸的清算「胡適思想」遙相呼應，與共匪合謀令人費解。最後，先生不無自我解嘲的說「我自來對台灣直接發言總是採取避重就輕的一貫態度，我坦白承認：我是投鼠忌器！」妙！好一個「投鼠忌器」，令人會心一笑，拍案叫絕。

〈記新春的雜感與瑣事〉分三篇連載於《聯合評論》週刊上，時序已到民國五十一年新春，台灣仍處在白色恐怖的戒嚴年代，「禁書」戲碼還是天天在台灣上演，連《兒童樂園》這樣的刊物也遭禁，不禁使先生想到當年在上海中華書局編書時，也是動輒就接到國民黨「上海市黨部」的禁書清單，如今三、四十年過去了，國民黨的觀念做法絲毫不改，毫不長進。先生舉例言之，有一國文老師，因買了大陸出版的《馬氏文通》和《列子》二書而遭禁，國文老師說「或許他們懷疑我是馬克思列寧的崇拜者，所以要給我這一嚴重懲罰！」先生嚴肅說，他不是說玩笑話，是經過查證的，因此不客氣的批評道，一言以蔽之：兒戲！另外，先生於此文亦提到因胡適發表的一篇演講而引起港台一片圍剿聲浪，尤以徐復觀的批評最為嚴厲，對此先生倒沒任何評論，只說我的內心，卻依然是站在胡先生一面的，並勉勵年輕朋友，解放小腳都要耗上百年以上歲月，爭取民主而遭受挫折不要灰心，可能需要更久的時間。巧合的是，此文發表於民國五十一年二月二十三日，正是胡適去逝的前一日，冥冥中似有意思。

第三部分，命名為《點指人物》，內中撿拾先生〈書生建黨的曾琦〉、〈給毛澤東一個初步的解剖〉、〈毛澤東最後的苦杯〉、〈大陸動亂已在變化中〉、〈談談我所認識的幾個共產黨人——張聞天、田漢、李達及其他〉等五篇文章；另有附錄〈左舜生先生遺言〉一篇。

〈書生建黨的曾琦〉（1892-1951）寫於民國四十年（1951）五月，青年黨黨魁曾琦病逝美京華盛頓後不久，當時香港有人在報端發表若干評論，文中有不實誇大的批判記載，先生基於義憤和幾十年老友身分，強調執筆之人，大概對於慕韓生平不甚了了，因此在高下抑揚之際，不免失實。先生說的好，捧場決不是一個已死去的慕韓所需要，厚誣卻是大大的不應該。因此，先生平實的寫下此文，就某種視角觀之，該文所述內容其實也是先生生平回憶錄的一部分，其中有幾處是先生一生的關鍵節點。早期研究「少中」史的郭正昭在〈王光祈與少年中國學會（1918-1936）〉文中提到：「師生與同學關係在傳統倫理社會中，往往是血緣的意識化，從這一角度窺測，少年中國學會的原始結合，還是殘存著血緣性和地緣性。」（《中央研究院近代史研究所集刊》第二期（民國六十年六月，頁一一九－一二二。）

先生初識曾琦是在上海震旦大學肄業時，雖然不同班但有過接觸，先生說其不在曾琦的圈子裡，此言恐有斟酌餘地，合理推論曾琦對先生的影響應該還是蠻大的，此從李璜的《學鈍室回憶錄》上可知道當年「曾、左、李」中青三巨頭在震旦大學嚶嚀求友的一個側面。李說他在震旦大學時，「最大收穫為與同學曾琦、左舜生、黃仲蘇、陳登恪及鄭伯奇等人訂交，其中以曾琦及左舜生對先生影響尤大。」又言：「在震旦讀書，對我私交較深，後來同為國家主義與民主奮鬥的兩位同學：曾琦與左舜生，……慕韓大我三歲，四川隆昌人，舜生大我兩歲，湖南長沙人；慕韓曾參加辛亥時同盟會光復重慶的革命行列，且曾在重慶辦報；舜生則在長沙時即早聞革命政治人物及其故事甚多，故他兩人對於我的政治知識與興趣，發生了傳染的作用。」（李璜，《學鈍室回憶錄》（上卷），香港：明報月刊社出版，一九七九年十月初版，頁二七。）

先生說，到民國七年，他（曾琦）和王光祈、陳淯（愚生）、周無（太玄）、雷寶菁（眉生）、張尚齡（夢九）、李大釗（守常）等在北京發起「少年中國學會」，經過王光祈的一度南下，便把我介紹入「少中」做了一個會員，並且非正式的要我在南京負起了發展會務的責任。民國十三年冬，曾琦由法返國，未幾，即與先生共同定居滬上。十四年春，一個與青年黨歷史不可分的《醒獅周報》創刊，曾琦雖掛名總編輯，但真正刊務全由先生一手包辦，先生不無得意的說：「我生平辦過的日報期刊，不下十餘種，但在營業上成功的，卻只有這一次。」世人常將青年黨稱為「醒獅周報派」或「醒獅派」，由此可見當年先生辦《醒獅周報》之成功。先生又說：「其時國民黨正在聯俄容共，我們在言論上不只反對共產黨，同時也反對容共的國民黨，要在中國談『第三勢力』，我們也真可以算得是『第三勢力』的老祖宗。」言談中，彷彿也為其當時在香港從事「第三勢力」運動作一說明註腳。該文還提到，有人責備曾琦和若干軍閥有所接近，先生為老友抱不平的指出：「他所領導的一個黨，一個愛國而反共的黨，簡直弄得無法可以生存，剩下可以接近的，就只有寥寥的幾個軍閥，他不去和他們接近，還和誰去接近？」言外之意，青年黨固然和軍閥有關係，但是較之於國、共兩黨的依附美、蘇，青年黨有何可議之處。

〈給毛澤東一個初步的解剖〉，個人認為是登山兄慧眼獨具選在此《回憶錄》上最好的文章，近六、七十年來，中外研究毛的著作可謂汗牛充棟，然能夠有地緣關係、能與毛熟識到可以共躺床上談女人、能從湖南「湘學」背景的歷史脈絡來論毛的人格心理與內心幽暗意識，大概沒有幾人，而先生即為那極少數的幾人之一。先生首先言毛遲早必敗，接著先生言要研究毛，可以將毛放在湖南這個特殊省區來分析，先生說：「在現代的湖南人中，何以會有毛這樣一個怪物出現，最低限度，我們應該懂得咸同以來以迄今日約一百年間，由湖南人所扮演的若干史實，及其代表人物的個性；尤其對清末民初湖南教育界的風氣，更非有一番親切的體驗不可。自聖賢以至一切渾蛋，都逃不出其所生時代與環境的影響，毛當然也不是例外。」基本上，先生以湘省風氣的特質來論湖南士子的演變，湘省風氣特質為何？即自曾國藩、胡林翼以降的篤實謹嚴、倔強不屈、勇於犧牲為天下先的精神，因此，先生肯定曾、胡、黃克強、蔡松坡、陳天華、唐才常、譚嗣同等鄉賢的事功，認為是湘省風氣一脈相承的典範。然接著筆觸一轉提到，大抵湖南知識份子的墮落始於楊度、章士釗，到劉揆一、胡瑛、李燮和的晚節已趨於變種，以迄於等而下知毛的出現，從湖南學風的再衰三竭，「五四」運動的影響及歐戰以後的世變，先生說那是一點都不奇怪的。

最後，先生從清末民初的湖南教育立論，談即如徐特立、曹孟其幾位鄉前輩對湖南教育的影響，此影響表現在對社會改造要求的異常激烈最明顯，尤其湘省知識青年所受影響最巨，毛即為此一風氣中的一個產兒。先生說，湖南人本有股不服輸、蠻幹勁的精神，毛的老師徐特立即有此特徵，毛受此老影響最大，不懂得徐特立，便無法了解毛澤東，此話並不為過，毛的「好讀書不求甚解」，凡事胡幹蠻幹但又敢作敢為甚至胡作亂為，都可從老師徐特立身上看到影子。文中，先生特別提到其與毛在「少年中國學會」及後來的延安之行的交往晤談，為我們留下一段珍貴史實。另外，先生也告誡我們，莫誤會毛一無長處，畢竟毛有湖南人「不信邪」的精神，富有實踐性，有頗強的組織能力，因此，不能低估毛做壞事的本領。

〈毛澤東最後的苦杯〉寫於民國五十二年，文中先生首先細數中共早期的兩位領導人陳獨秀與李大釗，先生認為陳只不過是敢於武斷擅於煽動之新文人而已，而李大釗則更屬新政客類型人物，至於毛澤東在國民黨容共以前，僅係陳、李下面的三流腳色。先生說，以其所認識的共產黨人而論，能力比毛強而又受過高等教育者乃多到不可勝數。但看出中山先生將不久於人世，國民黨地位確可由中共取代者，要以毛最早。先生言之鑿鑿此事為真，因為是毛親口告訴鄧中夏與惲代英，鄧、惲二氏再轉告先生。其後，毛以兇狠手段逐一翦除黨內競爭者而定於一尊，但此中也有國際因素在內，先生分析的很精確，「始終對它扶助指導之者為蘇聯，給予機會者為日本，名為援助國民黨，實際為中共幫了大忙者則為美國。」當時，毛與俄共赫魯雪夫正鬧得不愉快，中共中央以〈關於國際共產主義運動總路線的建議〉來批判蘇共的「修正主義」，表面上似乎「理直氣壯」，但先生認為一個依附蘇聯的中國共產黨，有何資格向別人要求「獨立」「平等」，所以在與蘇修和美帝鬧翻之後，毛的最後苦杯是自食惡果外，中共幾乎沒有幾條路可走。

〈大陸動亂已在變化中〉寫的是毛掀起滔天巨浪的「文化大革命」如何收拾問題，先生憑其直覺首先就說對了，「這次的亂子，醞釀的時期很長，牽涉的範圍很廣，一經發動，絕不是短時間所能結束得了。」其次，先生此文主要圍繞從中共高層彭德懷、朱德、劉少奇、周恩來、林彪與毛的合縱連橫之權力鬥爭，來看「文革」運動的演變。其中，先生最關注周恩來，先生說：「以中共的上層分子來說，我不認毛劉是中心人物，周才是中共內部左右全局的一個腳色，中共這個政權勉強支持了一十八年，也以周的關係最為重要。」精彩之處是先生以其和周交手多次，對周的雙重個性知之甚詳，故能從周之所以支持毛而鬥劉少奇的權力角度切入，剖析的有理有節入木三分，尤其談到「文革」有收拾可能有賴周的力挽狂瀾，證之後來的發展確是如此，可見先生觀察時局之洞若觀火了。

〈談談我所認識的幾個共產黨人〉，主要述及幾個先生熟識的朋友張聞天、田漢、李達等人。張聞天為先生與黃仲蘇介紹加入「少中」成為會友，先生對張印象不錯，民國九年，先生還把張引薦入中華書局為同事。其後，彼此各自忙碌到民國三十四年先生與傅斯年等六人同訪延安才再次碰面敘舊。因著張聞天後來留俄成為「國際派」，毛雖猜忌他們但還沒動手整肅，所以張還歷任過一些高職。除談張外，文中先生也略敘其與陳紹禹（王明）、秦邦憲（博古）等人於抗戰期間在國民參政會的往來以及在延安的晤談。

至於田漢（壽昌）與先生的關係淵源就更深了，兩人同為湖南長沙人，民國元年即為長沙縣立師範同學，但兩人的深厚情誼是在長沙定王台省立圖書館建立的，因兩人幾乎都風雨無阻的相約到圖書館閱覽群書。以後，先生與田漢同為「少中」會友，在先生主持《少年中國》月刊時，田漢也提供不少稿子於其上發表，後來，先生賞識田漢才華也拉其進入中華書局，田漢很多劇本著作和翻譯，如《咖啡店之一夜》等，均由中華書局幫忙出版。先生非常感念地說：「日本的作家如谷崎潤一郎、佐藤春夫之類到了上海，因壽昌的關係我也和他們見過面；中國方面從事文藝的人，凡與壽昌有往還的，我大抵也有過接觸；我對當時的所謂新文學能感到興趣，並且知道這件事的重要，為中華書局出過許多文學部門的書，壽昌對我可說是最有影響的一個。」

田漢雖沒因為先生關係加入青年黨，但與先生的特殊交情，田當年辦的「南國特刊」即附在《醒獅週報》發表，後來，先生也因田辦的「南國社」而與戲劇藝文界多有來往。文章中當然也提及田與郭沫若等人之秘辛，值得留意新文學史料者參考。至於李達與先生亦有若干過從，在武漢大學任上遭毛清算，先生以其對共產黨及毛的了解，認為此乃不足為奇之事。

最後，尚有〈左舜生先生遺言〉一篇，當作附錄置於書後，先生逝世於民國五十八年十月，是時，大陸仍在文革動盪中，台灣也還處於反共的威權轉型期。嚴格說來，先生臨終時並無遺言，是青年黨將先生過世前的一些言論摘錄十條刊行，其中有對國是的建言，對青年黨團結的勉勵，對反共復國的信心等，老成謀國之心，令人感佩。

感謝編者登山兄的費心，民國三十八年以前先生之完整經歷，〈我的少年時期〉與《近三十年見聞雜記》已道出經緯梗概，如同先生五十歲以前之回憶錄。而從三十八年至五十八年先生辭世的這二十年，除曾經短暫訪問美、日兩國外，長期定居的香港和國府所在的台灣，就是先生晚年主要往返活動之地及關懷的場所。是以，編者以其豐富的經驗，在文章取材上，盡量以先生在港、台兩地的所聞所見、所思所感為主，以時間為經，以事件為緯，無縫接軌的串連起先生後二十年的生命史，建構編輯出「類回憶錄」的《左舜生回憶錄》一書，這是編者對歷史負責的用心，也是筆者欣喜此書出版深受感動的地方。《菜根譚》言：「唯大英雄能本色，是真名士自風流」，先生的名士風流當之無愧，「千言之諾諾，不如一士之諤諤」，也足稱是先生之寫照。先生逝世已過半世紀了，五十多年的風雲變化，時空世道的物是人非，人稱「半部近代史」的先生，當年點評人物或有偏頗、評論時事容有差池，然「書生論政」的本心，「諤諤之言」之耿介，「名士風流」的瀟灑自在，觀之現世，已復不見，因此，先生行誼更令人懷念矣！

目次

C　點指人物

附錄

A　近三十年見聞雜記

一　開場白

從民國八年的「五四」，到三十八年由大陸退出，剛好是三十年。這個短短的三十年，正是我由一個二十幾歲的青年投身社會，以迄今日的全部時間。

在這三十年中，消磨我時間最多的地方是上海，其次四川，其次南京，其次巴黎，其次武漢，其次香港，又其次是前年四個月的臺灣。

其餘因短期旅行而足跡所到之處，在國內的北方有青島，濟南，天津，北平，石家莊，太原，大同，延安，以及鄭州，徐州；在南方則江浙兩省的遊蹤較多，安徽，江西，福建，廣東的若干地點，我也到過。但西南一隅，我不曾到過康，滇，黔，桂；西北不曾到過甘，寧，青，新，正北一面，不曾去過熱，察，綏；東北一角，則未出山海關一步。國外旅行過的地方更少，除西貢，新加坡，可倫坡，波賽因路過曾登岸遊覽以外，僅日本有過兩星期的勾留，也是我生平旅行生活中最愉快的一段。

我的出生地是湖南長沙，但我很慚愧，除長沙以外，湖南的任何地方我也不曾去過。當我二十歲的那年，便已永別了我的故鄉，中間僅回去過兩次：第一次為我的父母討了一個媳婦；第二次則因出國，送我的太太暫回娘家。在抗日初期，因為政治中心移到了武漢，其時我任了國防參議會的一名參議員，隨後又參加了國民參政會。以湘鄂的交通方便，又曾回長沙兩次，看見我童年時期的的幾個同學，幾位本家和親戚。其時我已父母雙亡，一個簡單的家庭，留在淪陷的上海，兩個較大的兒子投入了空軍，當我離開武漢飛往重慶的時候，我是逍遙自在的孑然一身，也是我生平精神上最振奮最愉快的一個時代。

依據上面的敘述，可見我活動的空間甚為有限，至於我個人這三十年的經歷，概括言之，不過是十年的編輯員，十年的教書匠，最後更混了十年的所謂政治生活。如果只就我個人身上取材，我這個幾萬字的雜記可能毫無精采，可是我紀載的範圍，相當廣泛，包括了這三十年一切的見見聞聞，卻大可喚起大家一些有趣的回憶，因為手邊缺少參考資料，一切內容，全憑記憶，關於某一事件發生的時間，容或偶有錯誤，但真實性卻可相當保證，假如賜閱這個雜記的讀者，發現有不對的地方，而肯加以指正，我當然非常感謝。

二 記少年中國學會（一個與現代中國政治有密切關係的青年團體！）

在最近這三十年中，我曾加入並且還賣過相當氣力的團體，一共只有三個：一、少年中國學會，二、中國青年黨，三、民主政團同盟。這三個團體是一貫相生的，換言之，無學會即無青年黨，沒有黨，我當然不會參加什麼政團同盟了。

「少中」發起於民國七年，在這個學會發起以前，曾琦寫過一本《國體與青年》，首先在上海的《救國日報》發表，隨後由王光祈在北京替他印成了一本小冊。曾琦寫這本書的動機，大概是因為經過了民五袁世凱的稱帝，民六張勳的復辟，民四日本既有二十一條的提出，民國六、七年之交，段祺瑞秉政的時代，日本對中國的侵略，更是一天緊似一天，他和他的一群留學日本的朋友，也就正是在這個時期罷學歸國。一方面他深深感到國體發生了動搖，同時外患又是如此的緊迫，因此他把民國締造如何如何艱難，一班革命先烈如何如何純潔，當前的國勢又是如何如何的危險，用他那枝流暢的文筆，在這太書裡說了一個痛快，無非想激發一般青年一點愛護「中華民國」的熱忱，大家起來同謀國事的補救，用意是很純潔而正當的。曾琦在留學日本以前，我和他在上海的震旦大學同過一時期的學，大概知道他的為人：他讀過不少的中國書，舊詩文頗有根柢，在他以前一般維新革命的仁人志士，也給了他很大的影響，因此把他造成了中國歷史上隨時「以天下為己任」那一類的一個典型人物。我在和他同學的期間，因為彼此常有接觸的機會，我在他的眼中，也許覺得是一個有希望的青年，因此在他和王光祈，陳愚生（原名淯），張尚齡（即張夢九），周無（太玄），李大釗（守常）、雷寶菁幾位發起「少中」不久，便把我也就拉入這個學會了。這大概是民國七年底或八年初的事，其時我正在南京教書，後來有不少東南大學、金陵大學，以及河海工程學校的優秀分子加入了這個學會，便是由於我的關係居多。

「少中」發起的動機既如上面所述，好像一開始政治意義便相常濃厚，可是一看它的宗旨和信條卻又不然。「少中」的宗旨很簡單：「本科學的精神，為社會的活動，以創造少年中國。」信條更只有八個大字：「奮鬥，實踐，堅忍，儉樸。」約束既是如此疏闊而輕鬆，因此對於會員的思想和行動，確沒有什麼了不得的束縛，除掉友情的交流，知識的交換，事業的互助以外，在最初幾年「少中」的會員間，實在沒有給我留下半點不良的印象，這與我後來所過的黨人生活，和政治上一切鈎心鬥角的把戲，真其是截然不同，而具有充分的人味。

「少中」以民七成立，經過了民八的五四運動，便一天天的擴大起來。因為「五四」一幕，有不少的「新少年」應運而生，而各地的青年組織，也有如風起雲湧，「少中」既已有了相當的歷史，而《少年中國》月刊出版，也頗能予人一種清新的印象，因之由各地會員的輾轉介紹，加入的乃逐漸加多。可是因為對會員資格的審查相當嚴格，一直到十二、三年學會無形瓦解為止，據我的統計，也不過一百零八人而已。現在我手邊些沒有這本會員名冊，單憑我的記憶所及，卻只能寫出八十名左右，恕我不願把這個不完全的名單在這裡公布了。

從民七到民九的年底，這兩年多的「少中」會務，可以說是由王光祈一人主辦，關於會務報告的印行和《少年中國》月刊的出版，大抵都是出於光祈的規劃。光祈這個人的長處甚多：辦事負責任而有條理，待朋友充滿熱情，求知甚切，而表現力也很強，我從沒有見過他一篇模糊不清的文字，也從沒有見過他一次拖泥帶水的行為，我自從認識他一直到他在德國因殉學而死，前後經過十五、六年的時間，雖說我後來有十三年不曾和他見面，但我卻沒有一個時候不受他精神的支配。

可是光祈畢竟是五四時代的一個青年，他的祖父是四川一位有名的詩人，他自己的詩也做得不壞，因此在他的思想和行為上，到底還是帶著幾分的浪漫色彩。我現在還完全記得：正是民國九年的一個冬天，我在南京寓所一間斗室中的油燈下看書，忽然聽得敲門聲甚急，我開門一看，見是光祈，同時在漆黑的天空下，我還看見兩隻發光的眼睛從光祈的身後，一直射到我這邊來，我於是連忙請他們兩位入內，在燈光下一看，知道另一位是一個二十一二歲的小姐，操純粹四川的口音，身材窈窕，舉止大方，我當下心裡完全明白，便顧左右而言他，問光祈出國的行期已否確定。他告我正是為了出國的準備而來，轉問我能不能同他們一起到上海去。其時我正接受上海中華書局編輯的聘約，也正要動身，得此良伴，當然分外的高興。兩天後，我和光祈同到滬寧車站，他原約定那位北京同來的小姐在車站候他，不想她早已搭上先一班的快車走了！這一下真把光祈急得像熱鍋上的螞蟻，雖然只好勉強上車，但總覺得這位從來不曾到過上海的年輕小姐，可能遭遇什麼不幸，我越是說一位漂亮小姐總會有辦法，他便越是懷疑，加上這一天又是一個淒風苦雨的冬天，雪珠打在車窗上錚錚作響，我們這兩個少年中國的少年，瑟瑟縮縮的坐在三等車廂裡，各想各的心事，一會兒談得興高采烈，覺得天下事大有可為：一會兒又憂來無端，萬念灰冷；心裡越是著急，車子走得越慢，好容易挨過七、八個鐘頭，才到達上海的北站。當我們住進一品香旅館還不到二十分鐘，一個四川女子口音的電話，便來自遠東飯店，原來光祈之必住一品香，是早已和那位小姐約定的。於是一天的愁雲慘霧完全吹散，光祈又依然恢復了他那飛動活潑的神情，戀愛對於一個青年人本來有這樣大的魔力，我是半點也不奇怪的。

光祈留在上海，大致有兩三個月，在這一期間，他把《申報》駐德特約通信員的工作接洽好了，我便進了中華書局。同在這個時期有一件事值得一提的，便是我和光祈同往中國公學與梁任公先生作了第一次的見面，也是最後一次的見面，我們同樣讀過梁先生的文字二十年，對這位維新老鬥士的印象當然是很深，其時任公雖還不到五十，已略略有幾分衰態，但聽他兩小時的講演，精神卻是很好的。

關於光祈的留學計劃，我完全不知，但我知道他沒有錢，因為如此，他便只好坐法國郵船的四等艙先行，那位四川小姐乃坐下一班的三等艙後走。等到這位小姐到達巴黎以後，光祈即從柏林前往歡迎，絕沒有想到她在來法的途中，已與另一位同船的王姓青年發生了不可分的關係，竟視光祈如路人！這一打擊非同小可，於是光祈乃一氣重返德國，經過一時期的痛苦以後，始得恢復他一面讀書一面工作的正常生活。可是這與他後來專攻音樂，乃至留德十餘年不肯回來，不是沒有關係的。光祈在德的生活，一直是很很忙很苦的，一面要為《申報》、《新聞報》寫通信稿子，一面要上課，還要在圖書館看書，最後五六年，更寫了十幾本介紹西洋音樂的小冊子。（全部在中華書局出版）當他已取得音樂博士的學位以後，蔣先生接受我的提議，打電給駐德使館的參贊譚伯羽，問他何時可以歸國，願擔任何種工作，他不幸突患腦溢血的不治之症，斷送了他寶貴的生命於異域了。

一個人的一生中，能得著一個相互了解，相互信賴，而又真正可與共事的朋友，是太不容易的，假令光祈不死，我相信必定能領導我多有一點成就，也可能減少我一點過失。

自民十光祈去德以後，處理「少中」會務的責任，無形中已落到我的頭上。《少年中國》與《少年世界》兩種月刊，改由上海亞東圖書館出版，由我擔任編輯。此外一方面因為上海的交通便利，凡學會會員道出上海的，我總有和他們見面的機會；另一方面，則以會員出國留學的日多，大致分往法、德、英、美、日等國者，前後不下三、四十人，凡他們稿件的投遞，書籍的出版，報館通信的接洽，以及一切收款匯款的瑣務，也大抵由我一人代辦。現在回想起來，似乎是相當繁重，但以當時少年喜事的心情，同時受著一種誠摯友情的驅策，還是覺得津津有味，樂此不疲。

從民八「五四」到十三年國民黨的改組，這個五年間是中國一個新政治醞釀的時期，同時也就是一個大混亂種因的時期。「少中」的宗旨本來是標榜「社會活動」而不願參加實際政治的，可是少年畢竟經不起時代潮流的鼓盪，於是到了十一、二年，一個嚴重的問題，即學會的會員是否可以參加政治活動的問題，便在「少中」的會員間起了激烈的爭辯，在南京東南大學的梅園，在上海哈同路一七八九號我的住宅，都是他們集體的或個別的辯論場所，經過一年餘爭論的結果，事實上所得的結論，只是「各行其是」。於是會員中的李大釗、惲代英、鄧中夏（原名康）、毛澤東、劉仁靜、張聞天、沈澤民、黃日葵、趙世炎、侯紹裘、楊賢江等等，便去搞他們的共產；曾琦、李璜、張夢九、何魯之、左舜生、余家菊、陳啟天、劉泗英（原名正江）、魏嗣鑾、趙曾疇、陳登恪等等，便幹他們的國家主義；我記得有一次兩方面的分子約七八人，在我上海的住宅中辯論一個整天，臨別鄧中夏在門外向我握手說：「好，舜生，我們以後在疆場相見吧！」這大概要算是最後一次的破裂，現在回想起來，倒是頗有趣的。

還有幾點要在這一段中補敘一下：我和毛澤東第一次的見面，大概在十一、二年上海安南路民厚南里口一家商店的前樓，隨後又在民厚北里口小菜場邊擺過一回龍門陣，覺得他了無異人之處；二，學會有一位詩人康白情，後來跑到美國，隱射李鴻章，改名康洪章，居然聯合「少中」會員孟壽椿、康紀鴻等，發起了一個「新中國黨」，可始只曇花一現；三，加入國民黨的會員也有好幾位，在政治上演過一幕有聲有色的悲劇的，卻只有一個周佛海。根據上面這個簡單的敘述，已可看出這個青年團體對最近三十年的政治關係為何如了。

三 自「五四」以來（中國進入了一個動盪不寧的時代）

人們對於五四運動的評價，因立場的不同，而有兩種相反的看法：有人以為這是中國新思想、新文化、新政治的發端，有人則以為這是近三十年來一切動亂的開始。其實說起來，卻是兩者都對，也都不對。

就五四運動原來的意義說，僅僅只是一種青年的愛國運動，原因是由中國在巴黎和會遭受日本的壓迫，而英美法諸強也一味遷就日本，置中國對山東問題的意見於不顧，因此激怒了中國的青年，乃將歷來辦理對日外交的章宗祥痛打了一頓，曹汝霖的住宅被燒，同時要求將曹章及陸宗輿免職，結果北大及其他學校的學生被捕者三十餘人，風潮愈趨擴大，以致鬧到全國罷課，若干大都會罷市，政府與學生雙方相持不下，一直到六月三日上海也罷了市，然後學生才得了完全的勝利；曹、章、陸一律罷免，學生無罪釋放。

本來只是這樣一件簡單的事實，但何以會牽涉到新思想、新文化，乃至對政治也生了絕大的影響呢？這便說來話長了。

原來中國的辛亥革命，僅僅只推翻了一個滿清，革命的果實，卻被一個專制餘孽的官僚袁世凱，以一種變戲法的手段收穫去了。民二倒袁不成，反為袁氏所敗，因此所有的革命黨人，便只好重度他們的亡命生活，徐圖捲土重來。袁氏不能逆取順守，反而來一套復古的反動，對外更不惜重重屈辱，甚至連民四日本所提的二十一條，也大體接受了。民五的袁氏稱帝雖被撲滅，民六乃又有張勳的復辟，由這兩幕，更引出北洋軍閥在中國胡鬧了十年，這便是這一時期中國內部情況一個大致的輪廓。

國際的形勢怎樣呢？世界經過第一次的空前大戰，俄德兩大有名的帝國，都在這一期中垮了台；一個自命社會主義的國家，也在這一期中居然出現；日本乘歐戰混亂之際，列強無暇顧及遠東，乃施展渾水摸魚的手段，對我大肆侵略，更藉口顛覆德國在遠東一個惟一的根據地青島，不惜一舉攘奪我國的山東。中國也算是一個參戰的國家，雖說沒有正式出兵，可是有十幾萬的華工在我們友邦的後方從事工作，即令不能令我們從勝利得著怎樣的好處，至少總不應該對我們更加一種處罰。但列強為了息事寧人，竟不惜與日本一鼻孔出氣，甚至連富有理想和正誼感的威爾遜總統，在和會中也表示對我們愛莫能助。這便是我們在這一期中從冷酷的國際間所遭遇到的屈辱。

內外情況的交逼如此，剛好到了「五四」的前夕，胡適等提倡一種白話文運動，已漸漸到達了成熟的時期，這也可說是近三十年來一件第一等的大事。原來在胡適以前，中國有過不少的人提倡廢八股，但絕沒有人敢於主張廢古文，在維新與革命兩派中的宣傳家，有人懂得中國舊有的小說，戲劇，歌謠，彈詞等等，其體裁是一種有力的宣傳工具，例如梁啟超，便知道用白話寫《新中國未來記》去提倡他維新的主張；陳天華也懂得用白話寫《猛回頭》來鼓吹革命；可是這究竟只是少數人提倡提倡而已，既沒有理論上的充分發揮，也很少有人用全力向這方面去繼續工作，甚至他們的領袖人物如康有為、章炳麟等，都是到死還在寫古文，作舊詩，因此畢竟不能成為一種風氣。清末有一位系統的介紹西洋思想的嚴復，一位大規模介紹西洋文學的林紓，但他們兩位都是古文家。吳汝綸為嚴復序《天演論》，恭維嚴氏的譯文「駸駸與晚周諸子相上下」，甚至連王國維讀嚴譯的《穆勒名學》也感到比讀穆勒的原著還要難懂；林自己不懂西文，但他所譯的小說卻多至百七十餘種，在中國風行了近二十年，可是究竟因為文字的關係，即中國舊制的中學生，也未必人人都能暢讀。因此種種，在胡適以前，凡用文字來發抒情感，表達思想，或發表政治主張，只是少數士大夫階級的專利，與大多數的老百姓絕不相干。而所謂士大夫也者，又憑藉他們這點文字專賣品去勾結權員，獻媚豪門，為腐爛的統治階層「潤色鴻業」，以保持他們那個封建的殘壘，使民主制度無法在中國生得起根來，一直要等到白話文逐漸風行，這種情形才漸次改變。加以這個時候任北大校長的是蔡元培，他以翰林而參加革命，以一個舊學極有根柢的人而赴德留學，他對新舊學問有一套合理的看法，而於新舊之爭則不惜為新者作有力的辯護，「五四」其所以能對中國的思想文化發生絕大的影響，北大做了這個運動的大本營，也是最主要的原因之一。

社會主義的思想，在中國的思想界原有其相當的地位，儒墨無論矣，即法家亦不主張財富集中於少數私人，道家則有一種反統治階級的思想，尤為激烈。清末外來思想輸入，社會主義一體糸的思想，亦即挾之以俱來。記得四十年前我在高小讀書的時候，已經在長沙定王台圖書館見過這類的書籍，有一本姓趙的和一部用章炳麟名義譯的講社會主義的書，我都看過；而日本幸德水秋的那本《十九世紀之怪物——帝國主義》的小冊子，則對我所留的印象更深。辛亥革命後，江亢虎印行了他的《洪水集》，並且發起了社會黨，似乎想由理想而形成一種運動。在光緒三十一年同盟會正式成立以前，孫中山已經在歐遊以後接受了社會主義，成為他三民主義的一環，雖說後來他的同志在革命初期只側重「民族」而忽視了「民生」，但中山卻是確有所見，持之甚力。中國因為早已有了這種思想的背景，因此對於社會主義的輸入，並不感到何等的新奇。可是使中國人接受這思想而見諸行動，則是一九一七年即民國六年俄國革命成功以後的事。

我在上文已提到，中國自辛亥以來以迄「五四」，雖說經過了一度的大革命，可是在各方面並無顯著的進步；因為軍閥的割據與剝削，列強的侵略有加，人民且更趨於窮困；國民黨以革命屢受頓挫，其勢也不能不另想辦法；剛好在這個時候忽有俄國革命的成功，「五四運動」又居然給予官僚軍閥以一種精神上的打擊；積是種種，顯然已在中國醞釀一種新機。以中山的銳敏，當然已看出了這樣一個徵兆，因之一面埋頭完成他自己理論的體系，一面更準備提出他繼續革命的具體主張。正當這個時候，蘇俄對內對外的形勢漸趨穩定，為求自己進一步的安全，乃不能不向外擴大他赤化的影響。蘇俄領導者的手法是相當高明的：他們決定一面以公開外交方式博得中國多數人民的好感；一面另以地下的方法，從事煽動中國的赤化：在一九一九（民八）及一九二〇（民九）的兩年間，既先後以他們外交人民委員會代理委員長加拉罕的名義，發表兩次對華宣言，表明願廢止帝俄時代與我國所訂的一切不平等條約，並放棄所取得的一切權益；同時又不斷的派人勾結中國的知識分子與青年，因之在民國八年至十一年之間，即先後在中國有「社會主義青年團」，「勞工協會秘書部」及「中國共產黨」的成立，而「中共」一經成立，即已加入第三國際而接受其指揮了。民國十二年（一九二三）一月，中山與越飛在上海所發出的共同宣言，雖經雙方明白承認蘇俄的共產組織與蘇維埃制度不能引用於中國，但這依然是表面的一套，實際則不是這麼一回事。蘇俄公式外交的進行，係就當時情勢分別向北京和東三省接洽，但為蘇俄所特別注重的，卻是中山所代表的這個力量。中山急於要取得國際的支援，結束軍閥割據的局面以完成國家的統一；一面又看見「中共」已在開始行動，而各地青年組織如學生聯合會之類，也確為一股新興的活力；再加上十一年陳炯明的叛變，所給予他的刺激更深；因此他深切的感到國民黨有整理，加強，並輸入新血液的必要；此即十三年國民黨改組與「聯俄」、「容共」一幕之所由來。當時國民黨內與黨外雖有人對這個政策表示懷疑，反對，但大勢所趨，命運所定，少數不同的意見，當然不能發生何等的影響。平心而論，以蘇俄當時那樣一副親善的面孔，加以他那種宣傳與組織的巧妙技術，以中山自身自民元以來逐漸形成的一種垂暮心情，又眼見一大群熱情洋溢的英英年少正在躍躍欲試，他除掉在預事防閑徐圖補救的前提之下，來從事這一因勢利導的冒險工作以外，又還有什麼其他的辦法呢？

在這一段的最後，還有幾件事和幾個人，應該在這裡加以補述。

所謂五四運動，我並沒有直接參與，在這個運動爆發的當時，我正在南京教書。我記得是在民八五月的下旬吧，忽然來了兩位北大的學生，一位是許德珩（楚僧），一位是黃日葵，他們好像是拿了王光祈的信來看我的，因為他們都是少年中國學會的會友。我問明來意，才知道他們是來運動罷課，並且想找一點其他方面的援助，因為這個時候被捕的學生還不曾釋放，他們是想擴大風潮以促成政府的屈服的。他們對於南京人地生疏，我當即陪他們出去跑了一起。第一個去看了當時江蘇督軍李純的一位幕僚白堅武，其次去找了一下其時駐在衡陽有名的第三師師長吳佩孚的駐寧代表某君，當時許、黃究以何種因緣能去看這兩位，我完全不知。白堅武很像一個樣子，談吐態度，都不失一位漂亮幕僚的體統，對學生似乎深表同情；吳佩孚這位代表卻很糟，我們是午後一點以前到達他那辦事處的，他還不曾起床，我們坐了好一會，他才煙容滿面的走了出來。我已十分不耐，但許大砲（這是後來「少中」朋友加給楚僧的一個綽號）依然把來意陳述了一番，那位代表以一種官僚姿態答應轉電他們的師長，然後才恭送如儀的把我們送了出來。

當天的晚上，我們會同了幾位東南大學的朋友同往金陵大學的宿舍去聚談，金大幾位「少中」朋友已經睡了，還是從床上拉了起來，一直談到深夜，結論是南京讀書的空氣頗濃，官方已有相當戒備，罷課怕不容易實現。我走出金大，已經是十一點過了，滿街戒嚴，遠遠聽得軍警高呼口號，這一來倒使我們感到非常尷尬了！於是決定避去大街不走，專走沒有軍警的冷巷。從鼓樓的金大到夫子廟附近的交通旅館是相當遠的，其時的南京又還沒有街燈，只好憑著我這個沒有十分把握的嚮導，領導著他們兩位在黑暗中亂竄！轉彎抹角，一直走了四五個鐘頭，終於找不著交通旅館的所在，幸面一家豆腐店已開門工作，上前一問，才知道旅館就在眼前，真是喜出望外。一天一晚的緊張工作，頗感疲勞，好好睡了一會，才又起來往昨天約定的幾處演說。演說的工作是由許、黃兩位真代表擔任，我這個冒充的代表只坐著旁聽，許大砲是聲容並茂，日葵也近於慷慨悲歌，可是在我聽來，他們演說的技術並不怎樣高妙。這件事是我生平接觸群眾的破題兒第一遭，所以至今還留下了一個清晰的印象。許、黃在南京奔走了三天，又到上海會同其他的代表繼續活動，居然鬧成了上海的「六三」罷市，所謂五四運動，才宣告勝利閉幕。日葵白晳面圓，西裝革履，是一個多血質的美男子，偶然和朋友通信，也往往要寫得情致纏綿，和我的交情不壞，後來他加入了中共，已因病死去多年。楚傖在抗日期間和我在參政會共事，其少年意氣，似已非復當年，最近已向中共靠攏，好像相當起勁，低回往事，不禁感慨系之。

民國十年一個春天的晚上，上海亞東圖書館的主人汪孟鄒約吃飯，到的都是當時幾個雜誌有關係的人物，我是和王光祈、魏嗣鑾、宗白華一起去的，在那裡我第一次見著陳獨秀、朱執信、戴季陶。獨秀和光祈本來很熟，見面便笑光祈一到上海便變得十分的摩登，問他有了甚麼問題，光祈只好笑而不答，我覺得獨秀的感覺真是非常的銳敏。朱執信圓圓的面孔，兩撇小髭鬚，勁氣內歛，出言有序，給我的印象最好。戴季陶穿一件琵琶肩的背心，三十四、五的光景，民初張丹斧刻苦他「面如冠玉」，則已非其時。在桌上口講指畫，大談他交易所的得意之作，把我青年時期在《民權報》讀戴天仇文章的一些幻想，全部取銷。後來知道他在南京搞孝園，敲木魚，當院長，在方格格裡面寫楷字，總覺得陰陽怪氣。抗戰中在公共場所儘有和他見面的機會，但我始終有計劃的保持著，沒有再和他談過半句話，一直到他在廣州自殺了，才回復了我一點對他的同情。

惲代英（子毅）和鄧中夏（原名康）加入「少中」都很早，但和我發生密切的交往，卻是我到了上海以後的事。他們兩位都是中共初期最賣力的人物，代英還帶三分做作，中夏則純任自然，大氣磅礴，假定他們兩位不死，不知比較今日的毛澤東、劉少奇為何如。我根本不是一個革命者，且根本不會對任何主義發生迷信，但他們兩位卻對我下過工夫，還拉我在《嚮導》和《中國青年》上寫過文字。十四年中山死了，我曾有加入國民黨的衝勁，但卒以找不到適當的介紹人作罷。稍後加入了青年黨，也只是一種朋友關係的偶然。在後面的幾段，可能有比較詳細的敘述。

四 「五四」以後的中國出版界和教育界（附帶敘述我一點法遊觀感）

我任上海中華書局的編輯，是民國九年冬天的事。我初進去的時候，在該所任職的不過八、九十人，分作幾個部門，有中學教科，小學教科，兒童用書，英文，雜書，等等名目。中華書局創辦於民國元年，本來是以印教科書起家，因初期發展太快，民國五、六年曾遭遇極大的困難，負債累累，幾至無法支持，一直到八、九年之交，才逐漸恢復。這個時期，正值中國新文化運動的高潮，也就是中國出版界進入一個繁榮時期的開始。中華為適應需要，在編輯所另闢了一個「新書部」，我所擔任的職務，便屬於這一部門，最初，我上面有一位主任，戴姓，日本留學生，人很老實，我進去以後，他便樂得輕鬆，幾乎把這一部分的責任，全權委托了我。不到兩個月，他另有高就，走了，於是這一部的主任，便名實都由我來担任了。

新書部因為是一個新闢的部門，對於工作方面，原無具體的規定，一切可以聽我自由計劃。老實說，我自己既無多大把握，書局方面更沒有若何成見。其時我雖然已有了一群朋友，但因為我對他們懷有更大的期待，並不希望他們在一種半成熟的狀態之下，便輕於從事翻譯或著作。可是我除掉乞靈於這班朋友，也沒有其他更好的辦法，因此，我還是發出了三、四十封徵求稿件的專緘，並請他們介紹宜於從事這類工作的其他朋友。大致不出兩個月吧，我便從國內外收到了不少的回信，約定的稿件已有十幾種之多，於是我便大吹大擂在上海各報發出了一個所謂新書的出版預告！這個廣告激動了一位多年從事譯著的老將馬君武先生，他很高興的把他兩部早已譯好的稿子寄了來，其一為《達爾文物種原始》，其一為《赫克爾一元哲學》，聲明願意參加在我們這一套新書裡面出版，並給我們提供了許多寶貴的意見，這實在鼓起了我不少的勇氣。

其時我在南北兩高師還有不少研究教育的朋友，我平日已在各種刊物上，看過他們許多關於中國教育方面的意見。中華書局本來出版得有一種《中華教育界》月刊，可是不能按期出版，內容也略嫌陳舊，且太不充實。於是我向書局的總經理陸費伯鴻（逵）和總編輯戴懋哉（克敦）進言，請他們把這種月刊也交給我，我保證內容可以革新，並可如期出版。經過他們兩位的欣然同意，因此我又兼任了這本《教育界》的編輯。我編輯這本雜誌大致有三、四年，不止一班青年教育學者的稿子被我拉了來，乃至他們一班先生的稿子也被我拉來了不少。其時中國的教育正在欣欣向榮，經過杜威來華一度的講學，更增加了不少的生氣。我對於這種表面的蓬勃氣象，自然也相當樂觀，可是我因為興趣和職務的關係，不能不從多方面去接觸他們這一群人，也強迫著我去讀他們的著作和理解他們的意見，因此也就隱隱的引起了我一種憂慮：我覺得他們對於外來的教育制度，思想和方法，只是忙於接受而缺乏批評，過重形式而內容貧乏，尤其對中國所固有的教育制度，思想和方法，也太少融會。我的腦子裡並沒有張之洞以來的所謂「中學為體，西學為用」，也沒有陳立夫們所提倡的所謂「中國本位文化」，但五四以後陳獨秀等所主張的賽先生和德先生，即「科學與民主」這一趨向，我卻至今還是承認不錯，同時我也決然反對把中國的歷史和文化一筆勾銷。根據我這個觀念去看五四以至抗日以前的中國教育，果然算得盡了發揚科學與民主的職責嗎？不錯，多少是有的；可是由它所發生的力量，能制止或沖淡後來從政治上所產生一切反科學與反民主的邪魔外道嗎？如何把這個形勢從根本上扭轉過來，這便是今日最嚴重最基本的問題之一。

話說到題外去，還是回到本題罷。新書部的出書逐漸加多，雜誌除自編的《教育界》一種以外，後來外面委托書局出版的雜誌，如梁任公、張君勱、張東蓀、俞頌華等有關的《改造》，北高師的《教育叢刊》，張耀翔編輯的《心理》，劉伯明（經庶）、吳雨生（宓）、梅光迪（覲莊）等有關的《學衡》等六、七種，全部交由新書部處理。我這個時候做事的精神是一味貪多，可是究竟感到人手不夠，於是只好再找朋友幫忙，例如現在頗知名的人物如田漢、張聞天、陳啟天、李達等等，我都委屈了他們到這個小小的新書部裡和我共過一時期的事。

我現在回想起來，從五四前後，一直到抗日的戰爭爆發以前，這個十五、六年之間，實在是中國出版界的黃金時代。所出版的書，方面一天天趨於複雜，量固然加多，質也提高了不少；不但新書可以暢銷，便是線裝書也隨著一般人求知慾的亢進，忽然風靡一世；例如商務的《四部叢刊》、《百衲本二十四史》，中華的《四部備要》，乃至《圖書集成》，不待出版，預約的即已不少。幾家大書店的情形固然如此，較小的如開明、北新、生活、亞東以及後來新興的若干小書店，也無不以競出新書相號召，而且各有各的特色。假定後來不有圖書雜誌審查一類的背時辦法，又不遇著八年抗戰的頓挫，一切聽其自由發展下去，其成績當然更有可觀。可是話又說回頭，今日中國整個的文化，已全面的進入了一個被摧毀的時期，其結果令人不忍想像，區區一個短時期中所積累的一點點成績，又值得怎樣的去懷念呢？

在我把五四以來的中國教育界和出版界作了一個簡單敘的述以後，我想把中華書局的總經理，同時也就是該書局創辦人的桐鄉陸費伯鴻先生，作為當時主持中國出版事業的代表人物之一的來談一談。

伯鴻早年曾參與過革命，一度加入劉敬安等所組織的武昌日知會。在辛亥以前，他便在武昌察院坡經營了一家小規模的書店。後入商務印書館，從事小學教科書的編撰，並曾任《教育雜誌》的編輯。民元中華成立，即以出版教科書與商務競爭甚烈，幾乎凡有商務之處，即無一不有中華，一時全國中小學所用的教科書，差不多為這兩家書店所包辦。伯鴻的學歷我不完全明白，但我知道他治事極勤，頗有「狄克推多」的氣概；頭腦非常清楚，具有豐富的常識，歡喜看書，對文學有相當素養，性情爽快，雖自信甚強，任人則甚專；我和他共事十年，我固然沒有麻煩過他，他也不曾麻煩過我，因此相處得非常融洽。到民國二十年，我在復旦兼得有課，同時對青年黨也負了部分的責任，實在感到相當的疲勞；加以坐得太久，也未嘗不想走動走動；因此我向書局提出辭職。伯鴻似乎很難過，一再加以挽留，並力勸我不要幹政治，認為於我的性格不合。後來看見我非走不可，又對我說：「假如你幹政治覺得厭倦了，希望以你的同鄉范靜生先生（源濂）為例，依然回到書局來。」我覺得他這個意思是很可感的。抗戰既起，政府有國民參政會的設立，伯鴻也應聘任了一名參政員，曾兩度由香港飛重慶出席，我又有機會和他盤桓了一個時期，其時他的健康已大不如前，不久便死了。我記得某屆參政會在開幕後舉行了一個追悼會，同時被追悼的是西南聯大教授羅文幹，《大公報》總主筆張季鸞和伯鴻，他們都不到六十，同在抗戰中死去，實在是很可惜的。

我在民國十五年的秋天，有機會出國遊歷一趟，這也是伯鴻的好意，由書局送了我三千元，否則我是絕對沒有這個力量的。於是我把妻子寄住在湖南的岳家，老父母則在南京，暫由兩個哥哥負責。出國時的心情不怎樣愉快，但我究竟還只有三十二歲的年紀，勇氣卻是十足的。三千元包括來回的川資和製裝費，並且打算在法國至少住一年，寬裕自然談不上，可是我看見許多勤工儉學生，手上只有一、二百元便敢於冒險出國，因此也就沒有什麼恐懼。

大概在我十六、七歲懂得自動看書的時候起，對於西洋文化便不勝其嚮往；可是前後在上海主了八年，眼見那些洋鬼子的所行所為，卻又引起了我無限的懷疑。一直等我跳上了法國郵船，我才有了一種接觸西洋文化的實感；過去在震旦讀過三年的法文，也是上船以後，才感到大有用處。

船在沿途的香港、西貢、新加坡、可倫坡、波賽停靠，我總是偕著我同房的袁君一起上岸去遊覽的。眼見英法對殖民地經營種種，不勝感喟；回顧國內各方的情況，在許多方面，乃至並此類殖民地而不如，又爽然若失。當時我曾將沿途的見聞，用通信方式寄交《醒獅週報》發表，我記得從表面上所得的印象，總覺得英國人的能力較強，以香港、新加坡與西貢的堤岸一帶比較，也覺得前者較為清潔整齊，富有生氣，而在英殖民地一般中國人的生活，也究竟比安南人似乎要好些。但這畢竟是走馬看花得來的一種直覺，到現在，我以為這類比較根本也就是多餘的。

在紅海受過了我生平不曾受過的熱，過波賽轉入地中海才感到一派的秋意，昏昏的頭腦，又清醒了過來。我記得是八月十四的一個清晨，我們的船到達了法國的南方大港馬賽，正下著濛濛小雨，著秋服已覺稍涼，臨時加上一件大衣，才和袁君一起登岸。留馬賽一天、法國給我的最初印象不算太好：碼頭和街道都不怎樣清潔；海關人員毫不熱心檢查，對十個佛郎卻相當滿意；兩人五件行李，由碼頭運到車站，被搬夫敲去一千三百佛郎，而且面孔並不好看；只有一家義大利餐館的一頓午餐是不錯的。

由馬賽去巴黎坐的頭等臥車，車上的一切一切，與京滬路彷彿，惟速度過之，但回溯我生平坐火車最愉快的經驗，卻是民國二十五年夏天坐「燕號」由門司到東京的那一次。次早到巴黎，霏霏的小雨依然下著，更感冷意。因為和我們同車來的有一位摩洛哥蘇丹，因此車站的樂聲大作，以班樂衛為首的一班閣員，都峨冠禮服出迎，我和袁君，兩個東方的黃面孔，也居然在樂聲中邁步走出了車站。

在去法國以前，我讀過一部分法國的歷史，對一七八九以後的現代史，更了解得詳細一些；法國文學是我素所欣賞的，一、二十年來，凡經人介紹過的，只要讀得下去，我大抵都涉獵過。因為有了這樣一點基礎，我對巴黎的一切一切，並不感到怎樣生疏；參觀了二、三十處凡到巴黎的人所必到的地方，總好像是我的舊遊之地，衷心雖然喜悅，卻是了無驚異。因為如此，我在拉丁區一家旅館只住了十來天，跑遍了若干有名的書店，同時也在色納河畔的一群舊書攤上，低回留連了好幾遭，便挾著一箱子的新舊圖書，溜到巴黎的鄉下去住起來了。除每星期到城裡上幾次課，甚少出門；除鄧孝情、蕭石君等幾位朋友以外，也很少見面。

法譯辜鴻銘先生的一本《中國民族之精神》，我是到法國以後才讀過的，他對中國文化的大捧特捧，我並不苟同，但他把中、英、德、法四國拿來作一比較，說英國人博大而稍欠精深，德國人精深而稍欠博大，既博大而又精深的只有中、法兩國，我覺得這樣一種觀點雖不免流於武斷，但我決不願否認法國人在文化上可以是中國的益友。毛澤東的「一面倒」，也許還要延續一個很短的時期，但在一切摧毀殆盡以後，一個未來新東方文化的建設，則有賴於中、日兩國學人的切實攜手，我無條件的期待日本復興，其主要意義是文化性質的。聽說這幾年有不少的日本人過度的歡迎美化，這也許並不類似毛式的「一面例」，但我總希望日本把自己的優美之點，多保留一點下來。

在巴黎住了半年，得著家信，我的第二個哥哥死了。我生長在一個破落的讀書人家，上有兩個哥哥，四個姐姐，下面還有兩個妹妹，我算是我父母的少子，也是我兩個哥哥的愛弟。我的大哥愛我，表現於他以全力支持我讀書；我的二哥愛我，卻只擺在心裡，可是他有文字工作，一定找我推敲；有不願告人的苦悶，一定向我訴說；論渾厚與學力，我老二不及我的老大，論天才和富有一種浪漫的活力，老大又不如老二遠甚。老二之死，增加了我對家庭的責任，也引起了無限的鄉愁，靜靜的住在巴黎郊外，簡直害著嚴重的失眠症了。我的房主人為我收拾房間，發視我床前有一瓶安眠藥水，為之大吃一驚，我不得已接受她的勸告，再度恢復我出遊的生活。

我的錢本來是極有限的，並且，還想撙節著多帶幾本書回去，因此所謂出遊也者，也就只能以一點兩點鐘的火車旅程為限，不能走得太遠。凡爾賽宮過於富麗，不大合我的脾胃；楓丹白露的明媚風光，卻對我有較強的吸力；雨果的故居和他的手澤，引得我留戀低回；若瑟芬的幽室瑯房，和她那幅絕世風神的畫像，就至今也還縈繞於我的夢寐。去巴黎約四十幾分鐘的火車，地名夏持勒，是一座自高盧以來便有名的宗教城，那裡有十三世紀的教堂，有三百年前的建築，風景有類於我們的蘇常，而物質的設備與藝術的烘托，又非蘇常所能望其項背。三三五五白髮如銀的修道士，一群一群立在洗衣池畔的少婦少女，更渲染得這座古城成了一幅畫圖。東坡詠歎杭州的詩：「不論世外隱君子，傭奴販婦皆冰玉」，好像正是描寫著這裡的人物。我住在一家清潔的旅店，夜闌人靜，開窗把月光放入，憑欄遙望，那兩座古教堂的尖頂，高聳於蔚藍的天空，我便在這樣一個萬籟俱寂的環境中，度過了我兩三小時的夜生活，深深感到巴黎未必能代表法蘭西文化的全貌，也許要在這類地方才可以滋潤著這個藝術民族的靈魂。

我在留法的期間，仍隨時和王光祈通信，彼此的生活情形，完全知道。他其時住在佛朗克福，希望我到德國去玩一次，我告以絕無可能。一天，忽然接著他一封保險信，寄來美鈔二十五元，他要我停止自炊，過兩星期較豐裕的生活，必於我的失眠症有益。我知道他這個錢是三、四元一千字換來的，用既不忍，退又不能，一直延到我回國的前一月，才寄還他四百佛郎，可是我終於沒有去德國和他再見一次，畢竟是我的遺憾。

我在準備回國以前，又搬回巴黎住了十來天，幾處可以幫助我了解法國史的博物館，一再的去細看了一看，縮減旅費，買了幾部大部頭的書。從馬賽東航的船期在八月十七，我選擇了去年到達的這天八月十五，依舊在一個濛濛細雨的深秋暮色中，悄悄的離去了巴黎。詩人蕭石君，送我到車站，在握別時一切無從說起，我為他低低的誦了東坡一首絕句：「悽音怨亂不成歌，縱使重來奈老何，淚眼無窮似梅雨，一番勻了一番多。」我不知道世間除了友情與藝術，還有什麼更值得我們珍重的東西。

船泊黃浦江法國郵船的碼頭，老友楊傳渭來接我，他告我一個不幸的消息：我的大哥在一星期前又已去泄，一雙七十的老親，正在遙盼我這個惟一愛子的歸來。於是我把行李和書箱安置妥當，伯鴻約我吃了一頓晚餐，我便搭了當夜的臥車，去南京為我大哥料理未完的後事。只一星期，便仍回上海重操我編輯的舊業，一雙老父母也接到了上海和我同居，「包袱」不怕重，越重越有趣，我的心境還是很泰然的。

五 「九一八」以後（這一節包括幾個有名人物的故事）

我出國十四個月，（十五年七月至十六年九月）國內發生了很大的變比：國民黨容共聯俄的政策已告結束；國民政府已在南京成立；北伐雖還沒有完全成功，但大致的趨勢已定；國民黨雖已清共，但對青年黨並沒有放鬆，我們對國民黨也還是立於反對的地位。

自十六年底到二十年「九一八」的這個三年多的時間，我除掉為青年黨做了一點工作以外，幾乎全部的時間都埋頭於中華書局的編輯所，同時也多看了幾本書。一直到「九一八」事變爆發，繼之以次年「一二八」的淞滬之役，我才把我大部的注意力移到國事方面來了。其時我已把中華的職務辭去，每星期在復旦和大夏上十幾點鐘的課，時間比以前充裕得多。上海有一個俱樂部性質的「中社」，其時已變成了一個上海人士對國事交換意見的場所，我在這裡新認識的朋友頗多，「一二八」戰役發生以後，我們幾乎每天都在這裡開會。這一次的戰爭延長了三十幾天，雙方的兵力合計在十一萬人以上，一直拖到五月五日簽訂了一個有名的《淞滬協定》始告結束。當戰事正在激烈進行的時候，我和王造時兩個被上海四十個公團推舉前往北平，目的在發動張學良、吳佩孚抗日。

我們到達北平以後，先到石駙馬大街去看熊秉三（希齡），知道北平的空氣相當岑寂，張、吳更絕對不能有所舉動，可是為完成我們的使命，這兩個人總得會一會，因託熊為我們先容。見張是熊陪我們去的，其時張住在順承王府，頗有一點排場。這一晚他穿了一件藍色的長袍，當他站在電燈下面和我們握手的時候，我覺得他的樣子長得不錯，令我即刻想起馬君武那首「趙四風流朱五狂」的絕句，假定他能唱小生的話，叫他飾演《群英會》中的周瑜一角，扮相一定不壞。經我們說明來意以後，他便滔滔不絕的大放厥辭，為他的「不抵抗」作了一番辯護。好像丟了東北那樣一塊土地，他毫無責任，應負責者乃另有其人。又一再批評馬占山濫出風頭，好像說明他決不是沒有馬的本領，只是薄而不為而已。說到他對上海戰事的意見，乃力陳北方的環境險惡，特別小心還來不及，那裡談得到表示態度。造時問他：「假定別人要動，你打算怎樣？」他正色的回答：「我在這裡，那個小子敢動？」我在回去的車上細想：張學良是中國歷史上怎樣一種人物，安祿山嗎？不像。李存勗嗎？也不像。

吳佩孚住在十錦花園，雖是門前的車馬無多，可是也還不十分冷落。我們坐在他的一間客廳兼辦公室的裡面，覺得和張學良處比較，情形完全兩樣；牆上掛了幾幅乩堂的對聯，雜以他自己畫的幾幅墨梅，可稱銖兩悉稱。桌上有幾本線裝舊書，顏色已呈灰敗；書旁邊有兩顆黃綾裹著的私章，加上其他文房用具種種。我們正在欣賞之際，一位長袍馬褂配著瓜皮小帽的老年人，已邁步走了過來。客廳中共有客人五、六位，乃一致起立，向這位文武兼資的秀才表示敬意。賓主同時坐下，主人便開門見山的首先向我和造時兩個發言：「兩位從上海遠來，為國事奔走，很辛苦。我是抗日的，有的是兵，缺少的是錢，兩位代表上海各公團希望我打仗，便請兩位回上海後，轉達我的意見，請大家為我籌款。」我們沒有想到他這樣認真，乃由我發言，對他的清風亮節著實恭維了幾句，並報告了一些淞滬作戰的實況，關於籌款一點，我們原無把握，可是不願使他掃興，乃將上海人民對十九路踴躍輸將的情形，也加重渲染了一番，證明只要能打，錢是不怕沒有辦法的。他似乎頗高興，我們乃興辭而出。第二晚他又約我們去吃飯，見著湯爾和張懷芝一類的人物，畢竟「秀才」比張學良這個「小老粗」要有禮貌得多。抗戰勝利後，我在北平郊外視察一處農場，走他的墳前經過，還下車憑弔了一番，我知道他一生的經歷，覺得比較其他軍閥究有不同，固不只一飯之德未忘也。

我之認識章太炎先生，也是「九一八」以後的事。其時他住在上海同孚路同福里，我差不多每星期總到他那裡一次或兩次。聽說我的朋友曾慕韓、張夢九、宗白華、魏嗣鑾，都正式向他磕過頭，執弟子禮甚謹，我卻是馬馬虎虎，僅僅以一個後輩的資格向他去請教。太炎操餘杭土音，最初我不能聽得完全明白，後來聽慣了，則亦了無不懂之處。他畢竟是一個革命出身的學者，每見總喜歡談時局談政治，獨到之見頗多。此外關於明末遺民和他自己一班革命同志的故事，也是他主要的談話資料；前者大概是他革命思想之所自來，後者便是他耳聞目擊或親身經歷的一些事實。其內容往往比較我平日所知道的有些不同，可惜我當時沒有記下來，否則可資參證之點一定不少。我每次到太炎處，總在午後的三四時，其時他已六十以上，可是談鋒甚健，往往能歷兩三小時不倦。湯夫人所備點心，有一種糯米所製的小餅，蒸食，黏性頗大，失之太甜，太炎吃得津津有味，我當然也只好陪著他津津有味。他每次述一故事，不但能記得年月，甚至發生在某一天也並不錯誤，而且說來枝葉扶疏，能使聽者如親履其境，不願聽其中止，湯夫人一再催用晚飯，不聽，我不待其辭畢，也就不敢告辭。

太炎嗜紙煙，往往一支尚餘寸許，又燃一支，我曾看見他三、四小時吸之不斷，所吸以美麗牌為常，偶得白金龍，便算是珍品。原來他為人寫字，初無所謂潤格，找他寫字的人，大率即以紙煙若干聽為酬，因此能取之不盡，用之不竭。我本來是不抽煙的，國難後在上海編了半年的日報，編輯所就設在一家同志所經營又髒又臭的印刷所裡，同時因為人手不夠，往往社論，短評及第一版新聞，都出我一人之手，而且我又一定要看過大樣才肯回家，不抽煙實在不能對付，因此便居然抽上癮了。我出入太炎之門，差不多有三年之久，看見他那樣一種抽法，實在也提高了我的興會，我現在抽煙的成績，大概與太炎的這段因緣是有多少關係。

張敬堯在北平東交民巷為人所暗殺，太炎作了一首小詩：「金丸一夜起交民，射殺湘東舊領軍，為問長陵雙石馬，可知傳法有沙門？」一日，我到太炎處，他寫這首詩正屬稿甫就，並把第三句「試問」的「試」字塗去，改了一個「為」字。我問他「沙門」何指，他對我笑笑說：「古人做詩，也往往有在可解不可解之間的，你何必打破沙鍋問到底？」其實我心裡明白，只想看他如何說，他既不肯說，我當然也只好一笑而罷。

翁照垣在淞滬一役，以堅守吳淞得大名。當戰事進行最激烈的時候，我請太炎寫幾個字贈給照垣，以資鼓勵，他毫不考慮的就答應了。第二天我去取，他乃交我一篇長文，約千餘字，並且是親筆用宣紙寫的，我真是大喜過望。（這篇文字後來收在他晚年出版的《太炎文錄》裡面）隨即拿到中華書局印刷所，拍照，製成珂羅版，用道林紙精印三百份，分寄全國各大報館。上海各報雖然是全體都登了，可是懂得用鋅版把原件影印出來的，卻只有天津《大公報》一家，畢竟胡政之、張季鸞是比別人要行一點。有這樣一來，於是照垣之名更大噪於南北，這對於照垣也許是害多於利，可是在我宣傳的技術上看，卻是最成功的一幕。其時翁算是一個掛名的青年黨，但我和他並不認識，後來見著，覺得他是一個純粹的軍人，近年聞其鬱居港澳間，飽經憂患，他的修養或者更有一點進步了。

當宋哲元以大刀隊在長城抗日，國人頗壯其所為。一日薄暮，我到太炎處，看見他正靠著窗子檢閱地圖，見我走進，他便問我：「長城竟有這樣多的口子嗎？」我漫應之。私心自忖，太炎於學無所不窺，且生平崇拜著有《天下郡國利病書》的顧炎武，民初曾一度任籌邊，自己也到關外去看過，為什麼會發生長城有多少口子的問題呢？

太炎的家庭是很雍雍的，生活不豐不儉，頗稱一個抱道自守者的身分。當太炎被袁世凱幽禁在北平龍泉寺的時候，我曾讀過他兩封纏綿悱惻的家書，當時湯夫人寫給袁請求恢復太炎自由的一封信，措辭也十分得體，中有「結褵一年，誓共百歲」之語，更足以激動讀者的同情。我出入他們的家庭既久，看出他們的伉儷之情甚篤，有時太炎寫字，湯夫人站在旁邊有所批評，甚至指出某字寫得不好，太炎總是笑迷迷的望著她，說：「你不懂得寫字囉！」其實湯夫人不僅詩文不壞，字也是很工整而秀潤的。其時太炎有一個七、八齡的少子，韶秀活潑，極端聰明，以時考之，此君現在也應該是接近三十的人了，不知近作何狀。綜括太炎晚年給我的印象，大致「爐火純青」四字足以概之，不只富有人情味，且十分的懂得幽默，其對後進一種殷殷期待之意，使身受者永遠不忘。一日，他問我：「近來看什麼書？」我回答：「正看陳壽的《三國志》。」他說：「很好，你應該細看裴注。」我近年寫白話也想力求簡潔，得他這句話的益處不少。自從太炎移家蘇州以後，一直到他死，我都不曾再看見他，現在回想起來是追悔不置的。

我和蔣介石先生第一次見面，是民國二十三年七月的事，事前有一位我在法國認識的朋友，在蔣先生面前為我吹了一番，大概吹得過分一點，所以蔣先生一定要約我談談。其實這位朋友並不完全知道我，我卻早知道他是一個絕頂聰明而結果必一無成就的人！因此他和我談過兩次，我因為腦筋裡有這樣兩句古文：「商鞅因景監見，趙良寒心，」所以總不十分起勁。二十三年五月，蔣先生託他轉我一個電報，約我暑假到廬山一談，我才正式謀之於曾慕韓，慕韓這個人，小事不甚清楚，大事卻不糊塗，我記得我和他在上海中國飯店就這件事有過一次的懇談，我對他說：「你既贊成我去，我卻有三點必守的原則：一、團體不失立場，二、個人不失身分，三、為國家之故，可能與國民黨合作，但決不參加國民黨內的派系鬥爭。」慕韓完全首肯，因此我才斷然有與蔣見面的決定。但我依然覺得，匆匆一見，我一定無法了解蔣先生，因此我又參考過蔣百里（方震）和黃膺白（郛）兩位的意見，可見我對這件事是不馬虎的。

其時百里住在上海的國富門，一天我見著他，對他說：「不久我也許到廬山和蔣見面，我知道他對你很敬佩，卻也有一度對你不諒解，你能不能把個人的關係丟開，說明你對蔣先生的認識，給我作一個參考呢？」百里自來是很神氣的，他連忙回答我說：「好，你這個問題很有意思。」他繼續燃著一根紙煙，打開了他的話匣子，對我說了很長的一段話，其緊要的句子，我至今還記得。他說：「全國的大軍人，我幾乎無一個不認識，論到緊要關頭，快刀亂麻，當機立斷，我覺得在全國人物中，無有能出蔣之右者，他之有今天的成功，決非偶然，今後就要看他對全局的規劃怎樣了。」他深深的吹了一口煙，更鄭重的繼續說：「一個人總容易為歷史所支配，尤其容易為自己成功的歷史所支配，蔣是以黃埔建軍得到北伐成功的，假定他用黃埔生用到超過了他們的能力，我便很為他耽心！」當時這一番話，我只是聽了，沒有敢贊一辭。

說到我和黃膺白的認識，也真是偶然而又偶然。當二十二年六月他和何敬之（應欽）等主持與日本簽定了《塘沽協定》以後，頗受到全國輿論的責備。他在由津浦路南返的途中，在火車中讀到《時事新報》一篇署名仲平的〈時局諍言〉，這篇文字的內容，是深知道當時對抗日尚無準備，覺得主持這個協定的人，處在那樣一種險惡的環境，還能有這樣一個結果，實在已經大不容易，著實對這班主持人有一些恕辭，而對當時的輿論，獨持了一種不同的態度。膺白認為是空谷足音，一路打聽仲平是什麼人，可是並無人知道。不知在什麼時候又問到他的親戚我的好友沈君怡（怡），才知道仲平就是我。於是不久他就拍了一個電報給君怡，要君怡陪我到莫干山去玩玩，其時君怡正任著上海的工務局長，忙得很，又由他懇托了我們兩個共同的好友黃仲蘇陪我去，這大概是二十三年暮春的事，我記得我在莫干山下看見不少的杜鵑花。膺白和我們談了一整天，從他在日本留學組織「丈夫團」參加革命說起，一直說到《塘沽協定》，不啻是他的一篇小傳。中間有一段涉及他和蔣先生關係的話，頗可注意。他說：「民國十六年清共的大計已經決定，在江西和蔣分手，準備回莫干山，蔣知道北伐快要成功，問他對他個人有何意見，他對蔣說：「『士不可以不弘毅』，說到『毅』之一字，你已經太夠太夠了，今後就從『弘』字上多下工夫吧！」我覺得膺白畢竟不失為蔣先生的一個好友。

很不巧，我到廬山剛遇著蔣先生生病，我和同去的一位朋友何魯之遊了幾天的山，然後才和蔣先生匆匆的見了兩次，臨別蔣殷殷以通信見囑，我記起百里和膺白對我說的兩段話，覺得蔣給我的印象是很好的。其時廬山正辦著大規模的訓練班，似乎是蔣先生為著「安內攘外」而正在勵精圖治的時候。我在這裡再度見著黃膺白，也看見楊暢卿（永泰）和陳布雷。

東坡有一首詠廬山的詩：「橫看成嶺側成峯，遠近高低無一同，不識廬山真面目，只緣身在此山中。」這一次我雖在廬山盤桓了好幾天，但究竟是不是見了廬山的真面目呢？我自己也不敢說。

六 抗日準備時期（附帶記錄了我二十五年東遊的感想）

從二十一年上海「一二八」一役以後，迄二十六年「七七」蘆溝橋抗戰的揭幕，其間經過了五年以上的時期。在這個五年中，從日本一方面看，是佔領東北以後，繼續發展其侵略，乃至吞併整個中國的準備時期；從中國自身的一方面看，是團結內部，從事準備，以期共赴國難的時期。這期間有幾件大事是我們不應該忘記的：

一、二十二年春，日本佔我熱河，我方於長城一帶，曾有猛烈的抵抗。

二、同年五月中日兩方有《公塘沽協定》的成立，關內局勢，得以彌縫於一時。

三、自「九一八」事變以後，我方自始即信賴國聯必能予日本以集體制裁，國聯對這件事，也確實賣過相當的氣力。二十一年春有「李頓調查團」之東來，次年二月該團即向國聯提出一詳盡之報告，於我國頗為有利，除日本反對，暹羅棄權以外，居然得了四十二個國家的支持，因而日本不惜自陷孤立，而有退出國聯的宣告。同年六月，國聯諮詢委員會又通過了一個不承認偽「滿洲國」的辦法，並照會會員國與非會員國一律執行，雖說是軟性的，但究不失為一種維護正誼的舉動。

四、原來日本在佔領東北以後，在二十一年的三月，即有偽「滿洲國」的成立。最初溥儀還只稱「執政」，到二十三年三月，便居然改稱偽「滿洲帝國」，而且改元「康德」，同時，溥儀也改稱「皇帝」；到同年的九月，且居然有所謂「日滿議定書」的出現了。

五、自二十三年四月至二十四年底，中日間仍不斷有外交的試探與接觸，其間最可注意的，有所謂「天羽聲明」、「廣田三原則」、「川越張群的談判」等等，可是都沒有何等成就。

六、此外二十五年十二月十二日的「西安事變」，二十六年「七七」前夕的「廬山談話會」，都是與抗戰有密切關係的大事，下面還有機會可以提到，在這裡暫不多說。

我到中央政治學校教書，是二十四年春夏之交的事。聽說蔣先生找我的時間本來是較早一點的，但何以延到四月底學校負責者才請我去呢？這當然另有原因，不過我對這類的原因照例不管，因為我本來是一個教書匠，既是請我教書，在我是無可無不可的。到南京以後，第一次見著丁惟汾、陳立夫、劉振東、吳挹峯各位，他們說明了蔣先生的意思，我表示上學期的時間已經不多，請從下學期開始，但他們不贊成，於是我只好就這一個多月的時間，來了二十四小時的臨時講演，講題是「近代中日關係史」，演講的地點是大禮堂，聽講的有四五百人左右。那個時候我還只是四十一歲，精力很夠用，每次繼續不斷講三小時，毫不疲倦。講完調閱一部分學生的筆記，知道他們用功的頗多，我對他們發生了興趣，他們對我也確實不壞，這便是我後來在政校繼續教了七個學期的主要原因。前五個學期在南京的紅紙廊，二十七年首都淪陷，學校遷往湖南的芷江，我沒有去；二十八年再遷重慶的小溫泉，因為是周枚蓀（炳琳）主持教務，又拉我去教了一年。其時學生對我的感情更好，常常一大群的包圍我談天，甚至同出去爬山，在一塊吃飯，也是常有的事。有一位學校當局目擊這種情形，似乎不大放心。因此不敢再請我教了。其實呢，我覺得為國民黨教好一個青年，也和我為青年黨教好一個青年是一樣，可是這種心情，不大容易為普通人所了解，所以我對這位先生的杜漸防微，在某一意義上看，總覺得不失為「忠實」。

二十四年的下半年，一天，蔣先生約談，其時抗日的輿論已漸漸激烈，我提議成立一個類似的民意機關，以加強團結。蔣頗表同意，問用什麼名義，我想了一下，覺得「國民參政會」還可以。蔣要我擬一個名單，我沒有敢答應，蔣仍要我不妨試擬，但經過兩個星期，我並沒有交卷。後經布雷來催，我不得已提出了四十九個人的名字，除國民黨黨員外，每個人名的後面，還附了一個簡歷。再過兩星期，蔣先生又約在勵志社見面，談到名單的事，蔣說展堂先生對憲法有意見，不久要來。我請求他把我所提的名單撤銷，蔣說：「不妨。機構雖暫時無法成立，我仍要個別的約談。」當即提出曾慕韓、余家菊、王造時三位，要我代約。我告訴蔣先生：余家菊現任湖北通志館館長，請蔣逕電楊暢卿轉約，一定可以來；慕韓在北方，我可轉告；造時在上海，就住在我家附近，可以代邀。後來余果然來了；慕韓則一時不願南下，我又請蔣先生親筆寫了一個信給他，但一直延到二十六年的春天，他才和蔣在奉化見面。造時則因為我對抗日的意見和他太不一致，碰了他一個釘子，後來他在蘇州失了八個月的自由，總算換得了一個「君子」的榮譽頭銜。這位朋友是羅隆碁的小同鄉（江西安福），歡喜談政治，領袖慾頗強，但永遠沒有真知灼見，在私生活方面，卻比老羅要好得多，看見女人頂多不過笑笑而已，從來是不敢輕舉妄動的。

自「九一八」國難發生到二十四、五年左右，抗日的輿論一天天趨於激烈，我個人卻陷在一種感情與理智的極端矛盾中。在這個幾年中，我所接觸過的日本人不少，他們的一切想法和做法，我大體明白，二十一年離開中華書局以後，我隨時在全國各處走動；二十四年開始，經常在南京教書，對政府的措施種種，也比從前多知道一點。就國民的情感說，我是一個抗日者；但訴諸我的理智，我卻知道中日戰禍一旦爆發，前途一定是凶多吉少，而且是中日兩國共之。我知道一部分激烈的抗日論，完全是出於一種純潔的愛國動機，雖然淺薄，我還是敬佩；另外一部分人，卻只想拿著這頂抗日的大帽子去壓迫政府，以求得他們的政治出路，甚至在國民黨內，也還有人借著這頂帽子，在那裡有意無意的進行派系鬥爭，對於這兩派人的行動，我卻感到非常的危險。中國內部的情形如此，而日本大部分的少壯軍人，又迷信武力萬能，一面劫持著他們的政府和他們比較穩健的前輩；一面更對中國繼續高壓，繼續搗亂；這好比火上澆油，我已知道大禍終於是無可倖免的。

到了二十五年的暑假，我決心到日本去跑一趟。這件事得著老友崔萬秋的鼓勵和幫助不少，假如他不願陪我去，我個人是無法完成這一工作的。我去日本的動機，決不想在中日間這個已經形成的大勢有什麼補救，我充分知道自己決沒有這種力量，可是像這樣一件大事，我必須在事前多求得一點了解，以為我將來相機說話的餘地。為了籌集旅費和備置行裝，我和萬秋忙了好幾天，又準備了種種必須的文件，然後才從上海出發。我們的路線是先到北平，再由天津去門司，而以東京為我們的最終目的地。

去日本，我必須仰仗萬秋作嚮導；遊北平，我卻比較是識途老馬。因為我在這次以前，至少已去過北平十次以上，雖說每次總只留三、五天或十來天不等，但情形究竟比較熟悉。這次在北平住了七、八天，因為沒有多的事，旅費也相當充裕，還找得有其他的朋友參加，因此遊了一個痛快。「舊書不厭百回讀，」我對北平確實有這樣一種感想。一個人假定沒有到過北平，或到過而沒有相當認識，我相信他對中國文化是沒有資格開口的。

日本駐北平的華北駐屯軍司令田代皖八郎，他在中國做大使館武官的時候就和我認識，我對中日問題的憂慮，他本來是知道的，但這次我和他長談一度，他卻對我表示懷疑，以為我這次去日本，總多少帶得有政府的使命。他問我近來對中日問題的看法如何，我看出他的神情比從前在上海談天時不大一樣，我只好開門見山的對他說：「假定日本一定要把武力大大的伸張到關內，我相信中國方面已絕少迴旋的餘地；如果日本還能夠懸崖勒馬，暫維現狀，談判之門也未必不可重開。」這確實是我當時的心情。他聽了我的話躊躇了一會，仍表示歡迎我到日本去看一看，並且自動說可以打電報去東京為我介紹。我始終相信田代在一班日本少壯軍人中，還算是比較有頭腦的，對中國情形也有較多的認識，態度相當持重，但他的力量在那樣一個潮流中，畢竟是異常微弱，聽說「七七」事變爆發以後，他便暴病死了，其死因我至今不詳。

在現代的交通工具中，就舒適一點而論，我覺得火車不如飛機，飛機不如輪船，這次從天津去門司，過了兩天的海上生活，感到非常愉快。我對日本人的管理和清潔，是無話可說的。船抵門司，湧上一大群便衣警察，集中向我們兩人盤問，看樣子似乎是早已知道我們的行縱。我們有萬秋流暢的日語，還有多種無可懷疑的文件，他們只好對我們很客氣的放行。門司碼頭，倉庫的整潔，和搬運伕的彬彬有禮，以之與香港、西貢、馬賽等處相比，我覺得西洋人還應該向日本學習。我們這次有四件行李，但搬運伕代我們搬到火車站，並代為保管到午後四、五點再送上火車，總共只要我們日金二元幾角，想起十年前五件行李在馬賽被敲去一千三百佛郎的故事，也覺得日本人是可敬畏的。由門司過海去馬關，輪渡與香港相似，而秩序過之。去看李鴻章當年簽定條約《馬關條約》的春帆樓，正遇著修理，謝絕參觀。當時作為李鴻章行轅的接引寺，去春帆樓不遠，李之被刺，就正在這由會場回到接引寺的途中；寺樓一大間，壁上還保存著鴻章贈給為他治療創傷的那位醫生的詩句，當日鴻章與伊藤陸奧爭辯條約內容的情景，如在目前，令人不勝感慨。

由門司去東京，坐的一班叫做「燕號」的特別快車，快得真可以；坐位上的白布套子，全不見半點污痕；旅客多數靜默，有的在閱讀書報，絕沒有人高聲說話；在我眼中，這就是高度文化。車抵東京，許靜仁大使派人來接，汽車後面，有一塊「中華民國大使館」的牌子，這樣一來，我知道想在東京多找幾個日本人談談，希望已經甚微。在大使館坐了一會，除許靜老外，還看見王芃生、黃伯度、周序生各位，芃生係第一次見面，其餘的都是熟人。使館對面便是日本警察的出張所，聽說連使館中看門的，燒飯的，都可能是日本特派的偵探。許大使開始和我談話，先叫人看看窗子的外邊，並且把窗帘放下，凡此種種，均可反映出日本人的「小氣」。就我平日所認識日本人而論，大抵是熱情洋溢、豪放、嚴肅，在私人的交往上，也富有人情味，男子往往真像一個男子，女人也真像一個女人，假定他們能把這個「小氣」的毛病丟掉，我想日本的民族性，列入現代的泱泱大國之林，是絲毫沒有愧怍的。

我這次到日本的主要目的只在增進我對日本問題的了解，至於一般主張對華侵略的軍人心理，我卻早已如見其肺肝。我知道中日間的一度大決裂已無可倖免，想謀挽救，也只是枉費心機，我站在一個國民的立場，無法容許日本全勝；站在亞洲及世界立場，我決不願日本慘敗到不能翩身；我在這個時候惟一可以致力之點，只是如何積累我自己對日本問題的理解，以謀決裂後在重建中日關係一點上，找機會去貢獻我的微力。

住在日本一家旅館的頭兩天，我們深深感到已在日本警察的監視之下，可是他們看見我們滿桌上亂丟著電影院的入座券，寶塚歌劇團的說明書等等，他們似乎也就把監視力鬆懈下來了。結果我們還是跑了不少的地方，見了不少的人，不只外務省、文部省我們去過，就連那個日本軍事核心的軍務局也去參觀了一番。我們見著了幾個雄赳赳氣昂昂的軍人，所能激動我內心的反映，只有悲憫！「你們的小勝是你們的小敗，大勝是你們的大敗！」這是我兩句經常對一切來華的日本軍人所說的話，到這個時候我連這個話也不提了。

留東京十天，我嘗試了日本各階層的生活：吃過六元一開頗精美的日本料理，也吃過兩角一開的工人早餐；到繁盛區的銀座去喝過那種有女招待的咖啡，也到文化區的神田去訪問了好多家書店；中間還抽出工夫到過一次橫濱，去熱海洗過一次溫泉；我知道有不少的日本朋友頗欣賞我們的支那料理，可是我在日本兩週，總是以吃日本餐為原則，甚至連那種在日本留學多年的日本通也不一定歡喜的「沙西米」，對我也成了很大的誘惑，總而言之，除掉日本軍人一定要侵略中國的一點以外，我幾乎對日本的一切一切都很恭維，我看見一個日本的少婦，穿了一身濃淡適宜的和服，拿著一柄日本式的陽傘，獨自一個站在海灘上對著那要落不落的夕陽發愁，我曾驚奇這是一種我們東方特有的優美！我隨時都在默禱著日本好好保持他們固有的文明，不一定要去染上許多西洋的惡習，遑論今天我們大陸上的「腰鼓」、「秧歌」！

從東京回到上海和南京，我已向大家說明，一戰決不能免，所餘的祇是時間問題，惟有儘可能的從速準備而已。

同年十二月十二日「西安事變」爆發，其時我一個人冷清清住在南京青石街青雲里一所臨時的住宅，十四日午後，陳布雷來長談，把他在中央常委會的臨時會議和中央政治委員會開會的情形，大致的告訴了我，他的神色很不好，表示充分的憂慮，尤其對於明令討伐一層，他不敢苟同；對於蔣夫人要去西安一點，他也覺得非常不妥；問我有什麼意見。我告他，一切須待端納歸來，我們才能下確實的判斷，目前就大體上看，宣布張、楊的罪狀加以明令討伐，在政府的體制上，是有必要的，但須做得恰如分際，不可過於認真；蔣夫人能去，祇有好處，決無危險，因為張、楊這種舉動，其作用在劫持與恐嚇，以為大家怕了他們，蔣夫人去，反足以奪張、楊之魄，使他們了解恐嚇完全無用。此外我又說明宋子文與張學良的私人關係不壞，宋能一行，當更可迎刃而解。布雷臨走時，對我所說的還是將信將疑，但我卻好像有一種靈感，相信我的判斷不錯。

第二天，到中政校上課，學生把我包圍了問長問短，幾使我無法上課，不得已就這個問題為他們解釋了半小時，除對布雷所說的種種而外，我又增加了幾種理由：（一）張、楊是臨時結合，過去並無深切關係，對此事乃以一種衝動出之，未經過深思熟慮，斷難始終一致。（二）自此事發生以後，全國輿論均不直張、楊所為，對蔣先生乃熱烈擁護，張、楊斷不能無所顧慮。（三）政府已明令討伐，軍隊且已調動，張、楊又豈能毫無忌憚？（四）閻錫山的電報婉而有力，閻可代表北方的實力派，張、楊更何所恃？其時我還不知道周恩來已到西安，更不知道中共所持的態度，但我已堅決判斷蔣先生的安全決無問題。二十五日晚上的八、九點鐘，我正在上海新新旅館和兩個朋友談天，忽然聽得五樓上有人放爆竹，叫茶房去打聽，才知道某聞人得著電報，蔣先生已安抵洛陽了。我事前的種種判斷，祗是就常理推測，但張學良居然隨機送到南京，卻完全出於我的意料之外。

二十六年的春天，我陪慕韓到奉化和蔣先生談了兩次，前年我向蔣先生要過一封邀約慕韓的親筆信，總算有了一個交代。在對外一致的名義下，青年黨必與國民黨保持密切的合作，也總算沒有什麼問題了。

七 抗戰的第一階段（這裡記錄了我當時在南京和武漢的見聞）

在「七七」抗戰爆發以前，國民黨召集了一個「廬山談話會」，這算是後來「國防參議會」與「國民參政會」的先聲。所約的人方面相當多，包括了共產黨以外的各黨各派，以及社會的領袖人物。在正式談話的時候，由汪精衛主席，蔣先生發表了一篇重要的演說，以我這十幾年來所聽蔣先生在會場中正式的談話，大概以這次為最重要。有幾句緊要的句子，我至今還記得：「抗戰一經發動，便須不顧成敗利鈍一直打到底，決無所謂中途妥協！妥協就是投降！」（語氣大意如此）當時會場發言的人頗多，尤以東北同胞的語氣為最悲壯，胡適之對國民黨有所批評，曾引起了徐慶譽對他的一場辯論，但結論則對政府的決心抗日是一致贊成的。我在這裡必須坦白聲明：我雖明明知道抗戰已成定局，但並沒有放下我內心的顧慮，實力太不如人，祇是我顧慮的一端；內部可能因抗戰而有絕大的演變，卻是我顧慮的實質。其時我們在會場開會，共產黨的代表周恩來、秦邦憲卻在會場外與國民黨直接交涉，到會的人大抵都不知道。當時何以不讓中共代表出席大會，而必須與他們直接交涉，其特殊意義所在，我是至今也不了解的。

會後回到上海，經過一位朋方的介紹，我和李幼椿（璜）曾在滄洲飯店和周恩來、秦邦憲有過一度談話，談話內容不出團結抗日的範圍，他們在廬山和國民黨交涉的情形，當然不肯對我們詳說。幼椿在法國便和周認識，我對他們兩位，卻是第一次見面。

上海「八一三」戰爭爆發，我還在上海，一直到八月底，我才前往南京。其時上海的北火車站已經不好上車，我是從梵王渡車站出發，走滬杭路先到嘉興。然後由蘇嘉路轉蘇州到達南京的。當我離開上海以前，日本人還沒有在市中心區投彈，上海市民也不見得怎樣恐慌，等我上了火車以後，所見已經是一片戰時景象。松江附近，一道鐵橋被炸壞了，我們必須手提行李，過橋換車。我在黑暗中提著二、三十斤的一隻皮箱，踉踉蹌蹌跌了兩交，好容易爬上了對橋的另一列車。因為避免轟炸，車上不敢開燈，我雖是買的頭等車票，在黑暗中居然在三等車箱裡摸索了一個坐位，也就是自以為幸運極了。

我自從這個時候離開上海起，一直到卅五年的一月（即日本投降後四個月）才得回家，我的一個簡單家庭便淪陷在上海八年之久，除兩個較大的兒子先後參加空軍以外（學成的祇有一個）第三個乃不幸在上海自殺了（同濟大學醫科二年生）。其餘一個較小的兒子和一個女兒，都是隨著我的老妻在上海長成的。抗戰使得我的家庭起了變化，影響我個人的生活不小。我到南京不久，便參加了「國防參議會」。這個會祇有二十幾個人，「中共」、「中青」、「國社」，（即現在的民社黨）三黨均有代表，中國青年黨參加的，便是曾琦、李璜和我三個。國民黨方面有陳布雷、周佛海、陶希聖諸人。傅斯年似乎是以無黨派資格參加的。國社黨的張君勱，江庸出席甚勤，張東蓀卻祗到過一兩次。中共的毛澤東始終未來。這個會由汪精衛主席，除聽取政府的軍事，政治報告以外，會員也提過不少的建議，時間延長了一年，一直到第二年七月國民參政會在漢口成立始告終止。

自上海八一三抗戰開始，迄十二月十三日我軍退出南京，為時整整四個月。儘管淞滬一帶戰事非常激烈，但南京的人心異常安定。敵機曾有幾次大舉襲擊首都，我們有時也走入防空壕暫避，有時就簡直站在草地上觀戰。我曾親見一敵機中彈著火，頃刻即成灰燼，駕駛員當著火時，即從高空向地面倒下，但不見用降落傘。其時我的大兒子宗矩，隨我住在南京，也目擊這種事實，但不到一個月，他便考入航校了，可見戰爭儘管殘酷，對充滿活力的青年是威脅不了的。

十一月下旬，戰事一天天趨於緊急，政府若干機構，已陸續向武漢撤退。記得我走的那天，是在一個淒風苦雨的午後，車出下關，眼見江岸一種凌亂不堪的情況，感到非常不快。走上民生公司的一條小輪，即發見杜重遠君與我同房。

杜重遠籍東北遼陽，與盛世才同鄉同學，其時甫歸自新疆，行篋中滿貯盛氏贈中央各要人的照片，還有六厚冊油印盛氏治新六大政策的說明，杜本人更寫了一本《盛世才與新疆》的小冊子，對於盛氏治新政績，總算極宣傳的能事了。我於杜君，僅在廬山談話會中見過一次，並在生活週刊上常常看見他的文字，這次和他有五天同船同居之雅，（因為我們上船後，船在下關停了三天）幾乎每天都有幾小時的暢談，我才知道他確是一個有志之士，且學有專長，局度開展，思想也相當穩健，可惜入世未深，把天下事看得太容易，以為憑藉一個盛世才這樣的傢伙，就可以成就自己的事業功名，卒以此蒙不白之冤，死於亂人之手，實在也是抗戰中的一個損失。上船後第二天的早晨，我和杜君走進餐室，又發現黃伯樵夫婦，黃膺白夫人也同在此船，真是喜出望外。伯樵夫婦陪我在黃夫人房裡作過一次長談，從膺白先生的去世，談到她這次忍痛拋棄留在莫干山的若干社會事業，最後還發表了她對胡適之那本《章實齋年譜》的批評，給了我很深的印象。再過兩天，我又知道歐陽竟無大師和他的弟子呂秋逸君也同乘此船，我請呂君介紹和歐陽先生見了一面，他給我的印象是氣魄沉雄，精神飽滿，談話時聲如洪鐘，像我這樣一個剛過四十的老青年，對他實有愧色。

到達武漢以後，我寄居在武昌一個妹妹的家裡，一切飲食起居有我的妹妹照料，甚感舒適。其時政府在名義上已遷往重慶，但抗戰的重心卻在武漢。戰爭將到半年，法幣還不曾貶值，武漢人民的生活如常，秩序絕未紊亂，我每天往來於武昌、漢口之間，工作不外開會和看朋友，雖有時也不免有前路茫茫之感，但心境並不怎樣緊張。有一天，和三位姓張的朋友在一塊兒談天，其時正是德國大使陶德曼奔走和平的時候，我們的談話資料，便以此為主題。三位張姓朋友中的一位，忽然提出一個問題：「假定政府接受調停，和平實現以後，大家對於蔣先生的擁護，是否能和今天一樣？」我一聽，便知道這個問題必有來歷，當即不假思索，提出我一個有力的回答，我說：「勝固擁護，敗亦擁護；戰固擁護，和亦擁護；總而言之，統而言之，擁護到底！」我這個答案，既不是公然主張言和，也不是堅決主張續戰，好像是不著邊際，其實我內心有一個不能變更的決斷：即中日兩國不能戰爭，也不應戰爭，這次戰爭其所以公然爆發，在日本祇是由於一部分少不更事的軍人所挑起，在中國則是由於一部分別有懷抱的野心者所逼成，就國際的形勢與國內的危機，無論戰爭的結果勝敗誰屬，總是兩敗俱傷，毫無疑義。我個人和我所代表的團體，既無力量發起戰爭，也無力量促成和平，無法不以多數人的意見為意見，但在我的理知上卻是絕對不能上當的。後來政府既不敢變更抗戰的國策，我們當然也祇有擁護抗戰到底。

當我留在武漢的期間，回長沙去過兩次。第一次是二十七年的春天，其時粵漢路的武長段情形還很好，只是車子沿途要讓兵車，比較走得慢一點，我自從民國六年離開我的故鄉以後，僅十五年因送家眷到岳家暫住匆匆回去過一次，實際離開長沙已經是二十年。我整個的童年和青年的時代，都是在長沙度過的，這次遇著這樣一個兵荒馬亂的時期，忽然回到我這闊別多年的釣遊之地，真是感慨萬端：我親戚中的老一輩，多數都死了；一個愛我的姐姐，也不在了；童年時的同學見了一部分，他們大都過了四十；甚至玉泉街一家舊書店的老闆，他是和我有三、四年的交往的，也已經作了古人，更使我傷心之至。我生長在一個破落的讀書人家，鄉下無半畝之田，城內無一間之屋，我在長沙度過的二十年，我的家庭不知遷徙過多少次，但大抵不出南門的一角。這次我就那些我所住過的地方，一一巡視了一遍，有的還在門口張了一張，在窗外望了一望，好像見著我一雙已去世的老父母，依然以笑靨迎著他們的遊子歸來，這個時候已無法抑制我的悲哽，我只好三步當作兩步的連忙跑開，害怕激動我更多的回憶。

其時長沙的市況還很好，南門一帶的繁盛市街，似乎比較二十年前更來得熱鬧，看不出半點戰時景象。南陽街的書店，有好幾家在門口立著廣告牌，大賣其《張主席言論集》，這位到湖南來還不到三個月的張主席，《言論集》居然已不只一本，他大概以為湖南是沒有文化的蠻荒之地，真是胆大妄為！

由長沙回到武漢不久，國民黨與青年黨之間，正式交換了一個文件，由雙方的負責者簽名，其主要的意思是共同支持抗戰，也不反對三民主義。這個文件是我起草也是我簽名的，文中有「與國民黨共患難」云云。我在當時的心情，確係如是。其時陳布雷住在武昌的胭脂井，某晚十一點以後，他以車子來接我去談天，原來是他奉命要我辦三民主義青年團，並把許多有關文件給我看了，我因為另有黨籍，只好託他代我婉謝。

同年的七月六日，第一屆國民參政會在漢口正式開幕，這算是抗戰期間的一個民意機關，後來這個會一共召集了四屆，舉行過大會一十三次，一直延到三十六年在南京開過最後一次大會以後，始告結束。對這個會我是始終其事的，關於會內見聞種種，我準備在下一節裡面詳述，此處便不多說了。

中共分子，自從二十六年九月發表正式宣言，表示共同抗戰，並「願為三民主義徹底的實現而奮鬥」以後，他們已取得了一個合法的身分，幾乎到處都有他們的人活動。武漢既是抗戰的中心，加以又有參政會的召集，他們來的人當然更多，可是除掉少數表面的人物以外，其餘的我也不大弄得清楚。有一次，為著歡迎幾個世界學生會的學生，中共發動召集了一個人數頗多的歡迎會。陳紹禹任主席，周恩來、秦邦憲等也在場，會場的布置完全是中共的作風，除首先由他們的人說了許多一面倒的話以外，最後周恩來發現我和羅隆基也在場，乃提名請我們兩個說話，說是為的「換換口味」。從此以後，與抗戰相始終，我和他們在一塊混了八、九年，無論他們批評我也罷，或者送幾頂不要錢的高帽子給我也罷，我總一切以「換換口味」視之，絲毫無動於中了。

這個時候集中在武漢的青年黨同志出不少，一部分從正面參加了抗戰工作，一部分則在為黨服務。我們因為得著一位湖北同志穆子斌的贊助，慨然把他的一套印報機件借了出來，因而我們在漢口有《新中國日報》的創刊。這個報是我經手籌備的，出版後我還任了二十七天的經理，然後交給一位四川同志宋漣波接辦，後來這個報遷往成都，一直支持到這次退出大陸才告結束。在最近二十年中，我一共為青年黨辦過三種日報：一、《申江日報》，款是廣東的同志籌的，事是我做的，在上海出版，整整辦了半年，錢完了，報停了，我也病倒了。二、就是上面所說的《新中國日報》。三、《中華時報》，勝利後在上海出版，我辦了一年多，依然交宋同志接辦，一直維持到這次上海淪陷前始告停刊。根據我這三次辦報的經驗，知道在人才與經濟兩方面沒有充分的把握，確不容易支持，一切條件不如人，單靠拿人去拚命，所得的最多不過是一種失敗的經驗而已。

我軍退出武漢是二十七年十月下旬的事。我在離開武漢以前，又回過長沙一次。這次回長沙的目的，是在為一部分不願入川的同志找一點安頓的辦法，可是結果不佳。這次來往都是坐船，雖得著機會飽看了一番湘江的景色，但心情卻是異常沈重。其時長沙的情況已不如前，我曾眼見兩個槍斃的搶犯，陳屍於一家金店的門首；還看見一個以間諜罪名綁赴刑場的青年；所謂張主席的《言論集》，不到半年的工夫，市面上也居然看不見了。一幕有名的長沙大火，便是在我離去長沙兩月後的十一月十三日發生的，其時我在重慶的參政會駐會委員會，聯合了幾個參政員打了一個電報給蔣先生，要求懲辦禍首，目的就是要殺張治中的頭，但結果僅有酆悌等三人代替了他的一死，他本人不過是以去職了事。後來湖南人有一副罵張治中的對聯：「治績何存，兩個方案一把火；中心安忍，三顆人頭萬古冤！」權額四字是「張皇失措」。可見輿論是有的，不過政府的用人行政不一定以輿論的是非為是非就是了。

這次我離開武漢的心情，比較退出南京的時候有點不同：離南京的時候，抗戰還只有四個月，在我實在還看不出未來的變化如何，多少還存著戰爭或可以提前結束的希望，因為有了這樣一種苟安心理，反而覺得不安；離開武漢的時候不然，知道戰爭一定是要打下去的，一切幻想也就一筆勾銷，既無所謂愉快，也無所謂恐怖，反而覺得心安理得了。

八　留在四川的八年（這裡敘述了若干關於參政會的人物和趣事）

在四川，我有不少的朋友，這次因為抗戰得了一個遊川的機會，而且一住就是八年，卻真出我的意料之外。我在四川的時間，大部消耗在重慶，——這個夏天熱得相當可怕的山城！可是因為我一度遊過青城，所以我到了以水利著名的灌縣，又因為遊過一次峨嵋，因此我也到過川南的名城宜賓（敘府）與樂山（嘉定）。工業區的五通橋，我是以一種偶然的機會在那裡住過一夜，竹根灘與五通橋之間的山水結構，大概也是我此生永不能忘的印象之一。我到重慶剛剛半年，便遇著二十八年「五三」、「五四」兩度的大轟炸，其時我一個新建的家庭住在都郵街附近的石板街，「五四」那晚的大火，我的家簡直成了火海中的一個孤島，我因為無法回家之故，乃在一座橋上露立了一個通宵。儘管是一種死的威脅，但事後回想，也有一種趣味；儘管我也把日本軍閥的野蠻看成人類的悲哀，但近代中國人召人輕侮的長期墮落，我也覺得並不是完全沒有責任。

因為經過了這兩度狂炸，我不得已遷居在距重慶市區四十里外的冷水場，藉此領略了不少四川鄉居的風味。在我眼中，四川農民的生活是不太苦的，至少我所看見的重慶成都附近和南川綦江一帶的農民，不管是自耕農或佃農，或一家富農所雇用的長工，他們每三天總去趕一次場，除特別農忙的時期以外，他們總要在場上溜躂半天。賣出若干農村的副產品，例如雞蛋之類；購進若干的日用品，例如布與油鹽之類；喫肉在他們也不算是稀有的事。勝利以後，我在江浙一帶和平津附近也看過一部分的農村，長沙的鄉下我也住過，自然，我承認北方的情形是要苦些，但江浙和湖南似乎與四川情形大同小異。農民所最缺乏的是醫藥，教育，娛樂，以及農業技術本身上的改良，「土改」似乎只有部分的需要，而並不是普遍的需要。至於煽動他們的階級仇恨，破壞農村的安定力量，究竟對農民為禍為福，我想不久當可求得事實上的解答。

在這個漫長的八年中，我一共去過成都三次，而且每次都住有相當的時間。一方面因為四川朋友的好客與健談，一方面也因為我自己具有多方面的興趣，因此我覺得成都這個地方最能引起我的許多感想。我以為四川文化最足以代表中國文化的綜合性，同時四川也是一個把中國民族性摶捖得最有力量的地方，而成都尤其足以為我這兩個假設有力的註腳。有人說，成都有幾分像北平，不錯；有人說，成都也有幾分像蘇州，還是不錯；但所謂不錯的地方究竟從那些方面可以看出呢？先舉川菜做個例來說明吧，今天的所謂川菜，實際是奄有中國南北東西之長的一種綜合菜，它其所以能在全國各地造成一個相當地位，原因就在綜合這一點。四川各地的菜都是川菜，但必定要推成都的川菜才是川菜的正宗，這猶之乎山東菜、河南菜同屬於北派，但一定要推北平菜才是北方菜的正宗一樣。成都的川菜能夠在湯和麵食，點心上考究，這可以說是得了北平菜的要領；能夠在炒菜和若干的小食上留意，這實在是富有蘇杭的作風；至於四州的臘味能與湘粵爭長而另具特色，自然更是難能可貴了。我平日有一種偏見：喜歡看一國或一地方吃的是什麼去測量該一國家或一地方文化的深度，可惜我的研究不夠深，觀察也不夠普遍，否則一定可以說出更多的道理。

說成都像北平也像蘇州，豈只是吃的方面如此，我們進一步去看看成都人的家常生活，成都的太太小姐們那一股子能幹和能說會道的神情，乃至四川人坐在茶舖子裡擺龍門陣的一種悠閒自得的姿態，又何嘗不可以從北平和蘇州這些地方找出許多類似的例子呢？

我歡喜看戲，什麼戲都歡喜，川戲也不是例外。我懂得成都的川戲比較重慶的，宜賓的，樂山的更夠味兒，也猶之乎在北平所看的京戲比較其他各處所看的京戲更夠味兒一樣。我相信，假定有人能把中國現代流行的戲劇作一比較的研究，而能說出它離合變化之所以然，一定能對中國文化史提出很大的貢獻。王國維能寫《古劇腳色考》、《宋元戲曲考》、《曲錄》、《錄曲餘談》、《優語錄》這類的東西，真不愧是一代的大師。

無論我或我的朋友，凡是和四川人交往或做過朋友的，都有同一的經驗，即感到幾乎每一個四川人大抵總是健談的，即令他們的誠意偶爾不免為美妙的言辭所掩，但就我們接觸所及，言語一科，在全國比較起來，總得推四川人第一。這個特殊情形引起我的注意，曾細細去研究過構成這種現象的原因，雖得了幾點假定的看法，但並不敢自以為是。第一，從若干經濟條件上觀察，四川誠所謂天府之國，生活一般的要比其他各省為優，生活有了餘裕，自然坐茶館，上公園擺龍門陣的機會也就多了，這些大概都是他們練習語言最理想的場所。第二，四川的知識分子，大抵文學優長，文詞的修飾，實有助於言語的鍛鍊。第三，據說經過張獻忠大屠殺一幕以後，外省人遷往四川的特別多，為溝通客籍與土著間，及客籍與客籍間的情愫，或泯除彼此的猜嫌，都必須借助於語言，說話的技術便也因這種需要而進步，只要成了風氣，當然是可以流傳下來的。

成都，不單是食，住，行來得舒服，氣候也異常良好，我每次去成都，總在夏天，就是為的避免重慶那種酷熱。此外一般的文化水準，成都也確不失為四川的首善，新舊書籍都很多，有像華西壩那樣的文化區，也有一二條書店集中的文化街，情況似乎比南京、杭州等處來得好，我在這裡搜購了好幾種在川刊行的《湘綺樓遺著》，這是在上海或長沙也不容易買得的。

總而言之，我在四川所度過的八年，除掉隨時遭受敵機的空襲須走進防空洞以外，我還是從從容容過著正常的生活，並不特別感到戰時的緊張。我承認共產黨壓迫中國人的本領，確實要比日本人高明得多。

我從參政會所得來最親切的教訓，即民主政治在中國之實現，不僅確有可能，而且實實在在有其必要，就參政會的職權論，固然去現代進步的民主政治還有十萬八千里，然就吾人在當時運用此僅有之職權所生的影響，則吾人雖欲否定此八年餘參政會之繼續舉行，說它不是中國民主政治實現的初步卻不可得。參政會共有決議、建議、詢問、調查四種權限，（調查權是三十年第二屆所補充的）把這四種權限聯貫使用，乃居然對於監督政府一點，發生了相當的作用，所謂「決議權」雖多少近於形式，但政府對內對外的施政方針，究竟不能不拿出來把人民的代表看一看，同時參政員看了這種方針，也不能不動一動腦筋，如果發現其中有過度的不妥當，當然也可加以修改或補充，政府不接受這種修改或補充，即很難取得參政會的決議，而使這種方針成為確定。除掉修改或補充政府的施政方針以外，參政員也還有一種「建議權」，這種建議權的範圍是相當廣泛的，只要認為於抗戰有益或民生有關，乃至其他一切為政府施政方針所不及而參政員認為有必要者，幾乎無一不可建議。對於這種建議雖經參政會或駐會委員會予以通過者，政府仍可置之不理，可是假定在性質上確實重要，為多數參政員所共同提出，又得著輿論的有力支持，政府卻也不敢忽視。至於「詢問權」的行使，那更增加了參政會的權威不小。歷屆參政會的大會，大率以開會十天為原則，只有第三屆第三次的大會開了半個月；第四屆的一、二、三次大會都開了兩個星期。在開會期間，政府人員對於報告是不怕的，因為橫豎有秘書們替他們把報告的稿子擬好了，只要上去念一遍就算了事。建議也不在乎，有不有建議在你，執行不執行在他，原沒有一定的拘束力的。惟獨詢問權的行使，卻是政府中人所最頭痛的。每次大會進行到詢問一階段的時候，無論是行政院長或各部部長，幾乎無一不誠惶誠恐，惟恐答覆一不得當，即與他們個人的顏面有關，甚至像宋子文、孔祥熙在當時那樣炙手可熱的人，一經知道有幾十位參政員要向他們提詢問，便立刻變得黯然無色！每次大會的詢問案，大率集中在軍事、外交、財政、交通等幾個重要的部門，其餘的則屬於次要。答覆詢問的方式，分「口頭」與「書面」兩種，口頭答覆無異於對參政員的全體公開答覆，同時也表示這位部長對部務相當熟悉，因此最受歡迎；書面答覆等於對提詢問者的個人答覆，也表示這位部長對部務不大關心，因此很難引起大家重視。我記得三十六年五月，第四屆第三次大會在南京開會的時候，我已經離開了參政會擔任農林部長，過去聽人報告者，現在也得向人報告；過去以詢問窘人者，現在人亦將詢問窘我；可是我卻並不感到怎樣的恐慌：第一，農林部畢竟一個冷門，多數的中國人並不懂得農林事業應該特別注意；第二，參政會是我的娘家，大多數的參政員都是我的好朋友，我知道他們一定要為這位初嫁出的姑娘捧捧場，決不會有意的窘我；第三，開會的時候，我接事剛剛十天，無論報告或答覆詢問，都無異是代我的前任服務，即有不週到的地方，我想也容易得人原諒；第四，我在接事以前，對農林部的內容，經過三星期的調查，接事以後，我又有十天的研究，即令有人要詳細問我，我也確實能把中國的農林現狀說出一個大概，而且不會十分的外行。等到那天我正式登場的時候，我僅僅只把部內各專家代擬的一份報告作為參考，而把我自己花一個月工夫所了解的種種，另作一種口頭說明，參政員們所提的三、四十條詢問，我也即席作了口頭答覆，有少數問題我還不能解答的，我也老實告訴他們我還沒有弄清楚，留待將來在駐會委員會補充，就像這樣，我居然很輕鬆的把出席參政會這一幕應付過去了。從這裡我得了兩點很小的教訓：即一個從事實際政治的人，最好是由議會出身，要在議會中真能發生力量，也必須幹幹實際政治，然後民主方式的運用始能圓活；其次，則一個人假定對政治有相當誠意，用不著害怕民主，毋寧應該歡迎民主，惟有從一個民主方式所得來的助力，才是一個政治者真正的助力。至關於「調查權」的行使，則由參政員組織了一個「軍風紀調查團」，一個「川康經濟調查團」，對前方軍風紀的整飭，與後方經濟情況的考察，均具有相當成績，如參政員梁上棟因參加「軍風紀調查團」之故，在前方被敵機炸去了一條膀子，更足證明他們的異常盡職。

第一屆參政會是議長制，最初半年由汪精衛任議長。汪的長處頗多：才思敏捷，文字優長，言語便給，態度大方，應付週到；短處則為自視太高，不能容物，見事欠深刻，應事欠穩重，而愛出風頭，愛爭閒氣，抓不著重點，尤為一般文人最普遍的毛病。至於主張和平一點，無論他是主張於廬山談話會以前，或抗戰一年以後，只要他是持之有故，言之成理，又假定他是從內心深處的誠意出發，反而無大損於他的人格。

汪從重慶飛往昆明，是廿七年十二月十八日的事。他從河內發出主張和平響應「近衛聲明」的艷電，則為同月的二十九日。至汪出走的動機究竟起於何時，行前的布置怎樣，乃至後來南京偽組織的經過種種，我至今還是在模模糊糊。但有一我親見的故事，卻值得一述。大概就在汪出走之前的三兩天吧，他忽然約了八、九位參政員到他家裡晚餐，我也是被約的一個，在坐的除羅文幹、曾慕韓、范予遂等三數人外，其餘的我已記不得了。這一晚汪在席上，依然是談笑風生，毫無異態，並且拿他久藏的法國葡萄酒出來享客。他說：「有一種人，平日自奉甚奢，等到待客的時候，卻故示儉樸，實在是一種無聊的虛偽！」汪故患有嚴重的糖尿症，這一晚，他不僅大喝其葡萄酒，且親自操刀為客人分配蛋糕，自己也吃了一大塊。有人笑他「你大概是因為夫人不在，才敢於這樣大吃大喝啊！」汪但笑不答。汪平日送客，照例到大門為止，這一次卻是且送且談，一直送到馬路邊，看客人上了車，他才退回去。當時我頗詫異，及至聽到他出走的消息，才恍然大悟。

湖南的老教育家胡子靖（元倓）先生，我是從參政會才和他發生一個時期的交往的。胡先生以辦明德學校著名。同時這個學校也就是他畢生心血之所貫注。明德創辦於清季光緒二十九年，光緒三十三年，我才進長邑高等小學，長邑的校址在長沙城北的荷花池，去明德不遠，我到明德去參觀過好幾次，覺得那裡的規模和設備，要比長邑的好得多，心裡非常羨慕。這個時候長沙的私立學校，以明德、修業、楚怡、周南為最有名，稍後乃又有廣益、嶽雲、藝芳等校。長沙教育界的風氣，大率以這些私立學校為轉移，其所造就的人才之多，也往往為公立學校所不及。因為這個時候，外患日急，風氣已開，興學育材，人民已能自動，用不著政府多加干預，而胡先生便是這種自動起來辦理教育的一個代表人物，湖南之有胡子靖，正好比江蘇之有張季直。民國十一年，我在上海見過胡先生一次，其時他剛剛五十，精神異為飽滿，為明德籌款，正將有南洋之行。二十七年，他到了漢口，應政府聘，任了一名參政員。二十八年，隨政府西遷，遇著「五三」、「五四」敵機的轟炸，他便移居在重慶的人和鄉，隔我的居處不及一里，因此我常常有機會向他請益。其時他已年近七十，體力就衰，但仍神完氣足，每見必長談，每談必及明德，所謂「鞠躬盡瘁，死而後已」，先生之於明德，庶幾近之。他把他的詩集《耐盦言志》兩冊送給了我，凡他從光緒丙午到民國己卯三十餘年間所作的詩，都收入在這個集子裡面，而十之八九，也無非敘述他辦理明德的困苦艱難。嚴範蓀先生在他詩集上的題辭說：「立懦廉頑，百世下猶當興起」，我把他的詩全部讀過一遍，也確實有這種感想。

江蘇張仲仁先生（一麐）也是參政會裡一個可愛的老人，他本來是袁世凱的親信，曾任機要局局長，可是對於袁氏的稱帝，他卻絕對不肯苟同。抗戰進行到兩年以後，我曾向當局建議，設立一個編纂戰史的機構，把一切有關抗戰的史料一一搜集起來，作為編輯一部完備戰史的準備，可是沒有為當局採納。後來仲仁先生在參政會有一個這樣的提案，所舉理由更為詳盡，雖然在參政會通過了，依然束之高閣。現在距日本的投降已五年以上，中國當時在抗戰中所處的地位，已不復為世人所重視；即在一般國民的心目中，也若存若忘，政府對於一切一切，都沒有一個根本打算，真令人慨歎不置。

馬君武（原名和）與羅鈞任（文榦）兩先生，同為留學界前輩。馬籍廣西桂林，早歲即參加革命，其學以治科學為主，對文學亦極有興趣，所譯擺倫〈哀希臘〉一詩尤有名；亦偶譯西洋短篇小說和戲劇，我讀過他譯的一篇托爾斯泰的〈綠城歌客〉和一本席勒的《威廉退爾》，印象甚深。民初曾任南京臨時政府農商部次長，一度任廣西省長，第一次世界大戰，在國會以反對對德參戰攻擊梁任公甚力，中山開府廣州，他曾做過秘書長，雖畢生與政治為緣，但從未放棄他的學者生活，所譯科學名著，在商務與中華出版者甚多，盧梭《民約論》譯本，也出自他的手筆。他出席第一屆參政會時，已過六十，但仍精神飽滿，開會時每歡喜與褚輔成（慧僧）辯論，因為他和褚同為民國初年國會中的老鬥士也。他的大兒子葆之，留美學農，曾任農林部農業經濟司司長多年，我與葆之共事年餘，得其助力不少，學不如乃父之博，精明強幹，殆又過之，現仍服務於臺灣農復會。

羅鈞任籍廣東番禺，專治法學，有通職，曾任北京政府財政部長，南京外交部長，而布袍粗食，不殊寒素，蓋與君武同不失舊日書生本色也。在參政會，非重大問題不發言，偶一發言，必為全場所傾聽。開會完畢，必汲汲覓機飛昆明，不願多所留滯，因為他在任參政員期間，同在西南聯大教課，任羅馬法講座也。他的經歷相當豐富，也歡喜談天，在開會期間，一有機會，我總找他長談，例如金佛郎一案的事實，中蘇復交的經過，他個人在新疆所遭遇的危險，都源源本本和我談過。有一次，我和他應上清寺某一友人之約，因為時間尚早，乃在附近一咖啡館中閒談，他說：

「從前在曹錕時代曾任要職的某君，當時的輿論幾一致說他要錢，其實決非事實。」他並以加重的語氣說：「處在一個最容易要錢的地位，而確實不要錢的，殆莫如某君。」所謂某君也者，我後來在上海也曾見過一次，確曾看見他出賣其先人所收藏的字畫以維持生活，可見鈞任對人物的批評是不肯隨俗苟同的。又據一與鈞任最接近的某君告我：汪精衛在重慶出走以前，曾一再懇求鈞任為他辦理英美外交，但為鈞任所婉拒，可見他對於自身的出處，更是不肯苟且的。

張伯苓也是對參政會始終其事的一人，我因為與他同在主席團的關係，常有機會和他接觸，可是在八年的時間，我大概不曾同他談過十句話，並且每次輪著他當主席的時候，我總要為他捏一把汗，因為他那一套無意義無內容的講話，實在是我最怕聽的。大陸淪陷，他稱病留在重慶，但不久卻又回到天津，最近死了，香港報紙上有過幾篇追悼他的文字，但我只看了題目，沒有看內容。我相信，假定我也是一個南開學生的話，我決不會受他的任何感化。

主席團有一位老小姐吳貽芳，因為她當過多年的金陵女大校長，當主席的成績確實不壞。南京「解放」後，她忽以靠攏聞，別人以為奇怪，我是半點也不奇怪的：第一，也許她把那點教育事業看得很重，捨不得離開；第二、她根本不懂政治，更不懂什麼是共產黨；第三、我曾親眼看見她受過某種刺激，女子的心地畢竟很窄，她大概沒有忘記；第四、參政會某次以車子接我和她赴某種宴會，先接了我，再轉到某處接她，我在車上足足等了半點鐘，她才姍姍而來，車門關上，一種香氣，實在把我的頭腦沖昏了！一個願意獻身教育而不肯結婚的人，乃如此的愛修飾，似乎有點不近人情；有這樣四種原因，靠攏還有什麼奇怪呢？某次參政會開會，某君以吳貽芳、余家菊、高惜冰、張肖梅四位參政員的名字作成一副對聯：「常貽芳澤憐家菊，自惜冰容號肖梅。」頗為一時傳誦，我因為聯想到那次汽車上的香氣，也覺得「芳澤」兩字，確有根據。

有一個問題，原與政治無直接關係，與抗戰更是風馬牛不相及，可是每次參政會開會，幾乎總要大鬧一場，照例又鬧不出結果，便是中西醫之爭。袒中醫者，以孔庚為首領；袒西醫者，以傅斯年為巨擘；彼此各執一辭，咻咻不已，一定要吵得面紅耳赤，才以不了了之。我細想，像這樣一個問題，何以會提到一個研討政治軍事的機構裡面來辯論呢？我假定的答案是這樣的：所謂中西醫之爭，確乎不是一個簡單的問題，而是由於中西思想根柢上有了絕對不同的差別，乃形成兩種絕對不同的醫病方法，辯論者表面上是在爭中西醫，實際上卻是各自在擁護自己思想上的立腳點，所以才爭得那樣起勁。孔庚去年在武昌為應付共產黨的公債，抗節不屈，絕食而死。傅斯年今年在台灣省議會答辯質問，突患腦出血去世。現在我回想他們兩位在當時參政會的聲音笑貌，覺得他們都是很認真而極可愛的人物。

九　記民主政團同盟與延安之遊（這裡敘述了我與若干中共首腦人物的會見）

「中國民主政團同盟」是民國三十年發起的。其直接的動機，係由於政府將若干不必除名的參政員一律除名了，大家覺得與團結抗日的宗旨不合，與推進民主的政治也有不符，因此才發起這樣一個團體，以表示抗議。同時也覺得國共兩黨間的磨擦一天天趨於深刻，也必須有一個這樣的緩衝力量，以保持對外陣容的一致。最初參加發起的，僅張君勱、梁漱溟、黃炎培、章伯鈞和我五六人，救國會的分子並不在內。黃炎培最初是很熱心的，不僅他自己加入，並且要他的幾員大將如冷禦秋、江問漁、楊衛玉等也同時加入了。他捐過一千塊錢，擔任過第一任的主席，但不久他聽了某聞人的一番勸告，乃在他們的機關雜誌《國訊》上發表一篇文字，說他與這個團體並無關係！我們素來了解他的性格，也只好一笑置之，改推張表方（瀾）任主席，由我擔任秘書長。其時張表方住在成都，我們都住在重慶，表方除負一部分籌款責任，遙領了這個主席名義而外，並沒有多管事，關於盟務的推進，差不多由我和君勱、伯鈞幾個人頂著幹的，最初一、二年，進行相當平穩，選擇盟員也異常審慎，所出版的機關雜誌《民憲》半月刊，除強調民主一點而外，涉及實際政治的地方不多，因此國民黨最初原有對「民盟」的一種不安情緒，也逐漸銷釋於無形了。其時在重慶的中共代表人物如董必武、王若飛、周恩來、秦邦憲等，雖與「民盟」方面有所往還，但大體上還能夠尊重「民盟」第三者的地位。自從救國會分子沈鈞儒、張申府、史良、劉清揚、鄧初民等加入以後，而成都、昆明的支部又先後成立，活動的範圍加廣，盟員也逐漸加多，「民盟」乃隱然成了一個政治力量，在國際上也引起了相當的注意，於是好奇者，投機者既蜂擁而來，盟員乃一天天趨於複雜，中共想利用「民盟」作為工具的要求，也逐步的趨於明顯了。這個時候主持昆明支部的為羅隆基、曾昭掄、聞一多、李公樸諸人，他們覺得以同盟而冠以「政團」兩字，對於以個人資格參加者頗感不便，因提議取銷「政團」兩字，改稱「中國民主同盟」同時還有把「民盟」變成一個獨立政團的醞釀。其時「青年」、「民社」兩黨的分子，參加「民盟」的已經不少，他們只願保持一個促進民主的原有旨趣，不願看見「民盟」淪為任何一個黨派的工具，因此經過最後一次大會的爭論，青、民兩黨乃先後脫離，從此以後的「民盟」，也就命定的只好「一面倒」，再沒有其他的第二條路可走了。

三十四年的七月，我和褚慧僧（輔成）、黃任之（炎培）、冷禦秋（遹）、傅孟真（斯年）、章伯鈞六人曾去過一次延安。本來王雲五也約定同去的，臨時因病作罷。沈鈞儒、張申府最愛湊熱鬧，很熱烈的要求同去，因為沒有得著某方面的同意，也沒有去成。

我們這次前往延安，當時有許多人以為是由政府發動，其實我們既不代表政府，也不代表參政會，（雖然我們六人都是參政員）完全是一種私人行為，政府不過默許而已。從另一方面說，美國大使館卻是特別幫忙，我們來回的飛機，都是赫爾利大使為我們調配的，臨行前我們還和他談過一度，他對我們此行，頗寄以甚深的期待，以為必於國共關係的改善有益。至於中共方面，確曾表示相當的歡迎，並且還指定王若飛陪同我們前往。

當我們在重慶出發的時候，大家並沒有一定的腹案，不過知道去勝利已經不遠，如果國共間的糾紛不求得一個適當的解決，必定於國家前途沒有好處。我們也充分知道我們並不能解決問題，但覺得對中共的實際情況能增加一些了解，也未必於解決問題無益。

我們是七月一日出發的，五日便依然回到重慶，在延安一共住了四晚。當我們的飛機越過秦嶺一萬四千尺的高空而抵達延安機場的時候，共方人物自毛澤東、朱德以次，幾乎是全體出迎，態度相當親切。機場上似乎沒有任何戒備，有二、三百個老百姓都遠遠的站著，以一種好奇的眼光，歡迎我們這一群天外飛來的遠客。還有幾個小孩，看見毛澤東走來了，高舉右手，叫一聲，「毛主席！」我還是二十年前和毛在上海見過兩度的，沒有想到他居然有了這一股子神氣，看了那樣一種排場，在我腦子裡忽然聯想到另外一位老朋友——宋公明先生！

歡迎式完畢，我們便被一部破舊的客車，一顛一播的，送到了十八路軍總部。其餘歡迎的人員都先後趕來，充滿一間不大不小的客室。葉劍英——十八路的參謀長——著一身灰布衣褲，提出一把開水壺，繞室一週，沖茶敬客。大家向我們問長問短的寒喧了一會，就在他們的總部午餐，餐畢，被送到招待所休息。

招待所是一排十來間的平房，前面有一塊很大的草地，陽光充足，空氣新鮮，設備雖異常簡單，打掃得卻十分清潔。招待我們的幾個青年，連同那位招待主任，也還彬彬有禮。招待所的廁所是幾個土坑，可是裝得有紗門；地下灑了不少的石灰，絕少蒼蠅蚊子之類，可見他們頗講究衛生，志不在小。

我們的休息還沒有開始，毛澤東便派人帶來了一個裁縫，說；「延安的天氣不比重慶，中午雖然頗熱，晚間卻要蓋被，各位帶來的衣服不多，恐怕要受涼，所以叫裁縫為各位做一套夾衣。」夾衣要一兩天才能做好，又預先為我們每人配給一件毛線短衫。據說織衣的毛線，和做衣的呢子，都是延安土產，總算難為他們。

所謂休息，便是大家睡了一覺，在用過一頓頗為豐富的晚餐以後，我們六個人便開了一個非正式的會議，商量明天談話所應採的態度，我們既沒有負得解決具體問題的使命，當然只是從原則上著想，同時也想多聽聽他們的意見。

一宿無話，第二天午後，雙方便舉行了第一次的會談。共方由毛澤東、朱德、劉少奇、周恩來、林祖涵、張聞天、王若飛、葉劍英、任弼時等出席。除談到國共已往交涉的經過由周恩來補充了幾句，談到軍事方面由朱德補充了幾句以外，其餘的時間都是由毛澤東發言，十足表現一種獨裁的氣概。雙方所談均非常廣泛，共方更附帶發了不少的牢騷，沒有作出任何結論。在他們這幾位出席的當中，在我只有朱德、劉少奇、任弼時三人是這次才認識，其餘都是熟人。張聞天有十幾年不曾見面，但沒有老，和在中華書局與我同事的時候差不多，像這樣的談話，隔兩天又舉行了一回，這次卻比較正式一點，有記錄，有結論，但無非就政治民主化，軍隊國家化這類原則上立言，既不實際，也不具體，所以雙方並沒有發生任何爭執。大概毛澤東也知道我們只是來「探行情」，決不是來「講生意」，所以我們的正式會談很輕鬆的便閉了幕。回到重慶以後，這份談話紀錄，由褚慧僧很鄭重的交給了蔣先生，可是並沒有任何影響，既沒有被駁回，也沒有被採納。但是從某一意義上看，我們這次的延安之行，究不失為後來政治協商會議的一個前奏。

我們到延安，剛剛遇著中共的七中全會閉幕，他們各方面的文武幹部來開會的很多，都還沒有散，因此他們利用機會，分作三天正式的招待我們。第一天由毛澤東出名，所約來陪客的，都是黨方的高級人員；第二天由林祖涵出名，所約的都是延安邊區政府的高級幹部及一部分地方人士，連那位「勞動英雄」吳滿有也包括在內；（時林任邊區政府主席。）第三天朱德出名，來的都是軍方人物，重慶派駐延安的兩位軍事聯絡員也被邀作陪。每次都有十桌以上，在延安大約是難得的盛會了。

在這三次宴會中我所得的印象，覺得他們軍人的質素，似乎比文人來得好，朱德也似乎比較毛澤東沒有什麼做作。我從旁得知，朱德住在延安已經有了四年，這大概是毛澤東的一種作用，一定要把朱德拉在一塊，他們的黨政軍才比較的容易一元化。要由「朱毛」並稱過度到毛澤東的獨裁，似乎也非經過這樣的一個時期不可。

在軍方請客的一天，我這一桌都是幾個湖南人，我坐客位，彭德懷坐主位，除賀龍、蕭克、蕭覲光外，還有幾位我已經舉不出名字了。入座後，彭德懷客氣了一番，說：「延安地方很偏僻，一切都很簡單，凡事要請名位指教。」我藉著這個機會，順便提出一個問題：「我們在這裡住了三天，參觀了不少的地方，見了不少的人，覺得延安是貴黨的中樞所在，包括你們的黨員，公務人員和老百姓，總共不過五萬人，政令比較容易貫徹，假定一天，你們的環境變了，人多了，你們有什麼方法保證你們的一切做法不會變質？」彭答覆得很快：「假定政治不能民主化，即老百姓不能過問政治，政治又不能約束軍人，我想每一個軍人都是會要變成軍閥的！」由現在想來，他這個話還是大致不錯，可是所謂「老百姓過問政治」一點，以今日大陸上的殺人如麻，敲骨吸髓，真不知從何說起啊！

除掉三次正式的宴會以外，他們還來了一次歡迎我們的晚會。晚會的主席是李富春，（湖南人，留法勤工儉學生，也是蔡暢的丈夫，蔡暢便是蔡和森的妹妹。）周恩來發表了演說，客人中則由黃任之和我說了幾句話。演說既畢，便來了一回低級趣味的秧歌，兩幕簡單的話劇，最後的壓軸乃是一齣梁山伯故事《三打祝家莊》的京戲。京戲演得不壞，聽說演員和行頭都是從山西得來的。毛澤東根本就是一個中國小說和戲劇上的人物，他在這一晚，一直陪我們看到終場。在延安的中共中央黨部，十八路軍總部，邊區政府，各有一個戲台，可見他們對於戲劇看得很重。當然他們也利用這些場所，作為他們開會的會場。

在招待所有一間會客廳，我們除上舉的談話會、宴會和晚會以外，其餘的時間，大概都用於會客。客人是我們指定的，經過中共通知便都到招待所來找我們。有一位幾乎每天都來，而又和黃任之、冷禦秋兩位談得最多的，便是陳毅。陳是四川安岳人，勤工儉學生，當過重慶《新蜀報》的編輯，能謅幾句打油詩。李璜教過他的法文，我在重慶曾見過他從蘇北寫給李璜的信，字是不行的。

除掉「擺龍門陣」的本領和一般四川人差不多以外，看他那一股幹勁，卻也不失為「四眼狗」、「豹子頭」一流的人物。他說他在抗戰中曾帶過兩傷，我問他這次到延安如何經過敵人的防線，他說有方法可以通過。這個時候他已是半個江蘇的主人，黃、冷兩位所以熱心和他攀談，大概都是為著江蘇問題吧。聽說他在黨內最和周恩來接近，目前在上海的作風也比較其他地方微有不同。假定中共在韓戰中一敗塗地，更假定台灣在半年內即開始反攻，他究竟做一個身殉「太平天國」的陳玉成？還是做一個火併王倫的林沖呢？

在這裡我所見著的中共女黨員有蔡暢、鄧穎超、丁玲、陳學昭等幾位。蔡是中共的中委，鄧是候補中委，這個時候中共一共有七十幾個中央委員，女性卻只有這兩位，至少在中共內部男女是不大平等的。丁、陳兩位，和我們有過長時間的漫談，丁玲老了，但仍十分健談，在延安所實行局部的配給制，我是從丁才得著一個大概的。據丁說：他們的黨員和公務員，都是實行徹底的配給制，自一切日用必需品乃至文人的稿紙和婦女用的月經紙，都是由公家配給的。病人與產婦和嬰孩，還可能酌配雞蛋牛奶之類。他們吃的是大廚房的大鍋飯，只要憑著一種飯票子，走到任何一個機關去吃飯都不必付錢，一切機關的東西，都是由公家領來的，機關與機關之間，便憑著這種飯票子核算，由公家統籌支配。不過他們還是有一種保健飯，營養的成分要高些，這是為少數特殊人物而設的。他們的每一個工作人員，每月仍可領得極少數的錢，文人寫稿子，也可領得若干的稿費，這些都是可以自由使用的。延安有一個小小的市場，有各種雜貨店，還有幾家小館子，可以自由買賣，自由吃喝，各人有少數的錢並不是沒有用處的。

傅孟真所找來的客人，大概是「抗大」的教員之類，也有攜帶著作向他請教的，也許他們是北大出身或與中央研究院有過關係的。

秦邦憲任延安《解放日報》社長，這是延安唯一的報紙，每天午後出版一大張，內容單調，他們辦報紙的目的不是在多得消息，面是在藉報紙封鎖消息，這可說是共產黨的不治之症。我問秦邦憲：「你回到延安來怎麼胖了許多？」他想了一下回答我：「我們在這裡不要用甚麼腦筋！」這個答覆很有趣：連秦邦憲也用不著動腦筋，其餘的人更可想而知了。

我問徐特立：（湖南人，留法勤工儉學生，我住長沙師範的時候，他任校長，在中共黨內仍擔任教育方面的工作。）「近來幹什麼？」他說：「計劃編一種教科書，是把數學、物理、化學、生物等等混合來編的。」我問：「延安有圖書館沒有？」他說：「書籍不少，但分散在各個研究機構，並沒有一個像樣子的圖書館。」我常聽說董必武、周恩來有在重慶買書帶回延安的事，我相信他這話是真的。

除了來看我們的客人以外，我們也出去看了幾個人的家庭。周恩來的家庭最整潔，雖然是一個窰洞，可是窗明几淨，圖書擺得整整齊齊，周太太鄧穎超，照她幾年在參政會的表現，我知道她是一位沒有內容的女權論者，可是就她的家庭情形論，卻不失為一位良好的太太，就是不生小孩。

我們向毛澤東要求，要看看陳紹禹，因為我們在重慶聽了許多關於陳的謠言，想知道一個究竟，見面的結果，覺得這些謠言不為無因。據陳說：他確實病了很久很久，而且很厲害，一共打過一千多針，一直到我們看他的時候，他才能穿著棉衣棉褲，在房門外邊走動走動。房裡除一床一桌和幾張矮櫈以外，別無長物。看他的太太和小孩的樣子，似乎是營養不良，保健飯未必於他們有分，甚至有人揣測他們是從另一地方被搬來給我們看的。陳能說流暢的俄語，我和君勱與鮑格莫諾夫見面，他為我們當過翻譯。有常識，能演說，在參政會頗能表現一種鬥爭精神，領袖慾似乎很強，但經驗與手腕，都鬥不過周恩來，自然更鬥不過以陰狠見長的毛澤東。我們這次和他見面的時候，他已經是百鍊鋼化為繞指柔，什麼英雄氣概也沒有了。

張聞天是少年中國學會的會員，我的老朋友，老同事，因此我也向毛提出，要和他談談。毛命令他的親信任弼時，同我去，於是我們只好談談私人間的往事，不及其他。張住的地方和陳紹禹差不多，但桌上多了一架電話機，還擺得有幾本書，與從前和我住在上海民厚北里時候的情形比較，不如遠甚。張少年時也是英氣勃勃的，這個時候居然變得規規矩矩，不敢放言高論了。當時傳說：陳紹禹、秦邦憲、張聞天，都是所謂國際派，是毛及其親信所不信任的，秦早死了，陳張也至今無表現。張被任命為出席聯合國的首席代表，但周恩來知道，這是永遠沒有到任的一天的，臨時有事向聯合國交涉，也還是叫伍修權去，決不叫張聞天去，這並不是表示中共的人才之多，只是說明中共內部有種種為外人所不容易了解的事實。（我寫到這裡停了兩天，已看見中共任命張聞天代王稼祥任駐蘇大使的報導，可見國際派終於要普遍的抬頭，民族派再想左右支吾也不可能了，因為這是最近蘇俄允許有限度援助中共的交換條件之一啊！）

在我們離開延安的前一天——七月四日，毛澤東特別要周恩來通知我和章伯鈞，說他要邀我和伯鈞到他私人住的地方去吃午飯，並且可作竟日之談，我的目的本是要來探探行情，同時也想進一步研究研究毛澤東這個人的，既有這個機會，當然是欣然同意。毛住在延安城外的延園，（原名棗園，不久以前才改的。）這一天除毛和我們兩個客人以外，還有周恩來和朱德，從早上九十點左右談起，一直談到下午的四五點左右才走，真可算得是一次長談。談話的內容異常廣泛，甚至連《水滸》和《紅樓夢》，乃至我的《萬竹樓隨筆》，毛也發表了他的批評。朱德也說了不少的話，我始終覺得他是一個老實而樸素的軍人，貌似李德鄰，而穩重過之。談到時局問題，毛很激越的說：「蔣先生總以為天無二日，民無二王，我『不信邪』，偏要出兩個太陽給他看看！」（「不信邪」是一句道地的湖南話，意即不管三七二十一之謂。）談到美國，他說：「我這幾條爛鎗，既可同日本人打，也就可以同美國人打，第一步我要把赫爾利趕走了再說！」毛有這一股子湖南人的蠻勁，我是早知道的，所以並不覺得奇怪。我以一種輕描淡寫的態度對他說：「假定蔣先生約你到重慶去談談，你去不去呢？」「只要他有電報給我，我有什麼不去？」他回答得很爽快，很自然。後來他居然到重慶去演了一齣《黃鶴樓》，雖說是由赫爾利做了他的「趙子龍」，張治中做了他的「魯子敬」，但最初的動機，也許是由於我這個無意中的提議。

我們在延安還參觀了一個收容俘虜的「日本工業學校」，大概收容了好幾十個日本人，雖以工業為名，但我們卻沒有看見任何關於學習工業的設備。我們進去的時候，看見一二十個日本人正在搬運土磚蓋造一座簡單的禮堂，他們一面工作，一面唱歌，似乎很快樂。後來又在另一間房內，看見幾個新自前方解到的日俘，卻一個個橫眉豎眼，表示滿肚皮的不高興。任這個學校校長的日人名岡野進，實際便是今天日共中的有名人物野坂參三，他在日共中的地位，僅次於該黨書記長德田球一。他穿著西裝，四十左右，姿態確像一位校長。他為我們開了一個簡單的茶會，我們向他問了許多關於這個學校和學生的情況，大概只是一個訓練日本共產黨的機關而已。聽說還有一個專供收容朝鮮俘虜的學校，我們沒有去看。

我本來向毛澤東提議，要見見他的藍蘋的，但毛說她生病，不能見客。七月五日那天我們離開延安的時候，毛帶著他們一個七、八歲的女兒來送我們，兩隻美秀活潑的眼睛，看樣子似乎和我在戰前見過一次的藍蘋有點像，可是藍蘋本人依然沒有來，「曲終人不見，江上數峯青」，當我們的飛機起飛以後，我還是感到這是此行的一個遺憾。

總而言之，我這次的延安之遊，所得的印象甚深，我承認他們是在那裡苦幹，關於組織訓練，他們十分注意；生活安排，也另有一套辦法；像延安那樣一個貧瘠之區，他們居然能夠胼手胝足創造出許多為生活所必需的東西，也算難得。可是從延安一般情況所表現的，有一個不大容易補救，而且為他們自己所不肯承認的毛病，便是一個「陋」字！他們處在那樣一種環境，天然的只能「孤陋寡聞」，也只好「困陋就簡」，可是一個不幸的機會來得太快，就要他們統治全國，就逼著他們參與世界問題的解決，於是乎他們不能不「一面倒」，不能不把蘇俄捧上天，不能不把史達林看成萬能的上帝，不能不大量犧牲中國人民的生命以換取史達林的光榮，更不能不以屠殺為統治全國的最高政策，凡此種種，其病根何一非從一個「陋」字出發？一九四五年的八月六日，美國的第一顆原子彈投在日本的廣島；同月九日，第二顆原子彈又落在日本的長崎；日本乃坦率承認科學失敗，無條件投降，毛澤東有了這次韓戰的經驗，我不知道他是否還相信「幾條爛鎗，可以同日本人打，就可以同美國人打？」是否「陋」到連科學也不承認？

我回到重慶以後，曾經把我五天在延安的一切見見聞聞都向朋友們談了，我尤其強調兩點：第一、他們軍人的質素要比文人的來得好，依於組織的力量，軍人可能接受文人的領導，決不是假的；第二、他們的黨員和公務員的生活，相當的和老百姓接近，因此他們沒有脫離群眾。我在當時的重慶一定要說出這個話，雖是有為而發，但確實也是當時當地中共所表現的事實。就到今天，我也還是相信：軍人萬能，不僅不會有所謂自由民主，壓根兒也不會有所謂政治；從事黨，政工作的人員，如果不能結束奢侈與浪漫的生活，中國更不會有實現清明政治的可能。

十 勝利以後（我所見國共最後破裂的一幕）

日本雖是在兩顆原子彈投下以後即表示無條件投降，可是正式向盟軍簽定降書，卻是在三十四年九月二日於停泊東京灣的米蘇里艦上舉行的，而由岡村寧次代表日本向中國代表受降的何應欽氏簽定降書，則是同月九日在南京的事。

中共的目的，原來就是要藉抗戰以求生存，以求擴大實力，以至做到水到渠成，能夠代國民黨而起，以掌握中國的政權。他們的出發點及其最後的企圖既是如此，因此在八年的抗戰期間，雖然在表面上好像是要做到對外一致，但精神上卻終於沒有融洽無間的可能，而且曾不斷的發生若干或大或小的磨擦。在抗戰中，國共兩黨即正式破裂，這無異給予敵人一個更好的機會；在勝利後，國共無法協調，也必然召致國家分裂而且有使蘇俄坐收漁人之利的可能；這個形勢是當時一部分留心中國政情的人所看得非常明瞭的。為了要避免這樣一個不祥的趨勢，於是有不少的中外人士，以正式或非正式的方式，奔走調停於國共之間，其目的無非想為戰後的中國，求得一個小康之局，以消弭世界的隱患。可是這一切的努力都歸於失敗，尤其以馬歇爾特使於三十四年十二月來到中國，專為此事在中國滯留一年以上，迄三十六年一月返美而一無成就，所受的刺激為最大，而影響於此後美國對華政策者也最深。

為了對日受降的問題，國共間所發生的爭執，已幾於無法妥協，可是三十四年的八月底，毛澤東居然接受了蔣先生的電邀而有重慶之行，卻曾給予人們一度新的希望。當其迎毛的飛機已在重慶出發以後，我接到雷儆寰（震）一個電話：

「怎麼樣？你的提議已實行了啊？」

「什麼提議？」

「就是約毛澤東到重慶來當面談談，你看到底來不來？」

「什麼人去接他的？」

「赫爾利大使和張治中。」

「他對我說是可以來的，既加上美國的保護，我想更無不來之理吧！」

當毛澤東抵達重慶的這一天（我記得是八月二十八日），我和其他的五位參政員，因為在延安受過他熱烈的歡迎，也趕到機場去接他，這一天，他穿了一身新衣，連帽子也是新的，下機以後，分別與歡迎者一一握手，國民黨的要人們，除邵力子外，似乎沒有其他可注意的人到場，我已感到空氣並不怎樣良好；而且覺得國民黨要在這些不重要的地方表示優越感，也大可不必。

毛初到重慶的一星期，我除參加過兩度公式的宴會以外，完全不知道國共直接交涉的內容是什麼，大概到了第八天或第九天，邵力子乃把中共所提的要求種種，全盤告訴了我們的朋友周謙冲，我們才知道中共的具體條件是保留四十八師軍隊，要取得五省主席，四省副主席，四個副市長，再加上一個北平綏靖主任。而國民黨一方面的方針卻是「中樞可讓，地方不讓，政治可讓，軍事不讓。」我知道兩方面的距離太遠，決不能有所成就，因此在去延安的六參政員請毛周吃飯的那一晚，我便向周恩來說明，要他勸毛早回延安，久留也決無結果，而且難保不夜長夢多。可是毛在重慶依然留了四十幾天，一直到十月十一日才回到延安去。

這次國共會談的結果，依然發表了一個「會談紀錄」，此即後來「政治協商會議」之所由來。我因為覺得毛直接來談且談不好，再協商也無多大意義，因此對「政協」謝絕參加，到了三十五年的一月，我便攜帶家小回到上海去了。我之所以急於要回上海，主要的原因是為青年黨籌備復員，在京滬一帶不能不事先有一番布置，經我和周謙冲、劉東巖三人在上海、南京一帶奔走接洽半年的結果，總算找好了十來處房子，創辦了一個《中華時報》，一個「人文研究所」，抗戰以後的青年黨還能略具規模，與這一幕是有相當關係的。其時青年黨的中央黨部還留在重慶。關於出席政協會議，參加第四屆第二次參政會，以及決定參加政府的人選種種，我大抵都沒有直接與聞，連把我擺在政府裡面參加一名部長，也是由黨的中央決定的。

國民黨與共產黨之間，終於無法妥協，最後一定要以兵戎相見，打一個你死我活，這在我看來，幾乎是命定的，聽憑你如何熱心團結，統一，如何苦口婆心調停奔走於兩者之間，如何以公平合理的態度去爭取兩方的互讓，其結果總是徒勞無益。這樣一個趨勢，我在抗戰一開始，即早已看得明明白白。記得有一次，我和梁漱溟還有其他的幾位，在重慶一個朋友的家裡談天，漱溟以一種悲天憫人的態度，強調他平日一貫如何如何求得和平統一的種種說法，我實在有些忍耐不住，記得我當時曾說過：「希望國共兩黨坐在一張桌子上來共同處理國家的政治，這實在是我所不能想像的事！我們越是怕內戰，內戰便越是不能避免也不一定，我們要爭取戰後的和平統一，似乎應該別求所以自立之道，單從『怕內戰』這一點出發，是不會有什麼用處的。」漱溟這個人很認真，在他的立場上，也確實有一種誠意，因此他極不以我的話為然，甚至於他誤會了我的話，以為所謂不怕內戰，即無異於提倡內戰。其實我的看法從理論上說來似乎很簡單，從事實上說來卻不是不正確；第一，國共兩黨間積怨太深，到底無法消釋；第二，兩方面對政權都有一種獨佔心理，有國無共，有共無國，彼此所見是沒有區別的；第三，雙方都迷信武力萬能，而各有其優越感，但國民黨發揮優越感是陽性的，共產黨發揮優越感是陰性的，因此共產黨更容易博得一般淺薄者的同情，而國民黨更容易上共產黨的當；第四，共產黨是一個國際性的黨，不能不受國際共產集團的拘束，演變到某一階段，它便只能以集團的利害為利害，決不能以國家民族的利害為利害，如此而希望國共合作到底，豈非笑話？在這樣的一種情勢之下，以我的理想，最好是除國共以外，能更有一個像樣子的大黨產生，俾於國共兩黨之間，能發生一種制衡作用，對於防止該兩黨之各走極端，未嘗不可以有相當作用。當時的青年黨與民社黨之不足以勝此重任，是我所知道的，因此乃不能不寄其希望於「民主同盟」。國民黨「民盟」的態度是始而懷疑，繼而冷淡；中共則表面加以敷衍，而內心則希望其逐漸演變，完全成為他們的一種工具；其不願真正有一個制衡力量可以左右於二者之間，可以說國共兩方是大體一致。不久因為救國會的分子逐漸加進了民盟，偽裝的中共分子混進來的也有少數，其傾向中共的意味既已加強，青、民兩黨便當然只好退出。後來張表方、梁漱溟、章伯鈞、張東蓀等雖依然想以第三者自居，但精神上已經不是那麼一回事了。

運用「民盟」以防止國共之各走極端，這一幕我算是失敗了，但在抗戰未結束以前，總還要保持一個表面的一致，不要即刻鬧出笑話，我卻依然隨時隨事加以注意。例如：三十四年四月二十五日，聯合國第一次大會決定在舊金山開會，事前由美、英、中、蘇四國，向四十六個會員國家發出請柬。關於外交活動，國民黨非萬不得已，自來是不樂意有黨外的人參加的，但這一次卻相當的難處：因為抗戰是各黨各派一致執行的，現在勝利已快要接近，中國在國際上已取得了一個四強之一的崇高地位，忽然說把各黨各派一律拋開，不論對內對外，總有點講不過去，因此乃有青民兩黨和中共各派代表一人的傳說。不久，我們果然得到政府的通知，即決定以李璜當代表，謝澄平任秘書。其時張君勱原已在美國，大概在三月底，我接了他一個電報，說他已得了政府的通知，請他擔任出席舊金山會議的代表之一。可是中共方面究竟如何，卻沒有看見下文。有一天，熊天翼（式輝，其時他任設計局局長）為這件事約我去談，我才知道政府對於派中共代表出席一點，還沒有作最後決定，其時已是四月初，隔代表出發的時間已經不多了。據熊對我說，政府方面總覺得中共的代表出去以後，一定要向國際作種種歪曲事實的宣傳，對政府實在不利。我說：「不錯，他們要宣傳是一定的，可是兩害相權取其輕，要他們去了，他們宣傳的作用小，不要他們去，他們宣傳的作用大，而且在這個勝利快要接近的時候，因為這樣一個問題，把我們內部不能統一的情形，提前向世界公告，實在太不值得。」熊聽了我的話，仍然表示猶豫。我覺得我的話已經說完，便拿著帽子告辭，站著對他說：「假定政府一定不許中共的代表出席，請將我們所提的李璜撤銷，同時我準備把這次的經過電告君勱，請他自決！」熊看見我表示得這樣決絕。又拉著我再談，我便把我的理由，重復申述了一遍，不到兩天，以董必武為中共代表的明令，才隨同其他各代表作一次發表了。這件事，我只是斟酌當時的情勢，本著團結抗日一貫的立場，覺得應該如此做，便如此做了，原沒有絲毫要見好於中共的意思，可是不到兩天，在某處有一次集會，王若飛卻把這件事提出，特別恭維了我一番，我聽了反而好笑。中共的代表是有了，但他們覺得與青、民兩黨同樣只有一名，不足以示優異，還要繼續爭取名額，一直到四月六日，即臨走的前一晚十二點以後，王若飛還拉著沈鈞儒到我所住的信義街三十九號來，一定要我陪同他們去找李璜，想把李拉住不放，以便和他們一道以去就力爭，我知道這是中共又在發揮他們這種得步進步的劣根性，更難保不是「民盟」也想參加一份，我內心實在厭惡已極，只好斷然加以拒絕。四月七日，宋子文以首席代表的資格，偕代表團由重慶飛美，董必武畢竟沒有同去，聽說後來還是多爭了一名秘書一名醫生才坐下一班的飛機走的。

上面已提到我之拒絕參加政協，便是因為我已知道和中共交涉斷然無望，內戰終於無可避免。可是等到三十五年的十月，其時馬歇爾的調停工作已完全失敗。（他是三十六年一月八日回國的）國民大會的召開已無法久延，而國共的武力衝突已如箭在弦上，於是第三方面的人士，包括青年黨、民社黨、民主同盟和社會賢達，又在上海有所集議，我的基本觀念雖然沒有改變，但這一幕我卻是參加了的。其時梁漱溟任「民盟」的秘書長，他對這一幕的最後努力，更異常熱心，而且他也似乎覺得他的地位非常重要，其實漱溟的頭腦長於分析而短於綜合，他於一件件孤立的事實看得很仔細，而對於一個大體的趨勢卻看不明白。當時的大勢是：一、國共終無妥協的可能；二、中共根本不要民主；三、中共根本討厭如國民大會的這樣一個組織；四、即令中共勉強參加了國大，參加了政府，國共的武力衝突也還是遲早要爆發；五、其時的「民盟」除極少數人還想保持一個中立的態度以外，大體上卻早已偏向中共，喪失了第三者的資格，這些都是漱溟所不能完全理解的。我的看法如此，但何以我對這一幕又終於參加了呢？老實說：我並不相信國大召開憲法公佈就可實現民主，但我相信要使民主有逐漸進步的可能，必須把黨治從法律上與事實上告一結束；初步實行民主，其幼稚也許比專制還要可怕，還要更沒有效率，但我們無法避免這樣一個階段；依照當時的情勢，也許第一步的所謂民主，根本便是假的，但只要大家知道對假民主有所指摘，便不怕真民主不會降臨。照中共當時所提出的一切一切，包括毛澤東在重慶的要求，三人小組之所規定，以及政協的五項結果，實際無非是為中共奪取整個政權預留地步，所爭的只是武裝衝突爆發的遲早，絕對無法得著一個永久和平。我深深的感到，與其讓中共永遠是這樣糾纏不清，還不如操刀一割，讓中共代表撤回延安，未來軍事衝突的結果如何，自然是不可知，但政治的做法卻確實已經到了水盡山窮，不能不冒險實行這一著。

要敘述三十五年十月最後調停的這一幕，有幾個日子我們必須特別提出。

第一、政府規定國大召集的日期為十一月十二日，中共認為這是由國民黨片面決定的，曾提過書面的抗議。

第二、其時在關外並沒有停止用兵，政府且於十月十一日攻下了中共所佔據的張家口。

第三、第三方面的人到達南京，是十月二十一日，蔣先生除當我們到達的時候見過一面以外，便於同日飛往台灣去了。政府軍且於二十五日攻下了安東。

政府要想把國大開成，但各黨派的名單並未提出，假定各黨派都不來，而由國民黨一黨唱獨腳戲，在政治上不能不說是一種失敗；中共對國大是斷然不參加的，但它如果不多爭取同路者，它也將完全陷於孤立；就基於這兩方面都有爭取第三者的必要，因此所謂第三方面才取得了作最後一次調停的資格。

在我們未到南京以前，吳鐵城、邵力子、雷震三位，原在上海做過許多的工夫，我們談話的地點，一處是海格路吳鐵城的住宅，一處是馬斯南路周恩來的辦事處。經過種種的說法，好容易才決定於二十一日約同周恩來同去南京。

我們在南京集會的地點是交通銀行，與中共接洽在梅園新村，與政府接洽則在孫科的住宅。我們經過多度的商討，決定了三條解決的辦法，其內容大致是這樣的：

一、雙方各就現地即日停戰，關於停戰之執行，及恢復交通，由軍調部及其執行小組，依照軍事三人小組已有之協議處理之。雙方軍隊應依軍隊整編統編方案辦理。其駐地分配問題，由三人小組協議定之。

二、全國地方政權問題，由改組後之國民政府委員會，依據政協決議和平建國綱領之規定解決之。其有爭執之地方，並依軍民分治之原則，儘先解決。

三、依據政協決議及其程序，首先召集綜合小組，商決政府改組問題，一致參加政府；並商決關於國大問題，一致參加國大。同時，儘速召開憲草審議委員會，完成憲草修正案。

我們為什麼要這樣決定，如果要就已往交涉經過及當時事實加以充分說明，便非再耗費三五千字不可，只好省略。據我看，就是這樣三條，已經不是中共所能接受，即令當時不即刻破裂，等到在三人小組討論駐地分配問題，國民政府委員會討論地方政權問題，或政協綜合小組討論政府改組和國大問題的時候，他們要找一個破裂的口實，那是太容易也沒有了。梁漱溟覺得在東北關於軍隊駐地的分配以及地方政權的解決，更容易引起爭論，與其把這個責任讓給三人小組和國府委員會去負，反不如把前面三條辦法改得更具體一點的好。大家覺得他的話也對，又以為莫德惠是東北人，對東北情形特別熟習，黃炎培平日對這類技術問題他頗能考慮，因此便推定莫、梁、黃三位先加以研究，再提交大家來解決。他們三位商量的結果，得了兩點具體的意見：一、指定齊齊哈爾、北安、佳木斯三處為中共駐軍地點；二、沿東北鐵路四十一縣，當時有二十縣在中共手裡，請他們和平交出，由政府派縣長隨帶警察前往接收。大家無異議的贊成把這兩點歸併到前舉的三條辦法以內，由大家一致簽名，然後繕清三份，以一份交政府，一份交中共，一份交馬歇爾特使，他們兩方面能接受自然很好，不能接受，也只好聽便，我們決不再管了。當這個文件簽好了名還未送出以前，沈鈞儒、張申府等忽然又要求把他們的名字塗去，這當然是因為他們把辦法的內容事前通知了中共，中共不贊成，而且他們受了中共的責備，因此才鬧出這樣一幕出爾反爾的醜劇。可是我們並沒有因為少數人退出變更我們的進行程序，這三份繕清的文件，依然推人分別照送。

中共這一份，是由梁漱溟、莫德惠、李璜三位送去的。周恩來本來早已知道了這三條辦法的內容，因此他事前便已編好了一幕戲，準備演給他們這三位老實人看。當梁漱溟拿著這份文件在手裡向周解釋到第二條的時候，周即以手阻梁，大哭大鬧的對他們說；「不用再往下講了！我的心都碎了！怎麼國民黨壓迫我們不算，你們第三方面也一同壓迫我們？今天和平破裂，即先對你們破裂。十年交情，從此算完，今天你們就是我們的敵人！」（這完全像在舞台上背誦唸熟了的台辭。）這樣一來，弄得他們三位手足無措，於是由莫、李提議，把這三份文件一律收回，而且即刻由莫、李、黃、羅四位，（黃炎培、羅隆基最初原不在場，因為周表演了這一幕才臨時找來圓場的。）分別向孫科和馬歇爾處將另外兩份取到，交周過目，聲明作廢，於是周才收淚息怒，一幕滑稽戲也才算是閉幕了。據說周青年時在南開中學演話劇的時候，他原是扮旦角的，這若干年來，他隨時隨地都能保持一種戲劇性的作風，做工確實不壞，扮相也不太差，所可惜者，整個的國家，便在他們這種兒戲的方式下毀滅無餘，周也不能不算是應負責任的一人啊！

自經過了這一幕以後，我便決定使青年黨參加國大，名單也隨即送出，因為我們既根本無法與共產黨合作，便只剩下這一條路可走，走得通固然要走，走不通也還是不能不走的。國大開會以後，馬歇爾是三十六年一月回國的，中共卻延到三月八日才正式撤退，從此以後，國共關係便完全進入一種戰爭狀態，截至今天為止，究竟最後的勝敗誰屬，依然還是一個未定的問題，大概只好隨著整個國際問題的解決以求得最後的結論了。

十一　我眼中的中國農林事業（略記我從事農林行政的一點經歷）

關於青年黨參加政府的一幕，大概在三十五年的夏天，國青兩黨的中央，便已在重慶有所接洽，最初所擬議的，國府委員會由我們參加四席，行政院則由我們任一部一政委。我們的中央，大概覺得我這個人不大宜於坐而論道，因此沒有把我擺在國府委員會，而要我擔任行政院的一部，當時據說有兩部聽我們選擇，一部是農林，一部是水利。因此我們的中央便有信給我，問我願幹那一部。我的回答是農林。等到三十六年春天，政府的改組快要成為事實的時候，我們在行政院的一部一政委，已變成了兩部兩政委，而可以聽我們選擇的，則有農林、水利、經濟、郵電四部。（郵電一部擬由交通部劃出。）我自己依然願意幹農林，其餘的一部我便主張幹水利。我這個用意是很簡單的：第一，像農林、水利這類的事業，在一個現代的國家，本來是頭等重要的，但在中國卻還沒有人懂得重視，因此機構既簡單，預算也很小，人棄我取，可以減少若干人事上的糾紛。第二，這類機構的技術性都很重，非有專門素養的人幹不來，關於人員的進退，有一定的標準，因此在我們內部人事上的安排，也比較的容易。第三、農林、水利這兩部的關聯性很大，都幹得好自然可以相得益彰，幹不好也還可以截長補短，相互補救。第四，這兩部在表面上雖然都是冷淡部門，但出席行政院會議的發言權都是一樣，關於其他的重大問題，假定我們有真知灼見，並不怕沒有貢獻的機會。此外還有一點，是我在當時不曾說過的，即我在青年時期對於宋教仁先生是相當崇拜的，不幸他在三十二歲的時候，即為袁世凱、趙秉鈞、洪述祖這班奸人合謀所暗殺，他曾任過唐紹儀內閣的一任農林總長，而以在第一屆國會內多數黨領袖的資格被犧牲。我當時在一張上海報紙上看見他被刺後的照片，心裡非常憤慨，現在我既有參加政府的機會，所以也想來幹幹農林，假定我對「中國農業現代化」的這一課題，能夠多少做出一點成績，也算是我對宋先生表示一種敬意。宋是我的同鄉，也是我的前輩，我就富有這種封建思想，而且還想保持這種封建思想。

不幸我上面所舉的四點理由，並沒有被青年黨的中央採納，結果還是決定除農林部另參加經濟一部。最初黨方的決定，本是要李璜擔任的，而且已經明令發表，李也準備就職，但卒以內部人事上不容易應付，他才知難而退，而把這一席讓給了陳啟天。最近香港一張報紙上，有關於這件事的紀載，說李是「薄而不為」，這倒不是事實。

我到農林部接事是三十六年的四月，事前我的前任周貽春，對我把部裡邊的概況談過兩次，原有兩位在部裡服務的青年黨同志，更給了我一番詳細的說明，因此我對部內各方面的情形，已大致有了一個輪廓。接事後經過了半個月的時間，我自己便已內定了四點辦法：一、原有部內及各附屬機關的專家或技術人員，一切照常，決不輕予更動；二、工作進度。須以實地視察為準，我不能完全相信書面的例行報告；三、除原有確定的預算照常經由會計處會同總務司的出納科支付以外，凡一切臨時興作須用錢者，即召集有關方面協商，仍按會計手續辦理，略採重點主義，亦不顧其過度偏枯；四、凡部內各司及各附屬機關的相關事項，例如糧食增產，即召集各首長開會解決。

部內原有農業、林業、畜牧、漁業、墾殖、農業經濟、總務七個司，每一司的職員，大率十餘人或多至數十人不等，除總務司的職務原在處理部內一切普通事務以外，我覺得其餘的各司卻應該側重業務的推進，而不應該耗費太多的時間於例行公事的處理。我以為必須有了像樣子的業務，然後紙片上的工作才不可少，否則徒有一堆紙片，可以說是半點的價值也沒有的。

農林部的精華不在部內，而在其所屬的若干附屬機構。在南京的主要附屬機構計有七處：一、中央農業實驗所，二、中央畜牧實驗所，三、中央林業實驗所，四、農業推廣委員會，五、棉產改進處，六、菸草改進處，七、農業經濟研究所，這些機構均各有其預算，各有其職工，亦各有其所附屬機構，農林部僅處於行政領導的地位。在我在職的一年零八個月期間，我對這些機構曾隨時前往視察，不斷予以鼓勵，凡他們在設講上、建築上、經費上，所遭遇的困難，也曾用過種種方法為他們解除。主持這些機構的首長和若干高級職員，多數是美國留學生，其次亦國內各大學農科或農業專門畢業的，曾在日本學農的也有一部分。他們的待遇都很菲薄，但他們對研究和事業的興趣卻很濃厚。每當我視察一個機構的時候，往往要花去幾個鐘頭，有必要時，我還要請他們為我詳細講解，以補充自己的常識，我所最注意的，乃在水利與肥料對於增產的關係，優良品種推廣對於一般農民經濟改善的可能，農業機械運用對於目前中國農村的限度，防止病蟲害與獸疫一切藥械的利用對於農業畜產的效能，各類農產品對於國家整個經濟體系上所應該發揮的功用，……據我觀察，中國農業的現代化，已正在發端，假定能有十年的安定，繼以不斷的努力，更加上若干國際的協助，即不難奠定一個堅實的基礎，但最主要的關鍵，仍在政府對發展農業的重要性，確有相當的認識。過去中國的輿論，曾有過一度重農或重工之爭，少數日本人，也會發過「工業日本，農業中國」的狂論，其實自我觀之，這些話都是多餘的；一個國家的工業未發展到相當的高度，則農業高度的現代化實為不可能，因為若干農業上研究與實用的機械，以及化學肥料的製造，發電與水利的完成，均非仰給於高度工業的產品不可；同時一個國家的農業如不能得到充分的發展，有無數的輕重工業亦將遭遇莫大的困難，因為不少的原料，例如棉花、橡膠、木材、皮革、毛羽、蠶絲等等，必須有賴於農業方面的源源供給也。今後我們的旨趣，只在齊頭並進，分工合作，孰輕孰重的說法，根本是用不著的。

農林部散在全國各地的附屬機構也還不少，但比較可觀的卻集中在上海與平津一帶，就我實地視察過的說，例如主持全國蠶絲改進的蠶絲公司（在上海），及其所屬的研究機構，育種場，綢織廠，桑園苗圃等等，均已規模略具，內容相當堅實，且能充分的自給自足，不必仰賴政府。其次水產實驗所，雖是一個新興的機構，但進步很快，主要的建築已大體完成，一部分的設備，得聯總的助力不少。其次病蟲藥械廠，總廠在上海，分廠在北平，所製各種防止病蟲的藥械，已逐漸推廣及於全國。又其次水產公司，這是一個以捕魚為主要業務的營業機構，但有一個設備相當完善工作效率也相當高的網廠，頗值得重視。此外農林部在上海設了一個通訊處，實際則是處理聯總送給中國若干農業物資的一個機構。這方面的工作，在我的前任手裡已經處理了大部分，在我接事以後，也還陸續來了若干零星的物資，當農林部收到這些物資以後，即分配於全國若干申請需要這些東西的機構，並包括全國若干農業教育機關。我對聯總這個機關的組織，及各類物資的分配與運用，自來是不滿意的，但在我到農林部以後，我才大體明白這個裡面的情形是何等的複雜！現在事過境遷，我也不願繼續對這件事有所指摘，可是我卻因此得了一深刻的教訓：今後無論是某一個國家，或某一國際組織，如果對中國某種事業願在實際上加以協助，其可採用的方式，應以兩種為限：其一，完全以外國人為主體，參加的中國人僅以提供意見為主，而不一定強其接受，以代其排除困難為副，而不參加決策的工作；其成敗得失之責，即由外國人直接負之。其一，由某一國家或國際供給經濟或物資，並得提供原則上的意見，或劃定工作的範圍，必要時亦得幫助解除技術上的困難，但由中國人全權主持，有無成績，亦由中國人負完全責任。最不好的一種方式，即在名義上由中外共同處理，實際則外國人隱操大權，形式上在中國行政系統之中，事實上則儼然一獨立王國，而超出於中國行政範圍之外，關於人事的進退，工作的考核，待遇的規定，舉非中國政府所得過問，但一經失敗，又往往把責任向中國人身上一推，而此類與外國人員合作的中國人，除少數自好之士以外，大率是一類買辦式的人物，平日總以迎合外國人的意旨為主，其一切措施，不一定合於中國的需要。不獨把事業完全敗壞，且助長中國人一種媚外的惡習，甚至也把外國人帶壞了！不過話仍得說回頭，就我所知道，在農林部範圍以內，所得聯總的助力依然不少，其所分配於農林部的一部分物資，（漁業物資另有漁管處負責，農林部事實上不能過問。）大體上也沒有浪費，這是必得加以說明的。

農林部散布在全國各地的業務，我主張必須隨時加以實地視察，平日除分別派人各就業務加以考察與指導外，我自己也就近在江浙一帶看過不少的地方。三十七年的初冬，我更抽暇去過一次平津，隨同我一起去的，有技監趙連芳，農業司司長馬葆之，他們兩位著實給了當地工作人員若干技術上的指導。北平的農業實驗所，天津的墾殖公司，以及植棉，防止獸疫與病蟲害等工作，均具有相當基礎，可惜為經費所限，不能放手擴充。我平日對部內的高級人員常說：「一件事只要我們確實看準了，認為值得做，我們便應該放手做事，大膽用錢。」可惜中國人對農林事業的重要性尚沒有充分的認識與信賴，我這個希望，也就適成其為書生之見而已。

可是話雖如此，在我任農林部的一年又八個月的期間，下面所舉的若干工作，確已走上了相當的軌道，而且多數已在發展中：

一、我們完成一個全國性的「糧食增產計劃」，部分已付諸實行，成敗互見。

二、若干可以換取外匯的農業物資，如桐油、茶葉、蠶絲、豬鬃等等，均定有獨立發展與整理的計劃，蠶絲因有上海蠶絲公司主持，人事、經濟、技術、設備均有相當基礎，情況頗可樂觀。

三、若干國內的必需品，如棉花、菸草、羊毛、水產、牲畜等，亦均分別推進，棉花的增產與改進，更有顯著成績。棉產改進處建了一座頗具規模的「棉業館」，在我離職前已告落成，且已有了部分的設備。

四、土壤調查與肥料運用，已在積極進行，中央農業實驗所添建了一座「土壤肥料館」，正準備作一種較大規模的研究。各種化肥的實驗，已分別在各地進行。

五、為了研究中國農業經濟的各種實況，農林部在我任事以前，原已有一個農業經濟研究所的創辦，可是在草創期間，一切都還談不上，甚至連所址也還是租借的一所民房，我覺得這件事非常重要，因而與該所李所長慶麐籌商，覓地規劃，興建一所可容近百人從事研究工作的所址，當我離職的時候，已有一部分的工作人員遷入，我並且想把部內的一個統計處，和中農所一部分「農情報告」的工作也一併歸到該所去，但已來不及實行了。

六、大規模的從事造林，也是中國一件迫不容緩的大事，但過去總是蹉跎復蹉跎的沒有舉辦，農林部有一個中央林業實驗所，我經過一番研究，覺得無論在人才、經濟、設備、規劃的各方面，都太嫌不夠，一再想加以擴充，在首都附近若干小規模的林場，我也曾一再加以視察，除一二處已有相當成績以外，大抵都無甚可觀，因而我與南京市的沈市長（怡）協商，想由農林部與京市合作，對首都造林這件工作建立一個基礎，可惜我們還只在棲霞山新闢了一個實驗區，在京湯道上種活了不少的法國梧桐，也就來不及做下去了。同時我也向浙江省政府和杭州市府提出了一個西湖造林的計劃，雙方已經過初步的協商，亦已不及實現。我之所以著手於首都與西湖造林的意思，並不是為的塗飾耳目，實在想引起一般大人先生們對於森林的一點興趣，因而我好作進一步的規劃，我知道這是國家百年大計之一，（中國所說的「十年樹木」這句話，實際是不通的。）不給予大家一個學習的機會，事實上是不容易推行的。

七、關於水產研究的工作，在中國真還是幼稚極了，我的前任居然在上海有一個水產實驗所的創建，總算難得。我接事以後，補充了一部分建築，且已正式開門，部分的設備與工作亦已開始，表面的堂皇，幾為農林部各附屬機關之冠，（但北平的農業實驗所屬於例外。）內容卻還是異常的空虛，不只設備上來不及，人才也確實不容易找。該所還有不少的隙地，我很想建立一個新式的「水族館」，最低限度非美金三四十萬元莫辦，也只好留待將來了。

八、聯總送了中國若干套製造農具的機器，原已由聯總在上海建立了一個總廠，並且已選定在若干省區繼續建立，但工作的進行異常遲緩，我因提議在南京設立一個首都農具製造廠，由農林部供給地皮，聯總擔任建築，即把聯總所送的機器運一整套到南京裝置起來。這件事總算得了他們的同意，不到一年的工夫，即已完成。當我離職的時候，已經有了部分的出品。其實這件事只是我對聯總辦事遲緩的一個抗議，沒有想到居然實現，大概連同籌備、建築、及機件的運輸與裝置，聯總要花去近二十萬的美金，現在也許變成中共製造小型武器的工場了。（農林部病蟲藥械製造廠的北平分廠，即代傅作義造過若干的步槍。）

九、在我眼中中央畜牧實驗所的進步，比較是內部設備上的居多，這一方面得著聯總的助力確實不少，許多重要的儀器，價值數十萬美金，中國自己的財力是辦不到的，在政府的預算上也根本沒有這類的費用。該所有若干優良的乳牛、羊隻、種豬、雞隻，也大抵得自聯總，在我手裡僅為該所建立了一所鋼骨洋灰的牛舍，大致可容大小牛隻一百頭以上。關於羊毛的改進，並與上海毛紡織業方面，取得了相當的聯繫。該所在浙江境內開辦了一所飼養優良羊種的分場，已舉行過多次人工授精的實驗。農林部本來在甘肅有一個西北羊毛改進所，工作情況如何，我因為沒有視察過，很難加以說明。在徐州與上海還有兩處繁殖優良牛種的地方，但上海的成績不好。

十、農林部本身的建築，本來也是很簡陋的，在我離職的半年以前，已感到不大夠用，因籌款建了一座辦公大樓，下層有一個可容二、三百人開會的大廳，三間醫務室也設在樓下。同時我手裡建了四十八家的職員宿舍。這些建築的落成，大概都在我去職前三個月左右。

上面所舉的這些例子，在我還算是第一次的發表，連在行政院會議，我也從來沒有提出過口頭或書面的報告。我知道，要為「中國農業的現代化」奠定一個堅實的基礎，至少要化上十年苦幹的工夫；要有十億以上美金可以繼續運用；而且要時局相當安定，至少沒有戰爭；同時還非訓練多數的人才不可；決不是任何一個因陋就簡而且根本不懂得農業如何重要的政府所能辦得到的，因此我覺得上舉種種，雖然已值得苦幹，究竟還值得不得一談。我在去職的前三月，已籌定專款，預備發行兩種月刊：一種《農業行政》，一種《農業研究》，籌備還沒有就緒，已遇著政局的驟變，並此一點宣傳鼓吹的工作，也就成為泡影了。

總之，我在農林部二十個月的時間，僅僅大致理解了一個重大問題：即「中國農業必如何使之逐漸進入現代化，而為國民經濟奠定一個堅實的基礎？」現在我看見中共這一切胡鬧的行為，只好目笑存之，以靜待他們的失敗。好在我們將來對一切一切都須要從頭做起，固不只農業一端而已。

十二 結論

我這個雜記，一共寫了近六萬字，不僅我自己感到相當疲倦，恐怕賜閱的各位，也多少有些厭煩，尤其佔去《新聞天地》這樣多的寶貴篇幅，不能不十分抱歉，因此，我只好在這裡暫與讀者諸君告別。

我是三十八年的四月離開大陸的，承台北若干友人的好意，讓我全家在中華農學會的台灣分會住了四個月，自前年九月來到香港，到現在又經過了二十個月的工夫，除平日偶然寫點文字發表，表示我還存在以外，可以說一無貢獻。眼看世界的劇變，已一天迫近一天，今後茫茫天地，究竟稅駕何所？乃至像我這樣一種雜記，是否還有機會讓我再寫一個續編？這卻是連我自己也不知道的事了。

（中華民國四十年四月十五日香港）

附錄　清民之際的長沙

（《近三十年見聞雜記》的一個補篇，記述我童年和青年時代的經歷）

（一）

憶我少壯時，無樂自欣豫，
猛志逸四海，騫翮思遠翥。
荏苒歲月積，此心稍已去，
值歡無復娛，每每多憂慮，
氣力漸衰損，轉覺日不如。
壑舟無須臾，引我不得住，
前途當幾許？未知止泊處！
古人惜寸陰，念此使人懼。

我生在甲午中日戰爭前一年，即清光緒十九年癸巳。從癸巳到辛亥革命，剛好是整整十八年。在這個清朝最後的十八年，正是中國的多事之秋，也正是我個人由孩提，童稚，而進入青年的時代。很慚愧，我雖是出生在湖南的長沙，可是當民國二年，即正當我二十歲那年離開湖南以前，我的足跡，卻不曾越出長沙一步。

我生長在一個沒落的讀書人家，我是我父母的幼子，長、次兩兄和四位姐姐的愛弟，同時我自己還是兩個妹妹的哥哥。雖然在那樣一個食指浩繁時虞匱乏的家庭，可是我並沒有失去我在家庭中優越的地位，而且還是命定的非要我讀書不可。

在清末，湖南算是辦理新教育最有成績的省分之一，其原因我是後來才知道的。在我離開我的故鄉以前，我在長沙整整受過十年的學校教育；由我自身所體驗，由我後來所比較，我對那些直接教育過我的先生們，那些在長沙提倡或主持教育的人物，乃至那些與教育事業有關的政府機構，我至今還是感念不忘。從這一個極小的觀點出發，我實在看不出最近的這四十年，中國的教育，在精神上有什麼顯著的進步。

這個時候，長沙的私塾還不少，有許多守舊的家庭，還不願送子弟進學校，同時小學校的數目，也太不足供學齡兒童的需要。我是十一歲才進小學的，名稱是「長沙官立第十八國民小學」。同學只有一班，約在五、六十人左右。年齡大的到了十六、七歲，也有小到八、九歲的，我是介乎不大不小之間。老師一共是三個，一個教經學的姓羅，一個教國文和算學的姓鄧，還有一位教圖畫、習字、體操、音樂的姓徐。我在這裡讀過《孝經》和《論語》，老師雖然講解，但我依然不大明白，也不感興趣。國文教科書是木刻的，自然一色都是文言。我現在搜索枯腸，在四年中所讀的，總共只記得五句，在某課中有這樣的四句：「我聞紫荊樹，同根同榮枯，一花零落百花壞，東枝憔悴西枝敗」；在另一課的第一句，是「楊氏之園有古松」；每星期作文一次，總是就老師出的題目，胡亂拼湊幾句，最後好像也能寫上兩三百字，但是絕對不通。對於圖畫、習字、體操、音樂這幾門，我的興趣和成績都很平平，我惟一的傑作只有算學。

現在回想起來，我覺得我這三位小學的先生都很不錯。以年齡論，羅最長，已近六十，有鬚，身體不怎樣好；鄧次之，四十左右，頸長，額微闊，兩顴稍高，眼有神；他待我很好，曾在暑假中叫一位姓劉的同學和我，向他去補習算學，他在課餘為他的一個在中學讀書的弟弟講《左傳》，也許我站在旁邊靜聽；徐先生年最輕，大概只有二十四五，能寫一筆工整而娟秀的字，看功課很認真，性稍嚴，記得一次放學後，我回家太遲，他在路上見著我，曾受過他的責備。羅先生的名字已忘記，鄧字麓仙，徐字定夫。我民國二十六年冬回長沙，知道羅、鄧早已去世，只有徐先生還在，在外縣一個中學教書，已經是六十左右的老人了。

這個時候長沙的情況很安定，生活也十分便宜，我記得，我在每天早晨上學以前，總是在母親手裡取四個小錢，可以吃兩根油條，或兩個包子，作為一頓早餐是很夠的。

我在未進小學以前，已經開始看那種木刻的唱本，這類東西以歌謠、彈詞、戲曲為大宗，印刷紙張都很惡劣，但看起來卻也還清楚，價格以頁數計，每一文小錢三頁。進了小學以後，我對這類東西更經過一個「博覽」的時期。我有一個楠木書箱，大概還是我的祖父莘農先生遺留下來的，我記得，我曾把他工楷鈔錄的名家八股文多少本，一一搬出，把我所蒐藏的這些唱本子全部放在裡面，簡直是滿滿的一箱。搬出來的八股鈔本，因為要欣賞我祖父寫的字，也曾翻閱了不少，記得內中有一篇是張之洞做的，我祖父還用硃筆加了不少的濃圈密點，文章是看不懂，但後面有一個批子，我郊至今還記得：「披一品衣，抱九仙骨，俯視群山，皆培塿矣！」大概其時我已經偶然聽到張之洞這三個字，所以對他這一篇特別注了意。

我從六、七歲起便歡喜看戲。我的父親雖然也歡喜我，但他對家裡的事從來不管，因而對於我的行動，也採取絕對的放任主義；母親雖特別關心我讀書，但並不禁止我看戲，每逢我提出要求，她便叫帶我姐姐的一位張奶媽陪我一起去，這實在是兒童時代一件最快樂的事。等到我能自動看前面說的那類唱本，我對於看戲的興趣便進了一步；再等到我能大規模的看小說，我便知道了一切劇本的來龍去脈，以及它的穿插剪裁，更感到趣味無窮！凡光宣之交在長沙演湘戲的那班名角，其在當地一般人的心目中，正不下於演京劇的楊小樓、余叔岩、郝壽臣、譚富英、姜妙香以及梅、程、尚、荀四大名旦等等，就到今天，我也還是可以如數家珍的一一列舉其名。

我在國民小學的一時期，除掉看戲以外，還有其他的幾樣課餘工作：其一是看小說，其次是聽說書，又其次是聽講平。

我看小說的過程，也和其他的小孩子大致一樣，最初看的是劍俠戰爭一類，例如《七劍十三俠》，《七俠五義》，《小五義》等等；其次是神怪一類，例如《封神榜》，《西遊記》等等；再其次是帶點控偵性質的，例如《包公案》，《彭公案》，《施公案》等等；比這個再進一步，便對

《三國演義》，《兒女英雄傳》，《鏡花緣》，《水滸傳》這類東西，也發生了濃厚的興趣。至於談狐說鬼，言情講愛，而文字又比較深奧一點的，例如《聊齋誌異》，《紅樓夢》，《西廂記》，《牡丹亭》，《長生殿》，《桃花扇》這一類的作品，這是到了高小二年級國文漸漸清順以後才開始去摸索的。（後面的四種雖不是小說，但在當時我卻是當作小說看的。）關於這一方面的工作，我從來沒有從學校的老師們得過任何指點，好在我卻有兩個家庭教師，一位是我的母親，另一位是我伯父的一個女兒，寡居在我們家裡的一位姐姐。我的母親還只能為我講《三國》，講《說岳》，講《楊家將》，講《今古奇觀》；這位姐姐卻能為我講《紅樓》，講《桃花扇》。她對於一部《紅樓夢》，真可以說是爛熟於胸，其對「紅學」的造詣，即令還趕不上寫《紅樓夢人物論》的王崑崙，至少超過了著《紅樓夢寶藏》的高語罕。不幸我到上海讀書的第二年她便死了，這實在是我精神上的一大打擊。

高興聽說書是我十歲前後開始的事，一直到進了高小才完全停止。我們長沙有一處類似南京夫子廟，上海城隍廟，或北京天橋那樣的地方，便是有名的「火宮殿」（真正的名字是祝融宮）。平常總是演戲的時候居多，一到不演戲的時候便是那班說書者的世界。說書的技術真有好壞，所說的內容也大有高低，普通總有十個八個人同時開講，技術高明的可吸收聽眾到三、四百人，太不行的便三五十人也維持不住，所謂技術好，不單是指的口齒清楚，交代明白，在表情上也大有關係，譬如講關公過五關斬六將，不單是要把關公那一股義形於色的神情表現出來，便連他那一口青龍偃月刀，也要用手勢表示得活靈活現，每講到緊要關頭，說書人照例賣一個關子，便開始收錢，多的一次可收入二、三百文，少的便幾十文也不容易到手，這確實是很公道很民主的，擴而大之，便是站在海德公園那班發表競選演說的人們，還不是和這個大同小異？這裡不單是有書聽而已，那戲台下面還有許多在別處絕對吃不到的東西可吃，例如用牛肉或心肺下的米粉，豬蹄子湯麵，色香味樣樣都好的臭豆腐，我覺得這只有在抗戰期中我在成都吃過的「吳抄手」，「賴湯元」，以及「紅油餃子」，「担担麵」才可以趕得上，但這只可為知者道，沒有這種經驗的人是不懂的。

聽講平另是一種趣味，其時我的家住在長沙南門外一個半鄉半城的地點，打開大門，便是一望無際的菜園，從門口的左手望去，有二三十棵柳樹，都是三五十年的老樹了。每到夏天，我們坐在門前的竹床上乘涼，或一彎新月從柳梢漸漸昇起，二更還不曾打過，正是夜闌人靜的時候，便聽到一派的絃聲，夾著一兩句聲調淒涼的歌唱，從柳林後面穿出。只要我們高喊一聲「講平」，便可看見一個人徐徐走來，胸前抱著一面月琴，左肘下懸著一盞八角玻璃燈，玻璃總是擦得亮亮的，用一根長長的鍊子繫著，一直拖到接近地面。看你要他唱什麼，假定只是短短的一折，例如《三娘教子》，《寶玉哭靈》，或《許仕林祭塔》，便是二十四文，大約二十分鐘便可唱畢。如果要他唱整本的《雷峯塔》，《珍珠衫》，《秦雪梅弔孝》，或《梁山伯祝英台》，便得一百幾十文或兩百文，從二更以前唱起，一直要唱到三更左右。不純粹是唱，中間也夾著不少的道白。當一個故事發展到頂點的時候，唱的人或發出酸楚的悲哽，或作出歡樂的笑聲，在我一個唸過這些本子的人到沒有什麼，我不知道對我那班姐姐妹妹們所起的反應是怎樣，但她們中間有拿出帕子來揩過眼淚的事實，卻是我所記得的。

看戲，看小說，聽說書，聽講平，這是我童年時期真正的教育，不管它們的影響是好是壞，但支配我的力量是很大的，也許會從精神上一直支配我到死！

（二）

一直到十五歲的開始，（光緒三十四年）我才考進了「長邑高等小學」。地點在北門荷花池的泐潭寺，有中學一班，高小兩班，全體同學約一百四、五十人。堂長是余子昭（肇升），（大概在第三年，堂長才改稱校長。）後來我才知道他是我的親戚，他有好幾個兒子，像余嘯秋、余劍秋、余楠秋，都曾留學過東西洋，在社會上頗有名氣，楠秋更是我後來在復旦的同事，這些都是後話，姑且不提。

我一走進這個學佼，便感覺得氣象一新，和我那個設在真西山先生祠堂裡面的國民小學一比，真是何等的偉大。一共有三個操場，外面一個較大的，周圍被四、五十株密密匝匝的雜樹環繞著，綠草如茵，是作足球比賽一類的運動用的；裡面有一個較小的，還有一個雨操場，則作為平日體操之用。關於體育的設備也有一些，例如槓子、平台、木馬、木棒、啞鈴等等，我對這類的東西不太愛好，也不怎樣討厭，隨班逐隊而已。有四間教室，小學佔兩間，中學佔一間，還有一間是為中學做物理化學實驗的時候用的。

我們都是寄宿的，宿舍是兩層的樓房，每一間房子住十個八個人不等，情況略等於長江輪船的房艙。我們每學期繳宿膳雜費二十元，包括制服書籍在內。

我們很不容易看見我們的校長，大概一學期只有三兩次的機會。可是他卻常常在學校辦公，不過他的辦公室和我們隔得很遠；因此，我也偶然聽見同學對他有不滿的批評，但現在我回想起來，他實在不失為一位理想的校長：第一，他能把全校的行政處理得有條有理，無處不覺得嚴肅；第二，在他在職的三年中，（最後一年換了一位姓黃的）從來沒有鬧過一次風潮；第三，我從來沒有看見一位先生上課遲到，或因事因病而不請人代理；第四，尤其有一件事更值得我們感激的，便是他對於聘請教員十分認真。

我們這班的國文教員唐先生（濟渠），我們在背後雖然叫他一聲「唐胖子」，但不是表示對他不敬，毋寧說是對他表示親熱。他能寫一筆何紹基的字，改卷子打批子用的是松煙墨，實在好看極了。我們沒有讀過國文教科書，一直都是古文選讀，每次用油印分發。我記得我們第一次讀的便是周敦頤的〈愛蓮說〉，第二次便是《史記》〈項羽本紀贊〉。以後成了一種不成文的規定，每星期總是講解古文兩篇，一篇長的，一篇短的；或一篇較深，一篇較淺。不過遇著太長的像〈李陵答蘇武書〉、〈報任少卿書〉之類，也就只講解一篇。統計八個學期所讀的古文，共有三百篇左右，到畢業的時候我能夠背的，有六十二篇，約居全數的五分之一。但背古文並不是先生的強迫，完全是我們自動的。每星期作文一篇，題目大率是史論的一類。我第一學年的作文分數最低是三十九分，最高是六十四分，依然不通。到第二學年開始，做了一篇〈周公誅管蔡論〉，我把周公切切實實責備了一番，說他並沒有一定要殺這兩個老弟的必要，唐先生居然給了我八十五分，從此我才「一帆風順」。

這個時候依然讀經，在高小四年中所讀的是《詩經》、《書經》、《易經》、《儀禮》。我能欣賞〈國風〉，但不夠欣賞〈雅頌〉；《書經》、《易經》有一部分我也歡喜，但討厭《儀禮》。教我們經學的先生是一位姓鄭的秀才，他房裡居然有一部《十三經注疏》。我記得他在第六學期離開我們的時候，還做了一首七律送全班同學，我只記得「桐陰繞屋慧心生」一句，這是我們自修室前那一排七八棵梧桐的寫實。教史地的是曹秩庸先生，他在「修業」、「周南」兩校兼得有課，很有名氣。他教歷史歡喜附帶講一點歷史人物的故事，尤其是咸同故事講得多，實在給了我不少的啟發。

我進高小以後，對算學的興趣依然很高，加上一點淺近的理化和博物，已經使我明明白自意識到這些東西很踏實，每上一次課，總能使我知道一點從來所不知道的東西，實在令我歡喜。我相信，假定我在高小畢業以後，依然可以交得起學費，我一定不會誤入歧途，去進那種不要錢的師範，而會一直走到自然科學的方面去。在高小的整整四年中，教我們的算學和理化的，一直是那位中學部的教務主任戴先生（荔生），同時他也兼教中學的物理，他在每次上理化課的時候，總要做實驗給我們看，教法是不錯的。教博物的是一位譚鴻猷先生，他是一位有地位的國畫家，因此他也兼教我們和中學的圖畫。他教博物是自編講義，用鉛字排印的，前面還有一篇序，「鴻猷之於此科，雖云升堂，尚未入室」，便是他那篇序文裡面的警句，現在想起來還是蠻有趣的。至於他在上課的時候，歡喜用各種顏色粉筆，在黑板上畫出各種的動植物，也確實能使我們聽講的人樂而忘倦。我後來對生物學這類的書還不十分害怕，總歡喜涉獵涉獵，也實在是受著他的一點影響。

到第四年，我們學校的情形完全變了：余校長走了，換了一位姓黃的，好像是一位舉人，我們不大歡喜他，因此鬧過一次小小的風潮。本來在第六學期，便新來了一位教經學兼監學的曹先生（名惠，字孟其），其時他雖還不到三十，但他已經是長沙的一位名士，古文做得不壞，思想卻又很新。當他初來的時候，住的一間房子很小，但是頗新；後來換了一間比較不好卻是全校最大的；因此把他的幾十箱藏書全部搬了來。看見他搬書的時候，便把我嚇了一跳：他有那麼多的線裝書，又有那麼多的洋裝書，真是我以前不曾見過的。我記得在他的線裝書裡面有兩部最大的，一部是《湖南省志》，一部是《湖南文徵》，便佔去了十幾大箱。給我這樣一嚇，我才想法子去和他接近，常常約著幾個同學到他房裡去問長問短，他也實在和易近人，有問必答，就偶然向他借一兩本書，他也只要我們自己登記，按時還他。記得有一次，他桌上放了一部《章譚合鈔》，我便問他：「他們兩位的學問究竟那個好？」「啊！」他回答，「譚嗣同如何趕得上章炳麟！」他又反問我，「你是贊成立憲，還是贊成革命？」其時我腦筋裡已經滿儲著康梁思想，像梁啟超那類翻版的《清議報》、《新民叢報》，以及《飲冰室自由書》、《飲冰室詩話》等等，早已涉獵過，因此信口回答：「我贊成立憲」。他張著兩隻小眼睛，用堅決的語氣對我說：「不對！革命好！」從此以後，我才開始去看鼓吹革命一方面的書，同時在同學合買的書報中，除一份上海的《時報》以外，又加定了一份《民立報》，而且對「旡生」，「血兒」，「漁父」等名字，也比《時報》上的「惜誦」，「孤憤」更來得親切了，這大概已經是辛亥年開學以後的事。

另一次，我們又在曹先生房裡談天，看見他桌上放了幾十枚銅元，還有兩塊銀元，我無意中向他發出這樣的問題：「何以錢總是圓的？從前的錢中間有一個眼，現在何以沒有了？」「這個你不懂」，他回答，「這是貨幣學上的問題」。他說了這兩句，便不往下再說，好像很神秘的樣子，我心裡老是不舒服。第二天星期，我便在群益圖書公司買了一本陳家瓚譯的《貨幣學》，還在集成買了一本康有為的《金主幣救國論》，不管三七二十一，自己翻看一遍再說，這也就算是對曹先生不肯回答我的問題的一種報復。「康子倦遊於歐美，息轍於檳榔嶼，隱几於南蘭堂，喟然歎曰，……」這是康有為那本書序文的頭幾句，這位維新派首領那樣一種搖頭幌腦的神氣，至今如在目前，但這已經是四十年前的往事了。

曹先生講《易經》，我便覺得是笑話：他一翻便是好幾十頁，一面翻，一面嘴裡還在說：「這個你們不懂，這個你們不懂」，因此，他往往把《易經》擺在一邊，一直是天馬行空似的講到了正課以外去。記得有一次，他忽然在黑板上寫上了這樣幾句：「大字長宙，方挾萬象而趨，若驟若馳，而所遇無故物。」他解釋了一番以後，又問我們：「你們看，斯賓塞這幾句話，比起孔子所講的『逝者如斯乎，不舍晝夜』，怎樣呢？」當時我覺得很新鮮，但心裡依然有些不服：「你憑什麼能同我們講這個，又武斷我們絕對不能懂《易經》呢？」

有一次，國文教員唐先生告假，曹先生代課，剛好這一天是作文，他所出的題目是：「想像克俄後之頌聲」，我不懂，這是辛亥年的春天，我們這位先生，為什麼會那樣討厭俄國呢？

我在高小畢業以後，一直還是注意這位先生的行動。他是葉德輝的學生；他寫的東西，也常常送給王先謙去看；他是譚組安的好朋友，譚在湖南做督軍的時候，他任過他的秘書；他主張絕後，主張不治產；他在章行嚴前期的《甲寅雜志》上，發表過不少的筆記，行嚴對我說過：「孟其絕頂聰明，文字寫得好」；他下半生的事業，就辦了一個孤兒院；入民國以後，長沙經過了無數次的變亂，但他還是死死抱著那個孤兒院，鍥而不捨；二十六年我回長沙，首先便到孤兒院去看他，學生是四十四，先生已經是五十五，但他還是興會淋漓，毫無衰態，正在寫一本代表他思想的長篇小說，已經有十幾萬字；他又翻出一本舊稿給我看，後面有葵園先生一個很長的批子，他說：「我總算對得人起，我在二十五年前，便已經在提倡社會主義了啊！」他又說：「你今天來得真好，我燉得有牛肉，就在這裡吃飯罷」。

抗戰勝利以後我回到南京，曹先生曾寄過他的一本《孟父春秋》給我。這是一本用小說體裁寫成的自傳，約六、七萬言，用極美的白話，講極有趣的故事，花了我三、四點鐘的時間，一氣把它看完，我對我這位先生，乃有了進一步的認識。前年共軍侵入長沙，他不曾走動。他沒有任何產業，依然苦苦守著他那一所孤兒院，大概中共對他也無可奈何；可是到了去年，他畢竟死了，年齡大致是六十六、七吧。一個人的生平，最怕不能自成一格，我細考我這位先生的言行，有不少的地方和日本的賀川豐彥有些相似，總算是近代湖南的一位特殊人物了。

（三）

在宣統二、三年之交，（即我在高小三、四年級的時候）正是中國立憲革命兩派鬥爭得最劇烈的一個時期，這種情形，也居然反映到了我們的學校，下面的幾個故事，是我記得很清楚的。

我的同學中間有一個名易克樸的，平日不算太用功，可是非常聰明，而且辯才無礙。當我們平日在自修室作功課的時候，他總歡喜一個人在那裡亂唱，後來有幾句，我就聽也聽熟了：「拿鼓板，在長街，高聲大唱，叫一聲，眾同胞，細聽端詳，我中華，原是個，有名大國，……」一直等到我看見了陳天華的《孟回頭》才發覺他唱的原來就是這個。

爭鐵路國有的風潮起來以後，我們湖南也推得有代表到北京去力爭，當時有一位名叫粟戡時的先生（字默生），乃斷下一個指頭，用血寫了下面的幾句話：「湘路無庸借款，乞中堂主持，戡時謹上。」我們的代表到了北京，便把這一紙血書，張貼在湖南會館的門口，確給了當時爭路者的一種鼓勵。但中堂指的是什麼人，我便現在也還不大明白。

不記得是在這件事的以前或稍後，有一天，教歷史的曹秩庸先生，在講棠上告訴我們一件事：「今天我在修業學校上課，看見修業的教員徐特立，砍下一個指頭，寫了『請開國會，斷指送行』八個大字，交給我們的請願代表易宗夔和羅傑了。」當時聽了，我們也非常感動。不久，我還知道羅傑（字峙雲）有一首詩送給徐特立，內中有兩句：「指痕送別壯南八，才氣逼人求李雙」，後來在重慶我和行嚴講起這個故事，他還連連稱讚：「好詩，好詩！」這位徐特立，便是今天中共的五老之一，（其餘四老據說是林祖涵、吳玉章、董必武、謝覺哉）他壯年的時候，在長沙當過多年的教員，後來又到法國留過一時期的學，他也是我在長沙師範時候的校長，三十四年我到延安，他還和我談過好一會。其人「才氣」是確實有一點的，但是讀書太少，只懂得一味好奇喜新，實際中無所主，當初以為中國一開國會便有辦法，現在大概以為中國實行共產，便可成為五強之一，中共的老頭子，已經是如此簡單，青年人自然更不用說了。

梁任公主幹的《國風報》，大概是宣統二年出版的吧。記得有一次，已是晚上十點以後，早已超過了自修的時間，我和一個名叫易萬之的同學，正讀著滄江和明水一篇辯論中國究竟會亡不會亡的文字。這篇文字是兩個人共同署名的，明水站在覺得中國非亡不可的一面，滄江則站在力辯決不會亡的一面。兩人一往一復，大概提出了十幾個不同的觀點，往往明水提出的理由愈強，滄江也辯之愈力。當時我們只知道滄江就是梁任公，但我們還不知道明水就是後來討袁一役死在廣州海珠會議的湯覺頓。梁任公在這一篇文章裡，真是把他那一枝常帶感情的健筆，發揮到淋漓盡致，我們兩個青年的熱淚，也就隨著他的筆一直在流。等到我們快要看完，十一點已經過了，齋務姚先生的一付老光眼鏡和兩撇鬍子，忽然在我們的窗前出現：「怎麼還不睡，又在看小說嗎？」我們沒有回答，祇把《國風報》的封面給他瞧了一瞧，他看著我們倆那一幅興奮而沉默的神情，也就沒有加以責備，只低低的說了一句：「已經不早，睡去吧！」便輕移著他的步子在黑暗中消逝了。

我前面說的那位羅峙雲先生（傑），也是當時我們長沙青年崇拜的偶像之一。到了宣統三年，他已經是資政院的議員。有一天，報紙上忽然載著他在北京把辮子剪了，並且還做了一首告別辮子的詩。這件事，我們三個年紀最小的同學，——柳大純、曹應生、舒之璋反映最快，見報後不到兩天，他們也就同時剪了。其時革命的風聲很緊，街上偶然發現剪了辮子的人，頗為大家所注目；加上校長黃先生，又是很守舊的；於是要把這三個同學開除的消息，乃傳遍全校。我們為援救他們，乃在就寢以前，把寢室的總門鎖了，第一次召集了一個全班會議。其實開會的形式和辦法都很簡單，不到十分鐘，四十幾條辮子便已全體剪下，無一例外。這樣一來，卻把學校當局慌了。第二天午後，長沙勸學所所長左益齋（學謙）便被請到了學校，在教室召集了全班同學講話。益齋穿了一件章絨馬掛，態度很從容，口齒也清楚。他對我們說：「辮子不是可剪不可剪的問題，只是遲剪早剪的問題。羅崎雲先生我很佩服，我自己這條辮子也覺得很討厭；聽說你們這班的成績不壞，學校也沒有意思要處罰你們。下學期你們就要畢業，更要加倍用功，不要看見報紙上有什麼消息，就隨便亂動。」聽他這樣一說，我們才知道這場風波已經是輕輕過去。可是長沙起義以後，黃校長依然把他的辮子盤在頭頂，我們非常憤慨，第三次又用群眾方式，終於逼著他剪了，這才是我們真正的勝利。

我們當時對於革命運動進行的實況，可以說完全不知道，但等到辛亥三月二十九黃花崗一幕出現以後，卻給了我們一個絕大的刺激。我們全班同學，原來合資定得有三份上海報紙，《民立報》、《時報》、《神州日報》。其時雖還沒有航空郵寄，就是武昌到長沙的一段火車也還沒有通，可是上海報紙到達長沙，也不過五天光景。上面的三種報紙，對黃花崗一役的經過都紀載得很詳細。我們讀了那班烈士們激昂慷慨的供辭，看了方聲洞、林覺民、陳更新等的遺像，實在是悲憤萬狀。有一天的《民立報》，畫了一件清廷賞給李準的黃馬掛，上面有團花，每一顆團花便是一顆人頭，尤其給我以很深的印象。當時有一件事我很不明白：清廷之防範革命，不可以說不嚴，但何以這些公然鼓吹革命的書報，既未遭受檢查，也從來沒有聽說不許郵寄，而可以一一聽其到達像我們這樣一個小學生的手裡呢？我想，這決不是由於清廷懂得什麼尊重言論自由，或者只是由於它的懶惰和愚昧。現在的人畢竟是進步多了，他們懂得言論是有力量的，凡一切對他們不利的言論，他們懂得嚴格的去加以取締，甚至加以全面的控制，一如今天中共在中國大陸之所為。可是假定只懂得「人言可畏」，而不懂得以開明的行動去轉移輿論，其懶惰與愚昧，究竟低於當日清廷的有冬少，總也還是一個大大的疑問吧？

辛亥九月初一，長沙以響應武昌革命宣告獨立了。其時我們正開始準備畢業考試，在這樣一種紛紛擾擾的時局中，我記得我們畢業的考試和典禮，都是相當草率的。有一位平均分數比我多一點的同學楊幹邦考了第一，他後來繼續在長郡中學，高等工業畢了業，便一直在地方服務，是一位有相當地位的工程師，經常在礦山工作，我對他保持著很好的友誼，在抗戰中我還見著他。

我在高小畢業後，還住過半年的長沙縣立師範，一年的外國語專門學校，然後才到上海去讀書。以我家庭當時的經濟情況，在我童年和青年時期能夠受著這樣一點教育，實在是太不容易。我記得在宣統二年快要開學的時候，我的母親在一個春寒惻惻的天氣，脫下她的皮服去為她的愛子換取學費的往事，四十年來，也不知流過我的多少眼淚。現在對於一個我曾經加入過將近三十年，而且為它賣過無窮氣力的青年黨，決定擺脫我的責任，因為我完全明白它決不會再有光明的前途。今後我將對「充實自己」多下工夫，凡我認為不能做或不應該做的事，我決不會去參加；凡我認為可以做或應該做的，我還有的是我的氣力。

B　散憶零簡

我的少年時期

一

「湘江一點不容俗，岳麓四時皆是秋。」

這是晚宋詩人戴石屏（復古，字式之，浙江黃巖）兩句有名的句子。假如我不出生在湖南，又在長沙度過了我最早二十年花一般的時代，我對這兩句詩，便不會有這樣的親切之感。

原來，湘江經過我們長沙的一段，水面已經很寬，而且中間長出一個頗長的洲，俗名水陸洲，以產橘有名，因又名橘洲。長沙另有一個名稱叫「橘州」，大致即由此而得。

清末民初，湖南有一個著名的詩僧寄禪，他是以「洞庭波送一僧來」這樣一句詩，被湘綺先生賞識而收他為詩弟子的。大致我在十五、六歲的時候，高小還不曾畢業，便在長沙定王台圖書館，讀過寄禪的詩集，木刻，甚精，卷首有湘綺一篇序。集中寄禪有遊杭州的一首七絕：「直把杭州作橘州，閒身到處即勾留，此生不作還鄉夢，飽看湖山到白頭。」

其實某省另有一名寄禪的和尚，也相當有名，他覺得與湖南的寄禪重了名，不好，因寫信給後者，說明他準備改名之意，但後者認為不必，乃寫了一首小詩為對方解釋，有句云：「西方自古三迦葉，東土何妨兩寄禪。」

凡此，都可看出我們這位和尚的雅人深致。

寄禪把長沙與杭川相提並論，也許太過，但長沙的山水不像我後來在江浙所見的那樣溫軟，那樣蘊藉而另成一格，卻是不容否認的事實。

因為有一個水陸洲把長沙附近這段湘江中分為二，我們由省城去遊嶽麓，便須經過兩次擺渡的手續：先渡過接近城這邊的大河，再渡過洲那邊的小河，然後才能直達山地，而小河景色尤美。

記得，有一次，一位在我家作客的小姑娘——我三姐丈的姪女，忽然從專足得著她母親急病的消息，非立即回到對河王家港去看媽媽不可。我家燒飯的老馮很忙，而且老氣橫秋的愛說囉嗦話，小姑娘也似乎沒有希望老馮送她的意思。這一天是星期，我正閑著沒事，這一趟送客的差事，乃自然落到我的頭上。小姑娘比我稍大一點，大致十三、四；我讀小學三年級，只十二、三。時候已經是午後三點，母親看見我們兩個小孩這樣暗還要過河，我其勢不能回來，她沒有阻止我去，但頗躊躇。我對她說明：「今晚我就在三姐夫家裡住，明天起個絕早，趕回來上課還來得及」。聽我這樣一說，她才欣然同意，把我們倆放行。

出南門，步行到河邊，風颳得不大不小，同時還疏疏落落飄來幾顆雨點。我們只有一把傘，小姑娘衣服樸素，但著了雙新鞋，有一條烏黑柔軟的辮子。我們鼓足勇氣跳上划子，穿過幾排小船，划子稍稍有點顛簸。雨沒有加大，我們的傘也沒有撐開，對面坐著，看見她額前的短髮，已被風吹亂了。

小河的划子比大河的更窄，風不大，浪小船平，雨點慢慢的密了。我們改變坐位，各以一手，緊握著傘柄；怕船一偏，落下水去，乃各出一臂，相互的維護著，兩個頭縮在傘下。可是，雨還是從後面吹來，雨水從頸後流到了我們的背上。

從下船到王家港，有十來里水程，河身曲折，到達目的地，要轉不少的灣，愈轉而河床愈窄。其時已是午後的五、六點，雨霽雲開，斜陽掛在雨過的樹杪；從兩岸農家的茅屋，捲出了一抹一抹的炊烟。隨著船身的移動，前面展開著不同的山色，有如各種設色和結構不同的畫圖，幻燈似的不停的變換。船行本來很慢，但我們仍微嫌太快。其時正是七月底或八月初，雨後晚晴，已感到絲絲的涼意。這是我生平第一次領略到多變的山光水色之美，第二次大概要數三十年後和幼椿在斜風細雨中坐木船同遊富春江的一回了。

我在十四、五歲以後，每到春秋佳日，一個人，或隨著三、五同學，上嶽麓山上玩上半天是有過多回的。山不太高，大致有一點半鐘便可跑上山頂。山上不少三、五百年的老樹，樹幹都是筆挺的。遍山被蒙茸參差的草所掩蓋，很少露出石頭。秋天坐在半山「愛晚亭」看紅葉，秋陽為高樹的枝椏葉片所遮蔽，濃蔭而涼爽，時時透出一股股的花香草香，環境格外恬靜。據說「愛晚亭」最初原叫「楓葉亭」，袁枚來遊，以楓葉兩字直說不好，他建議：杜牧有兩句現成的詩，「停車坐愛楓林晚，霜葉紅於二月花」，為什麼不改作「愛晚亭」呢？湖南人接受了他這份美意，乃改如今名，這個故事可靠不可靠，不必管，但改總是改得好的。

山上的「嶽麓書院」，為中國有名的四大書院之一，曾有不少的著名學者，來這裡講過學，做過院長。我知道最後一次的院長，便是我們長沙的大師王益吾（先謙）先生。書院大門有一幅對聯：「惟楚有材，於斯為盛」。進門大廳的兩壁，有石刻朱子寫的四個大字：「忠、孝、廉、節」，字體剛健有力，刻工也古意盎然，氣象非常肅穆。我遊廬山，不曾到過「白鹿書院」的故址，不知氣象又是怎樣？「嶽麓書院」清末改為高等學堂，符定一任過監督，他編有一部十大本的《聯綿字典》，出版時，他把這部字典的原稿疊得高高的，自己站在這堆稿子旁邊，拍了一張照片，表示「著作等身」之意，自命學人而惡俗至此，宜乎袁世凱民四準備做皇帝，他乃搶先的簽名勸進了。

民國以前，陳天華、姚宏烈兩烈士，便葬在嶽麓山。發動上千的學生、工友為陳、姚營葬的禹之謨，後為岑蓂所殺，也卜葬於此。辛亥湖南首義的焦達峰、陳作新兩都督，為亂兵所戕，都葬在這裡。民國五年十月三十一日，黃克強先生興，嘔血卒於上海，年四十三；同年十一月七日，蔡松坡先生鍔，積勞病歿於日本福岡大學醫院，年三十五；也同以此名山為他們的國葬墳地。「青山有幸埋忠骨」，嶽麓山殆與黃花崗同為中華民國的革命聖地了。

二

我出生於一八九三年十月十三日，即光緒十九年癸巳九月初四。第二年乃爆發了有名的中日甲午戰爭，中國近七十多年來的一切動亂，便從這一幕開始。

我生之初，尚無為，我生之後，逢此百罹，尚寐無吪。
我生之初，尚無造，我生之後，逢此百憂，尚寐無覺。
我生之初，尚無庸，我生之後，逢此百凶，尚寐無聰。

我們古代的詩人，生逢亂世，還能抱著一個長眠不醒的願望，好像至少還沒有人給他干擾的樣子。

尚有殘紅已可悲，更憂回首秪空枝；
莫嗟身世渾無事，睡過春風作惡時！

作此詩的王安石，自然也想勉強的睡睡，但他對當時的政情看得很明白，知道前途的危險很多，可能還要遭遇外敵入侵的打擊，因而奮起改革，一旦失意，不免牢愁抑鬱，即睡也未見睡得安穩。

白頭蕭散滿霜風，小閣藤床寄病容，
報道先生春睡美，道人輕打五更鐘。

東坡一生，以文字賈禍，既遭貶竄，還能睡得很美，也就罷了，何必更要作詩？結果被反對者所忌，乃把他貶得更遠一些，這豈不是自討沒趣？

我們生的時代不同，所受教育不同，世亂荒荒，五十年也不曾得到一個喘息的機會，仍得掙扎著活下去，不要說「白日之夢」足以使我們精神紛擾，即睡中也不免惡夢重重。幸而少年時代，還胡亂涉獵過幾本道家書，所謂「喜怒哀樂不入於胸次」、「雖不能至，然心嚮往之」，因此，我居然活到了七十三歲。

當我出生伊始，中國的大家族制已在開始動搖，等到我稍稍有一點知識，便懶得去留意我的家世。我只知道我生長在一個歷代做八股文的家庭，十歲以前，父親攜帶我參與過家祠的祭祀，在家祠的門前，所懸舉人、進士的匾額，可真不少。我是我祖父莘農先生一個最小的孫子，我祖父便是長沙一個有名氣的舉人。他在外縣任過幾任教諭，在長沙教過多年的書。當時在省城有兩位以教經書、教八股著名的老師：「長沙左莘農，善化楊墨農」，我在童年時，還聽到這兩句流行的口語。我祖父對學問的造詣究竟如何，因為我不曾見過他片紙隻字的遺著，可以說全不知曉。他大致活了七十四、五歲，其逝世的時期，在我出生前的一兩年。三年前，我在紐約何粹濂先生的客廳，見到何紹基寫給我祖父的一幅單條，所錄是東坡的一首詞。上款稱我祖父為「前輩」，下款自稱「侍晚」，這大致只是一種客氣，論年輩，他們是相差不遠的。

遠在我呱呱落地以前，祖母早已去世。民國十五年，我決定到法國一遊，可能短年內不得回來，因從上海把我妻送回長沙她的娘家安頓；知道祖母葬在隔我岳家住東鄉沙坪只有十五、六里，去上了一次墳；蔓草荒烟，一塊刻著「左母郭孺人之墓」的石碑，還屹立完好。從我祖母的女兒大姑母的神態，參照我祖母本人的畫像，我在她的墓前留連了好一會，還能想像她的慈祥，可惜我不及得著她的愛撫。

我祖父母共有三個兒子，三個女兒，大伯父松年先生，由舉人大挑一等，在湖北以知縣候補，做過兩任實缺，他留在湖北的時間，大致有七、八年。二伯父子春先生，中年即開始墮落，染上嗜好，晚年窮愁潦倒以死。他有一個兒子，我見過，後來也不知所終。

三

關於我的父親子立先生，我不能不有較詳的敘述：自從他們三兄弟分居以後，我家中除幾箱舊書以外，別無長物。有一段時期，我父親在家中設館課徒。他也是一位不掛牌的中醫，平均每天有三、五人來看病，多數不收診金，但每逢端午，中秋，或陰曆過年的前夕，所受的粽子、月餅、鹹蛋、魚肉及其他點心等等，卻為數不少。家事由我母親主持，乃至兒女婚嫁，我父親也不大理會。

因為我父親自己講究吃，因而他也成了一位烹調的好手。我家裡儘管一無恒產，有時候而且非常拮据，但每年總要藉著種種題目，例如我父母五十以後的生日，聚會親戚、本家、朋友、鄰居大吃大喝一頓。少則三、五桌，多則十桌八桌。每桌八碟八碗，有時加上一大盆麵，冬天則加一火鍋。在每次請客前的三、四天，即開始籌備：開菜單、購材料、租用食具桌椅，都分別開出單子，忙個不了，但無不井井有條。到了請客的前一天，便在我父親的指揮之下，除我母親和兩個哥哥不多參與以外，我的三個姐姐兩個妹妹和我，加上燒飯的老馮，一個乳過我妹妹的張奶媽，便全體動員。我在七、八歲的時候，已能共同操作，至少剝筍子，削荸薺，揀韮黃，擠蝦仁，都能勝任愉快。後來學校的先生們，為我們講《論語》，講到「吾少也賤，故多能鄙事」一章，以及〈鄉黨〉篇記孔子吃東西那樣考究，回憶我童年的生活，乃感到非常的親切有味。客來的這一天，確實表現一種熱鬧的氣氛，我母親和我大伯一個寡居在我家裡的女兒三姐，算是招待的正副主任。客人入座後，知道滿桌的菜，都出自我父親之手，當他們吃得津津有味之餘，不免對他讚賞一番，他好像顧而樂之，以此作為他幾天來忙忙碌碌的一種酬報。我二十歲以後所到過國內的地方，不算太少，覺得每一地方的菜，都各有特長，但在漢口，在上海，在南京，乃至近來在臺灣所吃到湖南菜，因適應環境，總多少有些變化，遠不及我父親所弄的那樣純粹，有真味，只有成都的小吃，差可與長沙相提並論。但冬天的寒菌麵，外面黑而脆、裡面白而軟的油炸臭豆腐，松泉茶室的鮮肉火燒餅，飶香齋的雞湯煮餛飩加紫菜，玉樓東的腦髓捲，再加上徐長興的烤鴨，李合盛三、四十種不同做法的牛肉，卻還是例外。其時長沙的風氣，凡坐轎子來的女客，照習慣要開發回程的轎錢，五十文，八十文，或一百至兩百文，按照路程的遠近，數目都有一定，絕少聽見轎伕們爭多論少。我想，請一次客，這筆開支也是頗可觀的。

我父親對於男女生活，相當浪漫，但我母親總是開一隻眼，閉一隻眼；即偶有小小暗鬥，卻從未擴大到不可收拾。

我父親天然有一種歡喜做事的習慣，凡親友有婚喪大事，他必以全力幫忙；每年家祠或文昌閣舉行祀典，他總以主辦的姿態出現。凡這類事，在我進小學以前，他往往帶我同去見習。記得有一次，他在祀文昌的時候陳列籩豆，他指示我：木的名「豆」，細蔑織成的名「籩」，祭品有流汁的入「豆」，乾的果品之類則入名「籩」。殺牛，須先設香案，將牛牽到案前，由主祭及贊禮生舉行一個簡單的祭牛禮，主祭者向牛一揖，由牽牛者灌牛以白酒一大杯，牛則淚光瑩然，若有靈感，好像知道他的死期就在眼前了。次日，全部祀典結束，與祭者舉行宴會，各分得牛、羊、豬肉各若干，謂之「胙肉」。凡此，對我一個八、九歲的小孩，所留下的印象都很深刻。

長沙雖不是一個交通要道，但外縣或外省的商人來往於長沙的卻很多；尤其學台或主考在省城考秀才和舉人的時候，更顯得一片繁榮，客棧也有人滿之患（其時長沙還沒有旅館的名稱）。我父親每年總有三兩次住在客棧，每次三、五天或十天八天不等。他住客棧是為了和朋友談天的方便，或者厭倦於家庭生活，要到這種地方去換換空氣或口味？我不明白。但他偶然帶我到客棧住上一兩晚的事確曾有過，我覺得變換生活方式，倒也是蠻有趣的。有一次，我父親和同桌吃飯的朋友，談到臬台衙門一位姓李的師爺，前幾天在瀏陽門外殺頭（當時長沙的刑場，在瀏陽門外，隔城門幾十步），據說是為了「富有票」一案。抬去殺的時候，坐一乘兩人的肩輿，但撤去了轎頂。他們有人看見，這位李師爺年約五十左右，好像在轎內已入昏迷狀態。他們交換這段新聞的時候，語焉不詳，其時我只八歲，更莫名所以。後來我翻閱光緒二十六年唐才常與「自立軍」一幕的史料，才知道這位李師爺名蓮航，慈利縣廩貢生，候選訓導，曾在臬台衙門裏辦刑名，即在湖北與唐才常、林圭同時被張之洞所殺李虎生（一作虎村）的爸爸。虎生家寓漢口，即「自立軍」的總機關。他的父親留在長沙，在他家裡搜出虎生與乃父的密信多件，知道蓮航也與「自立軍」有關，因被捕殺。馮自由所著《革命逸史》指李虎生為會黨，不知其人即長沙時務學堂的高材生李炳寰；指李蓮航為教員，更不知即李炳寰之父。我從我父親和他的朋友聽到這個不完全的故事，還聽我三姐講過與「自立軍」一案有關的舒閏祥（菩生，當時長沙的一位詩人，咸同名將劉培元的女婿，我同祖兄子尹三嫂的姑丈）吞金自殺的經過。這些都是我近三十年研究中國近代史一個最早的影子。

我父親也到外縣做過事，但每次不到半年或一年他便跑回來，只有一次在岳州稍稍留得久一點，但也不到兩年。我從來沒有看見我父親以一筆錢交給我母親養家，一個十五、六口的家庭（包括一個燒飯的男工，一個張奶媽，有時還多請了一個女工）究竟如何活，好像只是我母親的專責。他絕對不聞不問。可是對於子女，他畢竟不失為一個慈父，尤其像我這個小兒子，如果沒有我母親和三姐的領導，也許在我童年時期便被他寵壞了。

四

我母親姓吳，湖北蒲圻人。我外祖父在湖南服官多年，由知縣做到知府，大概和我的祖父是朋友，才結成這門親戚。我不僅不及見我的祖父，也不及見我的外祖父。我三、四歲時見過外婆，但也印象不深。我外家事，我母親從沒有向我作過具體說明，故不能詳述。惟有兩個舅父，都是我母親的弟弟，對我的關係頗密，一直到我二十以後，始先後去世。大舅名學詩，字麓生，讀書頗多，居恒鬱鬱，未得一展其懷抱。二舅名學禮，字煥卿，能詩文，工書畫，且精賞鑑，曾在長沙的商務印書館任事多年。我的二舅母是我童年時代所見的美人之一。我四、五歲時，我母親帶我到她住的鄉下小住，她隨時把我摟在懷裡，問這樣，問那樣，還要把我帶去溫習一盒方塊字認給她看。認錯的不多，一定要誇獎一番，給我洗臉，洗手，拿出剪子給我的小手剪指甲，然後給我點心吃。因為她待我這樣好，我對二舅和表姐，也更感親切。不幸我這位舅母三十以後便已去世，二舅續弦的舅母姓張，係曾任湖南勸業道張鴻年的妹妹，小姐氣稍重，其時我已住在學校，僅星期日回家一次，和她見面的機會便不多了。不過，因二舅很喜歡我，她待我也不錯。光緒三十年前，張之洞在湖北發行一種彩票，也推銷到了湖南，張鴻年中了頭獎四萬元，才由知府過班為候補道，大家因此都叫他「彩票大人」。這也是清末湖南人在茶餘酒後所常談的一個故事。

以我母親在我們那樣一個破落讀書人家所處的地位，真好比古代的所謂「社稷之臣」。假如沒有她，這個王朝便必然歸於落寞，及至不能存在。我在我母親身邊，在湖南和江蘇前後凡三十年，我知道她抱有一個牢不可破的宗旨，便是：「不問如何困難，我的兒子一定要讀書」。我從來沒有見過我母親一次疾言遽色，也從沒有一次聽到我母親向人高聲說話，更不要說與人爭吵。此外，我母親一輩子不曾進過廚房，也不曾親自洗過一小方手帕，這不是說明她有什麼小姐架子，更不是說明她懶，剛剛相反，在她六十歲以前，除非作客與生病，我便不曾看見我母親有過一天的休息。

張季直為吳縣沈壽寫過一部《繡譜》，看《張季子九錄》的人多不甚留意；我仔細看過兩遍，乃極感興趣，認此書在張氏著述中為必傳之作。其原因即由於我母親是一位湘繡專家，我對刺繡也稍稍懂得一點。可惜在六、七十年前，我母親還不曾見過西洋的油畫與鉛筆畫，攝影術也只在中國初步流行，因而當時的湘繡仍以舊法為限。蘇繡與湘繡顯有不同，懂得鑑別的人，一見便可明白。可是所用的工具與材料如綳子、針、剪、絨線之類；所用的基本方法如運針、劈線之類；則蘇繡與湘繡大抵一致。但據沈壽所述，蘇繡在完成一段繡件以後，要使得線不起毛而又匀整密緻，須將殘線搓成的小團漬以口津，普遍輕塗於繡面，然後轉軸壓之使平，乃能發出光彩。湘繡對這一段過程也非常注意，但所用不是口津，乃取於皀莢子內的一層薄膜，以水泡發，裹於寸許的洋布或麻布，以針引線透過所裹之皀膜，則繡成之件自然發光，而手續也較為簡便。我父親在同祖兄弟中排行十八，因而親友呼我母親為「左八太太」，左八太太的刺繡，在親友中有名；凡他們的女孩子有願學繡的，大率送到我家來向我母親學習。久之，因輾轉介紹，來學的乃不以親友為限。我家中除大嫂以外，我的姐姐和二嫂都能繡，加上我母親所收的學徒，尋常總有十五、六人至二十以上同時工作，我的家庭乃儼然成了一個手工業的小工廠。

凡學徒初入學，須交學費膳宿費及雜費若干，數字視其家庭經濟情況而定，非一成不變；進步快的，第二年即可全免，但也很少學到三年以上的。

我的兩個三姐（大伯父的女兒我們叫「大三姐」，我同胞的三姐叫「細三姐」）擅長繡花卉和名家所寫的對聯或屏條，以文徵明、董其昌、鄭板橋、何紹基的字最常見。二嫂則花、鳥、走獸無不能繡，而我五妹更是後起之秀。凡人像的衣服部份，大家都能繡，人像的面部和飛禽走獸中貓和兔子的眼睛，以及雞腳和其他鳥類的腳，則須由我母親動手，以人面和貓兔的眼睛重在傳神，繡翎毛的腳須用短針、紮針，始能表現有力，固非我母親莫辦也。

因湘繡特別發達，長沙城內的絨線店也特多，但適於高等刺繡和配色齊全的，在當時也不過三五家。我們要用線的時候，便通知一家絨線店配齊各種顏色大包送來選擇，一花一葉所表現的顏色，深深淺淺可多到十幾種。刺繡所用的小剪，宜鋼火好而鋒利，總以一剪使線立斷者為佳，以蘇杭、北京所產的為最有名，長沙產的也適用。羊毛針則大抵為舶來品。繡件所用的綢、緞、紗、絹之類，均來自江浙，當地不產。以用線多，我童年所見長沙的養蠶人家也不少。但桑樹稍高，葉不肥嫩，《詩經》：「桑之未落，其葉沃若」，東坡舉「沃若」兩字，證詩人體物之精，湖南所產的桑葉，「沃若」是談不到的，不知近年已改良否？前年香港曾舉行刺繡展覽，蘇、湘、浙、粵出品頗多，似以湘繡進步為快，其受油畫與攝影術精進的影響，顯然可見。一幅繡品的定價，有高到港幣一萬四、五千元的，萬元以下遞減到四、五百元的，更不可勝數，購者仍甚踴躍。中國刺繡已足列入世界美術品之林，殆無疑義。

我家所出的繡件，有以成品直接出售者，而以代繡館包繡但取工值者為多。光緒二十年至三十年之交，長沙的生活費甚低：擔米不過三、四千錢，肉一斤只一百錢左右，銅錢四文，可購包子兩個或油條兩根，可供早餐一頓。總之，我一家近二十口，生活得以維持，費用的十之六七，大抵仰賴我母親以雙手領導家人工作所得。父親的收入，則僅足供他個人之用。

我母親誠然很忙，但她卻能以從容出之，針線一停，她便靜坐下來看小說。我在三歲左右，已開始認方塊字，裁紙寫字，都由我母親一手處理。我認過的字，分別放在大小兩個紙盒，熟字日積日多，歸入大盒；生字尚待反覆溫習的，則歸入小盒。大致第一年所認的，總在一千字左右，都是一個兩個字有實物或景象可指的名詞，我對記憶沒有困難，因而進度頗快。有時我母親有繡件要做趕工，她便把這份教我認字的工作派我大三姐代課。大三姐是我葉家二姑母媳婦，親上加親，十八、九歲便已過門。結婚四、五年，無出，而我們這位表哥早抽上鴉片，以致蕩產傾家，一直墮落到不可救藥而沉淪以死，於是她才回到我們這邊長住。她的年齡比我大哥大一兩歲，不僅我父母待她與親生的兒女毫無區別，而且是我們兄弟姊妹一個最所敬愛的姐姐，同時也是我母親一個最有力的幫手。原來我母親能識字看書還是由於自學，我這位姐姐當我大伯父在湖北服官的時候，便和我的堂兄子尹三哥，一同過了五、六年的正式書房生活，全部《左傳》她大體能背，一部《紅樓夢》更讀得爛熟，對「紅學」的研究且遠出我母親和我二哥之上（我大哥是不大看這類書的），此外她還看了不少的書。因為她有這樣深厚的修養，她教我認字的方法，乃和我母親的截然不同。第一步，她教我把已經認得的字分別歸類：一、書房用品有關的字如「紙」、「筆」、「墨」、「硯」等歸入一類，還缺少什麼，便另寫補入。二、廚房常見的東西，如「煤」、「米」、「油」、「糖」等字另歸一類，「鹽」字，「醬」字，「醋」字筆劃較多，我的字盒裡還沒有，她也照補。自然景象的字如「風」、「雲」、「雷」、「雨」之類，我自然了解；可是像「海」字，「湖」字，我小腦子裡卻沒有這觀念，她便為我解釋：「一條河或幾條河，流到一處而水面很寬的地方，就是「湖」，好比我六、七歲到湖北去，後來十四、五歲由湖北回湖南，船都要經過洞庭湖，這便是一個最大最有名的湖了。「海」我也沒見過，那是四面八方的水所會合的地方，風浪特別大，像我們河裡這種小木船都不能走，您將來自然會看到的」。經她這樣一解釋，我雖然還不能完全想像，但一個初步的觀念卻已有了。三、屬於房屋、廟宇、衙門這一類的字，我已積有不少，但「磚」字，「簷」字，「殿」字以及桅竿的「桅」，轅門的「轅」等等，都是三姐最早替我加上的。母親偶然檢查我的生字，知道我的進步比單獨由她教的時候更快，她便索性把這件事的全權交給了三姐，於是我做了我三姐唯一的學生，同時也就是她唯一的寵弟。

在我四歲五歲的時候，認字日課仍在加速進行，方法也在不斷變化：一、三姐教過我正反兩面字對舉。如「黑白」、「長短」、「老少」、「快慢」、「美醜」、「強弱」、「緩急」、「輕重」之類。二、她說：在一個單字上面或下面加一個字或兩個字，意義便不同。如「風」字上面可以加東、南、西、北、春、秋等字，也可以加「東南」、「西北」等字；如大字，微字，狂字，飄字，吹字可以加在風字上面，也可以加在下面；但停字，息字，轉字便只能加在下面，不好搬到上面。三、她又說：兩個單字中間加一字，可以表示一個完全的意思。好比狗、雞兩字，貓、鼠兩字，都不表示完全意思，但在狗雞兩字中間加個「咬」字，變成「狗咬雞」，貓鼠兩字中間加個「捕」字，變成「貓捕鼠」，意義便完全出來了。四、她還教我：說話要使人一聽就懂，不可把字用錯。筆要說「一支筆」，書只能說「一本書」，「一張硯台」，「一個紙」，別人就完全不懂了。像這類的例子，在兩三個月之間，她舉過多多少少，不僅使我認得的字逐漸加多，字的意義和運用也漸漸明白。她在這個時候，並不曉得什麼名詞、代名詞、形容詞、動詞這類名稱，自然暗合，真使我得益不少，而且覺得很有趣。

她又不單舉例，也隨時給我考試。一次，她要我舉相反的字：她說大，我說小，她說先，我說後；她說軟，我說硬；她說苦，我說甜；……都答得很快，她很滿意。另一次，她問我：筆，我說「一支筆」，書，我說「一本書」，這個桌子，椅子，我們怎麼說呢？我說：「一張桌子」，「一張椅子」，「一把椅子」。她再問：我們可不可以說：「一把桌子」呢？我說：不可以。她說：對。又指著旁邊的書櫃書箱對我說：譬如這個書櫃，我可以說「一張書櫃」；這個書箱，我們就不能說「一張書箱」，只能說「一口書箱」。我說：為什麼呢？她說這是大家說話的習慣，別人這樣說，您不這樣說，別人就要笑您。這個時候，我大概快到六歲了。我不但會認字，許多字我也懂得是什麼意思，而且我會寫的字已經不少。有一天，她在一張紙上分開寫兩個天，兩個土字，兩個雨字，要我在每個字上面或下面各加一個字，而且對我說，要寫您自己想出來的，我講過的不要寫。她走開了好一會，回頭看見我加在天字上面寫了晴、雨、冷……幾個字，下面寫了光、亮、明、陰……幾個字；土字上我想了好久，一個字也沒有想出來，只在下面寫了地、牛、肥、偶幾個字；雨字上還只寫了下、落、風三個字，雨字下只想出大、小、點、花幾個字。她望著我笑了一笑，拿起筆在晴、雨、冷三字上各打一個圈；光、亮、陰，三字也各打一圈；明字上卻打了兩個圈；地字沒有圈，大、小兩字也沒有圈，牛字上打了三個圈，偶字最多，一串五個圈，點字兩個圈，花字四個圈。她問我：牛怎麼可以說「土牛」呢？我說：六妹有一條牛，牛背上爬著一個小孩吹笛子，泥巴做的，不是「土牛」嗎？她又問：「雨花」兩個字很好，您那裡學來的？我說：媽有一本書叫

《天雨花》嘛！她還對我講過左維明哩！她又說：偶字太好，您怎樣想來的？我說：張奶媽帶我看過木頭人戲，您不是說這叫「木偶戲」，還把這三個字寫給我認過嗎？六妹有個洋娃娃，也是泥做的，我想，這也可以叫「土偶」吧？我說到這裡，她高興極了，叫我站起，把我坐的椅子向她身邊一拖，「靠我坐下」，拿起筆在紙上寫了兩行字：「牧童歸去橫牛背，短笛無腔信口吹」，在我臉上捏一下，咬著我的耳朵低低的對我說：「明天我就教您讀詩」！她拿了這張紙把我母親看，加以說明，母親把我扯到懷裡揉了一會，在她放點心的磁缸子裡拿出一塊炒米糕給我吃。這是我最快樂的一天，現在想來，已經是六十六年前的事了啊！

第二天，她並沒有教我讀詩，只在紙上寫了十六個字，斷了句，叫我唸：「霜露既降，木葉盡脫，人影在地，仰見明月。」

我把「降」字唸錯了，她說這個字不讀成投降的降，應該唸作降落的降。又問我懂不懂？我說：懂。要我解釋，大致解得不錯，然後她再對我說「明天一定教您讀詩」。從此以後，她每天講一首，如「床前明月光」，「春眠不覺曉」，「美人捲珠簾」，「綠螘新醅酒」，「打起黃鶯兒」這類的詩，在我父親和兩個哥哥教我讀《四書》、《詩經》以前，我已經熟讀四、五十首詩了。

在我剛進入七歲時，除我母親和三姐繼續教我認字造句和讀詩以外，我便正式加入了我父親所設的私塾讀書。第一個半年，我只讀了《三字經》和《千字文》，到下半年便讀《四書》了。三姐教我認字必講明字義，教詩也必講明每一首詩的大意，而且必選擇一個不到十歲的小孩所能受得了的。我父親教我讀經卻絕對不講，只要我熟讀和背誦。我讀《四書》的次序是先《大學》，次

《論語》、《孟子》，最後《中庸》。不僅要背白文，同時也背朱註（後來我知道這是考秀才不可少的）。我父親的學生，大的十七、八歲，其餘的十歲左右，我最小。現在想來，幸而我父親還只教我讀，要我背，假如他要認真講解的話，我不能想像「人之初，性本善」，「天地玄黃，宇宙洪荒」，乃至「格物致知，正心，誠意，修身，齊家，治圈，平天下」，他如何講得好，而我這個剛到七歲的孩子，又如何懂得了。

我父親本來把我這個小兒子嬌縱慣了的。他大概知道，如果整天把我關在學堂裡死背死讀，我一定吃不消，因而他每天只要我午前留在他身邊兩三小時，其餘大部分時間，便聽我自由活動。綜計從七歲到十歲，差不多四年的時間，我讀過背過的經書，只有一部《四書》，一部《詩經》，《左傳》五分之四。一到光緒三十年春天，我剛到十一歲的時候，我便進了長沙縣第十八初等小學，開始我的正式學校生活了。

從三、四歲發蒙到十一歲進初小，我在家庭受過認字和讀書的教育在七年以上。這一期我一共有五個教師——我的母親和三姐，我的父親和兩個哥哥（他們常為我父親代課）。給我益處最多的是我的姐姐，其次是我母親，一直到現在，我依然保持了女子最適於作兒童教師的這個信念；不過我現在不主張兒童教育太偏重書本上的知識就是了。

家庭走進學校，耳目一新，我很歡喜。

其時我家住在南門外碧湘街，進城只須一刻鐘，學校在城內，靠近城牆，入城五分鐘即到。從此我每天來回家庭與學校之間四趟（因中午須回家吃飯）歷時四年，從來不曾缺課。校址為真西山先生（德秀）祠堂，未經改建，不大。進門經天井為一大廳，可容學生五十人休息、體操。天井右手為廚房，廳兩側即三位教員的書房兼臥室。廳對面為講堂，祀有西山先生神位。神龕猶在，遮以竹簾。神龕上有一塊「立三不朽」四個大字的橫匾，假如即以此作為我們這五十個小學生的「校訓」，未免期望過奢了吧！講堂地勢稍高，堂與廳之間有兩個小天井，各有花數盆，按季節更換。兩天井中隔以甬道，長可丈餘，寬七、八尺，為進入講堂的通路。堂內設學生坐位五十個，加教員的講台，隙地尚多。講堂正面有隔門十餘扇，上課時隔門大開，空氣光線充足，偶聞花香，頗益人神智。

學校共有功課八門，以讀經，國文，算術為主課。鄧先生麓仙，年約四十，削長，兩顴稍高，目炯炯有神，講《四書》，教國文，算術，兼改作文，學生得益最多。他有一個弟弟在長郡中學讀書，他每次在自己房裡為他弟弟講《左傳》，許我旁聽。羅先生年近六十，已呈衰態，教修身兼講《孝經》，我不大歡迎，連他的名字也忘了。徐先生定夫，年最輕，不到三十，白皙，教圖畫、習字、音樂、體操，能寫一筆娟秀的行書，頗嚴厲，同學都有些怕他。這四年中，始終是這三位先生。我畢業考試第五，成績僅國文、算術較佳，其他平平而已。

我在八、九歲未進學校以前，已聽我母親和姐姐講過小說故事不少，早已歡喜看戲，進學校後，因為功課容易對付，凡星期日和寒暑假，我仍看戲看小說不斷，有時我還模仿著唱幾句。四、五年中，我搜集的劇本、小調、以及各色各樣的小說，乃至《牡丹亭》、《長生殿》、《桃花扇》這類較高深的戲曲，大致不會少於三百種。把我祖父一口塵封已久的楠木書箱打開，將原藏經他手抄的名家八股文，全部取出，代以我的這類雜書。這是我藏書習慣的開始，也是我自動讀書的初步。現在想來，合計在私塾四年，初小四年，所給我的影響並不太大；反而是這一大堆並非高文典冊的東西，卻至今還在我的腦子裡留著清晰的殘影。

光緒三十四年春到宣統三年冬，我在長邑高等小學受了第二個四年的學校教育，也是我所受最基本的教育。

校址在城北「古荷花池」，校舍由「泐潭寺」改建，規模與初小迥然不同。中學一班，高小兩班，共有學生一百五十人左右。小學同學年齡，有靠近二十者，有十一、二歲者，其時我剛滿十四歲，進入十五。中小學全體住宿，從此我十四年的純粹家庭生活，便告一段落。

全校計有課室四大間，中學佔兩間，一間上課，一間供理科實驗。其餘兩班小學，各佔其一。中學與小學隔開，兩方同學，頗少接近。小學自修室面對面四大間，甲乙班各佔一面的兩間，中間隔以一長形天井，有梧桐七、八株。夜間室內燃火油斗笠燈六盞，每四人合用一盞。監學、齋務及經學、國文教員的住房接近自修室，管理相當嚴格；向教員質疑也很方便。

我所進的初小不收費，且供給課本、文具，每年發制服一套。此校則每期收膳宿及制服費二十元，書籍用品自理。

校長余子昭先生（肇升）很少見面。國文教員唐先生（濟渠），是我生平所從得益最多的先生之一。同學背後叫他「唐胖子」，這不是表示對他不敬，只是對他親熱。他寫一筆何紹基的字，改國文，打批字，用松烟墨，好看極了，給我們以無形鼓勵。八個學期，我們選讀了古文三百篇左右，以選自《史記》者佔十分之二，八家以韓柳文居多，柳文中山水記幾全讀。畢業時，我能背誦長長短短的古文六十二篇。背古文並非強迫，全係自動。作文每星期一次，史論題太多，記敘文太少，是一缺點。本班中有七、八人的國文基礎，都是這四年中奠定的。

我從第三學年起，才開始看日報，其時學校有報紙兩份：一份上海的《時報》，一份當地的某報，湖南是參與近代維新、革命兩派政治活動最早的省分之一，到宣統元年，湖南人辦報已有了十年以上的經驗（我假定長沙有日報以光緒二十三年的《湘報》為最早），以湖南地方報與外省比較，絕無遜色。我看報的習慣一經養成，從第三學年的暑假，到省立圖書館看報（地點在東城定王台），乃成了我每天的常課。

我在校內自動看書，也從第三年開始。袁了凡、王鳳洲的《鋼鑑合編》，便是我所看舊歷史書的第一部。梁任公因為有戊戌前在長沙講學的一段因緣，他初期的著作，也以湖南翻印得最完備。凡《清議報》、《新民叢報》，單行本如《飲冰室文集》、《詩話》、《自由書》、《變法通議》、《中國之武士道》等等，我都一一搜集看過。宣統二年出版的《國風報》，卻不是翻印本而是原版，記得某一個晚上，我和同學易克疆（萬之）在自修室看《國風報》，其他同學都已就寢，我們依然欲罷不能；正看到任公（筆名滄江）一篇長文，內容是他和明水（即湯覺頓）辯論一個中國究竟會亡不會亡的問題。明水提出一段中國非亡不可的理由，滄江便發揮他一段「中國不亡論」，一往一復，至十餘次，明水的理由越強，滄江的答辯也愈有力，把我們倆個青年簡直弄得熱淚長流。剛剛在這個時候，齋務姚先生的一副老光眼鏡和兩撇小鬍子，便在我們的窗前出現：「又在看小說？十二點打過了，還不去睡」？

我們的神經相當緊張，沒有答覆，只把雜誌封面上三個大字《國風報》給他看了一看。姚先生是一個不讀書的老好人，知道我們是平日最守規矩的學生，沒有再說什麼，便拖著他遲重的步子在窗外燈光所不及的黑暗中消逝了。

光宣之交，是中國君主立憲與革命兩派運動到達高潮的時候，但在我們這班的同學，還只有三五人知道康有為、梁啟超、譚嗣同的簡單經歷，歷史教員曹秩庸先生，也只把譚嗣同的獄中題壁詩和唐才常輓嗣同一首沈痛的輓聯寫在黑板上給我們解釋過，至於孫文、黃興是怎樣一種人，乃至黃先生所領導的「華興會」曾在長沙發動過一次革命，我們還不曾知道，可是一經進入第四學年，我們這班的空氣便大起變化了。

原來在第三學年快要結束的時候，校長余先生已去職，新校長換了一位姓黃的舉人，他不曾和我們談過話，也不曾和我們正式見過一次面，因此，我便連他的名字也不記得。同時，教經學的鄭先生，也因事離校，代他的是一位曹惠先生。曹先生字孟其，初來時，二十九歲，但已疏落落，蓄有幾根鬍子，瘦峭，中等身材，後來我知道，他是秀才，長沙一位名士，能寫生動簡峭的古文，偶然也作駢文，字也怪模怪樣。他是葉德輝的弟子，同時又常把他作的古文向王先謙請教。可是我默察他的言論和行動，思想卻很新，過去曾在廣益中學任教，廣益便是一個革命空氣濃厚的學校。他在學校佔了一間最大的住房，把他的三、四十口書箱都搬了來，線裝書很多，洋裝書也不少，我暗暗吃驚，已存了一個要和他接近的打算。

第一次上講堂，他便問我們：「你們已讀過《四書》、《孝經》、《詩經》、《書經》、《易經》、《儀禮》，能懂嗎」？有幾個同學答應：「懂」。他低著頭，兩隻銳利的眼鏡上面望出，向我們掃了一下，表示懷疑的樣子。於是他便把經如何難讀和應該怎樣讀的道理，足足為我們講了兩點鐘。在他演講中，曾提到當時的經師皮錫瑞、章炳麟、王闓運，王先謙諸人的名字，同學們張開眼睛望著他，表示似懂非懂的樣子。第三次，他把《易經》帶來了，問我們鄭先生已經講到什麼地方。我告訴他「現在應從〈漸卦〉講起」。於是他把漸卦這一段翻出，將全文唸了一遍，嘴裡連連的說：「你們不懂，你們不懂」。又繼續翻下去好幾十頁，一直翻到〈繫辭上傳〉的第九章，他又唸：「天一，地二，天三，地四，天五，地六，天七，地八，天九，地十。天數五，地數五，五位相得而各有合，天數二十有五，地數三十，凡天地之數五十有五，此所以成變化而行鬼神也……」，他憤慨的說：「胡塗思想，胡塗思想」！便把書對桌上一丟，很鄭重的告訴我們：「看相，算八字，占課，我也研究過，毫無道理，完全是騙人混飯吃的把戲。你們以後不要再讀《易經》，從今天起，每天寫日記，看見報上有重要的事，不論是發生在北京，外省，本地，你們可就每件事摘要記下三兩句。你們聽講書有高興或懷疑的，也可寫下幾句感想，不要怕，儘管直說。你們到街上走路，看見什麼事有動於中，也可寫下你們所要寫的。看過一本課外的書，你們認為有什麼好處，也可記下。再過兩星期，我準備帶你們出去旅行，城外十五里以內的地方，我都打算帶你們看看，還可參觀幾個學校，如明德、修業、楚怡等等，凡你們所看見的都可以記，但要紀實，不許說空話；也可批評，但要大膽說，不許模稜兩可。每天寫三、五十個字或一百兩百字都可以，不要貪多，貪多便不能有恒。不要寫在本子上，就用作文的紙寫，上了一千字，便交給我看，各人分別交，不要一次交。積有兩三萬字，便可釘成一本，自己比較前後所寫的，看看有沒有進步」。這便是我學著寫日記的開始，每天寫一兩百字，積一學期，居然釘了厚厚的一冊。有的曹先生用紅筆給我勾出，這是表示他認為不好的；有的卻又圈圈點點，似乎表示很高興；他確實花過不少時間的。

有一次，曹先生在黑板上寫下：「子在川上曰：逝者如斯夫，不舍晝夜！」問我們：「你們看，孔子站在一條流著不停的小河邊上在想什麼」？一位平日不大用功而頗聰明的同學易克樸，起立回答：「孔子說過：『知者樂水』，孔子對於水是很歡喜的。有一回，孔子和幾個學生在一塊談天，問他們各人的志願。有一位比較年長的學生對他說：『我願意在春二三月，穿著剛做好的新衣服，帶著一群青年人和小孩子，到外面走走，大家跳到沂水裡洗澡，跑到高地上兜風，然後一同唱著歌，踏著緩緩步子走回去』。大概孔子想著這種生活很舒服吧」！

曹先生笑笑：「你的意思很不錯，但孔子說這兩句話，也許還有別的意思」。於是他又寫著：「大宇長宙，方挾萬象而趨，若驟若馳，而所遇無故物。」

「斯賓塞這幾句話的意思是說：整個宇宙是活的，一分一秒，都在變，都在新陳代謝，人不也應該像宇宙這樣活潑潑地活著而日新又新嗎？你們再想想，孔子的話也是不是與斯賓塞說的可以相通」？

另一次，我和其他兩個同學找曹先生談談，順便向他借書。曹先生的書是肯借給我們看的，但叫我們自己把書名寫在他的簿子上，記明借出日期，簽名，還的時候，再記明係那一天歸還。我看見他桌上有一部新出版的《章譚合鈔》，我問：「章炳麟、譚嗣同兩人的學問，那個比較好」？「哦，譚的學問如何趕得上章」。我又問：「康有為和梁啟超又怎樣呢」？「舊學梁不如康，新學康不如梁」。曹先生回答後反問我：「你覺得革命好，君主立憲好」？其時我腦子裡充滿了梁啟超的說法，答：「立憲好」。「你錯了，革命好，革命好，革命好」！

有一天，曹先生剛從外面回到學校，我和同學王廷闓，又追到他房裡問長問短，他脫下長衫，把袋子裡一把零錢都攤在桌上，有銀元，有銅板還有小錢。我問：「錢怎麼總是圓的？鑄錢的材料為什麼不是銀就是銅」？「哦，這是貨幣學上的問題，你們還不懂」。我第一次聽到「貨幣學」三個字，希望他說下去，但他不說，還做出一個神秘的樣子，使我頗感失望。第二天星期日，不管三七二十一，我跑到南陽街群益圖書公司買了一本陳家瓚譯的《貨幣學》，還買了一本康有為的《金主幣救國論》，花了三天的課餘時間，一氣把這兩本書看完，而且在日記上寫了五、六百字。曹先生看了這段日記，心裡大概很明白：這個調皮的學生相當麻煩，以後他和我談話的時間便花得更多了。我記得：在這一年武昌起義前的幾個月，他陸陸續續把中國革命活動的情況，革命領導人物的歷史，對我說得很多，尤其是有關黃興、陳天華、劉揆一、道一兩兄弟、馬福益、禹之謨、姚宏烈、沈藎……諸人的許多事實，他更如數家珍，說了又說。本年三月，有廣州黃花崗一役的失敗，六月，楊篤生又蹈海死於利物浦，他更不勝悲憤。他對我說：「楊篤生名毓麟，後改名守仁，長沙人，戊戌以前，他赴日留學，著《新湖南》，主張湖南獨立，更手製炸彈，回國參加直接行動，見革命連遭頓挫，乃轉學英國，初聞廣州失敗，友好死者甚多，以為他的摯友黃興也不免，深受刺激，神經失常，以致無法支持，因蹈海而死，年齡剛到四十，真是太可惜了」。因為曹先生是這樣不斷的對我說，從這一年暑假開始，我才在定王台圖書館，把近年所出有關革命的書籍，全部涉獵了一遍（全部也不過三、四十種，而且小冊子居多），與曹先生對我所說的相印證，這便是我在武昌起義以前對中國革命運動，一點僅有的認識。定王台圖書館，本來是省立的，可是對於革命書報，並未加以取締，這不能說明當時的文網甚疏，只能說明滿清地方官吏的麻木。

第四年上學不久，我們湖南所推出的資政議員羅傑（峙雲）先生（當時長沙青年所崇拜的人物之一，憲政運動有力分子，後來曾在上海任過群治法政學校校長）。在北京把辮子剪了，而且做了一首告別辮子的詩，我們在報上看到這個消息，有三個年紀最輕的同學——柳大純、曹應生、舒之璋，也就把他們的三條小辮子剪去，於是學校當局，大為緊張，校長黃先生已懸牌將三個同學開除學籍，他們三位也已收拾行李回家。舒住在城裡，柳、曹住在東鄉的朗梨市（去城三十里，黃克強先生的家鄉）。於是我們發動如何挽救。我事前預備了一把頗鋒利的大剪子，在晚上大家進寢室以後，便將寢室的總門關閉，把四十幾個同學集中在一間房裡開會，我事前未說明任何理由，首先把自己的辮子剪下。然後對大家說：「我們今年就要畢業，校長如果把我們全體開除，他很難交代，我們只有全班同學同時把辮子剪去，才可能把三個同學的學籍保全」。說完，便將剪子交給幾個事前約好的同學，也繼續剪了，有三、五個同學的態度，相當遲疑，看見大家都剪，也只好忍痛照辦，於是四十幾條辮子，乃無一例外的全部剪了。然後將寢室總門打開，立即報告齋務姚先生，請他轉告校長，慎重考慮，如果他堅持非將三同學開除不可，我們準備採第二步辦法。校長嚇慌了，第二天下午，把長沙勸學所所長左學謙（字益齋，湖南獨立初期，任過短時期的民政長，後來還任長沙總商會會長，是當時的有名紳士之一）請來，向我們演說。我在學校的名字叫學訓，益齋是我遠房的堂兄。他這一天穿著長袍馬褂，一走進講堂，便對我們四十幾個沒有辮子的學生望了一望，態度雍容，然後說：「羅峙雲先生，是我最敬佩的朋友，辮子不是可剪不可剪的問題，只是遲早剪的問題，我自己便也對這條辮子非常討厭，可是目前的時局非常不安，沒有辮子，很容易被官方誤為革命黨，頗妨礙我們的工作。聽說你們這班的成績很好，希望你們好好用功，不要看見報上什麼消息，隨便亂動，尤其不要沒有辮子在街上亂跑。三位已開除的同學，可以叫他們回校，繼續上課，等到你們畢業的時候，我再來和你們見面」。說完他便退出，我們知道這次風潮，總算和平解決。第三天，我們推了幾個同學，將柳、曹、舒三位同學找回。一直到九月初一，湖南響應湖北獨立，我們全體教員學生都把辮子剪了，但黃校長依然把辮子盤在頭頂，戴上一頂高高的帽子，我們實在不勝憤慨，再推舉幾個同學，硬逼他剪掉，這才是我們最後的勝利，我生平最不會搞群眾運動，對群眾也不信任，尤其不歡喜那般自命不凡，認為自己可以領導別人的人們，但這一回我總算小小的試驗了一次。

綜計這四年中，所有教育過我們的先生們，包括前校長余先生，我們都從他們得了不少益處，但啟發我最多的，仍推曹孟其先生第一，因此我在畢業三十年，依然和他保持了不斷的聯繫。有幾件與他有關的事，我必須在這裡附帶一提，以避免下面行文的支蔓。

辛亥湖南獨立後十天，譚延闓繼焦、陳做了湖南都督（這件事內容複雜，我準備在下篇詳述），曹先生任了譚的機要秘書，參與省政。民國三年，章行嚴辦了一本反袁的雜誌叫《甲寅》，曹先生曾在上面發表過許多筆記，述清末民初故事，文字清新簡鍊，大受讀者歡迎。後來行嚴在重慶告我：「孟其絕頂聰明」。

曹先生在學校曾對我說，他有三大決心：一、絕嗣，即不要兒女；二、不喜私財；三、下半生擬在長沙辦一孤兒院。民國二十七年，「國民參政會」在漢口開幕，我任駐會委員，曾抽暇回長沙一次，其時他的孤兒院已創建多年。我去看他，他高興極了，向在座的客人介紹：「這是我在清朝最後一年的學生，其時先生二十九，學生十八；現在他已四十五，我五十六了」。又對我說：「今天你來得很好，我燒了牛肉，你在這裡吃中飯，我們多談談，我有許多事要問你」。又把師母叫出來和我見面，已是五十以上的人，果然沒有兒女。他們在院內右邊佔了四間房子：一間客廳，一間辦公室兼書房，一間臥室，一間廚房。簡單樸素，可是清潔整齊。燒飯和料理家務，由師母包辦，有時實在忙不過來，也找兩個孤兒來相幫。於是我們邊吃邊談，對抗戰前途，我說了許多樂觀的預測。飯後他帶我參觀全院，計有孤兒一百二、三十人，全體住院，半天上課，以書算為主，筆算外還有珠算，學生能寫簡單信件的已不少。半天工作，有木工、金工、藤工、和簡單的化工，還準備製造有教育意義的兒童玩具。教員兩人，技師四人。藤椅、藤床、藤茶檯、藤沙發，嬰兒用的藤搖籃，出品頗多；我看見粉條、黑板刷、拖把、雞毛帚、牙刷、殺蟲粉、蚊烟香、肥皂、洗衣刷、洗衣板等等的成品不少。工作室能容五、六十人同時工作，工具機有五、六部，其他工作器具也應有盡有。儲藏室一大間，所藏的原料甚為豐富，一切都表現欣欣向榮的樣子。曹先生告我：「本院的產品，暢銷省城和四鄉，附近的外縣也批購不少，學生的伙食、衣服，零用滿可維持，還可供給教員和技師部分的薪水。開辦費用了一萬六、七千元，現在已經是十萬元的規模了。三年前，每月須賠千元以上，現在每年賠四千元便夠了，我認識的朋友都幫了不少的忙。他又說：「這群孤兒真把我看成他們的老子，而且多數進步很快，現在四個技師中的一個，便是由一個領班擔任的，到外面任技師和自開小工廠的也有七、八個」。抗戰中張治中火燒長沙，該院倖未波及，仍得繼續維持。勝利後我在農林部服務，曹先生曾寄我他的自傳一冊，名《孟父春秋》，約十五、六萬字，全用明淨純粹的白話。我以兩夜看完，認定他是百餘年來湖南一個特立獨行的人物。中共佔領大陸，他仍死守那所孤兒院未走，中共似乎也沒有清查這群孤兒的階級成分，不久他即去世，年已七十。

湖南獨立後不久，我們便匆匆畢業，一位楊幹邦同學，平均分數比我高，考了第一。後來這位楊同學在長郡中學，及高等實業學校先後畢業，曾任水口山礦師，是湖南實業界一個有地位的人物，抗戰中我回長沙，曾和他見過面。

我十八歲高小畢業，仍以算術國文成績較佳，對理化、博物也極感興趣。畢業後，如果我家庭經濟清況許可，我大可和楊同學走同一的路子，搞科學。但高小第三年開學，還是由我母親在春寒惻惻的季節，將我大哥從南京寄給她的一件狐皮襖子脫下，當了三十餘元，交足學費，才繼續讀下去。假如我依然要一步一步由中學而大學一直讀上去，已勢不可能，於是我只好進入一個不要錢且供伙食的長沙縣立師範，由此而我五十多年以來生活變得相當複雜，而且有機會見過許多的賢豪長德，接觸了不少的牛鬼蛇神，參與過若干波譎雲詭的事實，也身受了無數酸甜苦辣的遭遇以迄今日，因而我這篇自傳，才有許多材料可寫。其重點不在敘述我自己的生平，而在從我的觀點，描繪這一時代的一個輪廓。

長沙縣立師範在湖南獨立後由徐特立（懋恂）創辦。徐以清末斷指請開國會出名，當時我們的請願代表羅傑，曾做了一首七律送他，有一聯警句：「指痕送別壯南八，才氣逼人求李雙」頗傳誦一時。徐平日無論做事，教書，說話，走路，都可以從他的臉上看出他具有十足的決心。就做事說，或涉嫌「包攬」，有時不免無以善後；以教書說，他自己造詣不深，難免熱炒熱賣，然頗好學；說話斬釘截鐵，自信頗強，但時或不免武斷。可是話雖如此，以我所見當時長沙的新人物，他畢竟是開足馬力的一個火車頭，因此能博得許多青年對他崇拜，我所以走進他創辦的這間學校，大部分原因雖由於交不起學費，小部分原因還是由於對他的印象不壞。入校以後，因為功課無法使我滿意（徐自己講「國文典」，便很膚淺），只住一學期便已退出。但在這短期內，我認識了一位後來和我做過三十年朋友的田壽昌。

田壽昌就是田漢，他在中國做了五十年的戲劇運動，可以說是對他所志所學一個始終不曾懈怠的人物。我最初同他混得很熟，並不是由於一學期在長沙師範同學，而是由於我們兩人同為定王台圖書館經常的讀者。這個圖書館雖是舊式的，規模不算大，但也藏有舊書近十萬冊，凡清末所譯所編的新書，也有數千冊之多，日報、雜誌更為數不少。可惜地點稍偏，看報的每天還有一、二十人，看書的卻經常不超過五、六人，有時遇著下雨的天氣，三大間的閱書室，便往往由我和壽昌兩人獨佔。閱書室的玻璃窗子很大，窗外有芭蕉十幾棵，晴天綠蔭滿室，雨天則雨打芭蕉，清脆可聽，真是一個理想的讀書所在。其時壽昌年十六，我十九，他讀書已經以文學為主，我還在一個亂看亂翻的時代。關於文學部門的新書，我只在這裡看過幾部初期的林譯小說（林譯《巴黎茶花女遺事》，出版於宣統元年）。其時《長沙日報》的總編為傅熊湘（字君劍，一字鈍根，南社有名的社員之一，光緒三十二年他在上海編《競業旬報》，胡適之便在上面發表文字甚多），我在該報寫過幾篇論文，壽昌卻在第四版寫他的改良湘劇，記得他寫的《新三娘教子》，便給我的印象甚好，這是我和壽昌以文字相見之始，也是我投稿生涯的發硎新試。後來他到日本留學，加入「少年中國學會」，到中華書局任編輯，在上海搞「南國社」，出《南國特刊》，乃至他私人的結婚與戀愛生活，一直到他民國二十一年加入共產黨以前，我和他關係都很密切。可以說看見他長大，看見他活動，看見他成名，看見他加入共產黨，到今天他已經是七十高齡，還要看見他為一個《謝瑤環》劇本，被一群小孩子清算，真令我感慨不置。

我退出長沙師範後，民元秋季始業即改入一新成立的「外國語專門學校」。該校為幾個留日及上海南洋公學學生所創辦，並有在長沙教英文有多年經驗的兩人加入，美教會所辦的「雅禮學校」教員，則居於贊助地位。先招專修英文的一班，計有七十餘人，經甄別後，分英文程度較優者為甲組，可選修法文或日文為副課；英文程度較差者為乙組，副課選修與否，聽學生自決。我入乙組，選修日文。此時我大哥在江蘇做事已三年，學費書籍費，每月五、六十元，全部由他供給。

寒假中，學校在陰曆元宵節舉行師生聯歡，有各種餘興，出有燈謎幾十個，一一寫於紗燈上面，猜中者有獎。其一，謎面「八代子孫」，打《老子》一句；其一，謎面「周公」，打《西廂》一句；久久無人猜著。《老子》我讀過，但僅有第一章能背，我從「道可道」背到「眾妙之門」，乃問出謎者這一條的謎底是不是「玄之又玄」？日文教員黃先生甚感詫異，不料他們的學生中竟有讀過《老子》者。《西廂》一條，我在某筆記中曾見過類似的一則，謎面原為「周公」（旦），出謎者故弄狡獪，將「名」字略去，僅用「周公」，我問黃先生這一條是不是《寺警》一折中的「祖下了偏衫」那一句？黃先生更大詫不止，很客氣的將兩包獎品送給了我。我乃老實告訴他們：《老子》我並不能全背，剛好讀熟了第一章，不算什麼；《西廂》這一條，係從某筆記看來，更不足道；但他們仍嘖嘖稱讚，並未說明出謎者原係就舊有者改造。我生平得過若干次「不虞之譽」，這算是「破題兒第一遭」了。

民二暑假經我大哥決定，我即束裝赴上海，其時去宋教仁被刺不久，「二次革命」的呼聲，已甚囂塵上。動身這一天，母親和姐妹們送我到大門以外，我不禁泫然。初不料愛我教我多年的三姐，竟於我離家後第二年去世（年三十九），這是我畢生最大的憾事之一。

（一九七〇年二月《新中國評論》第38卷第2期）

香港三年（一）

時節如流，我自從三十八年的八月離開台灣來到香港，一霎眼，便居然已三年了。「想得讀書頭已白，隔溪猿哭瘴溪藤」，黃魯直這兩句詩，大致已能道出我此時此地心理的一方面。

古人所說的「汲汲顧影」，「日暮途遠」，我不知道若干上了年紀的人，會不會有過這樣的心情？在我，卻似乎並不是這樣。可是，當別人「像煞有介事」表現得很神氣的時候，我畢竟神氣不起來；在一個歡娛的場所眼見不少的年輕人高興得發狂，我儘管也不會相反的感到不快，但究竟不免淡然漠然，覺得和我已生不起怎樣的關係；同情心自然也還是有的，偶然看見朋友們遭遇一次無端的打擊，便鬱結得無以自解，我總以為大可不必。凡此，可見心理狀態不能不隨年齡而有所變化，這大致是無可避免的。

「哀莫大於心死」，我現在依然想知道我所不知的；想見著我不曾見過的；意有所觸，情有所通，想像所及，我總覺得隨時有我們所不曾發見的秘奧，假定能把握著，又能如照相似的把它表現出來，與人以共見，這可能是一種最大的愉快；即令不能，只要能孕育著這樣一種心情，讓它慢慢的自然發酵，在我已經足以自樂共樂。低首問心，我知道這些要求，於我還是熱烈的存在，足證心還沒有死，只要心沒有死，則不僅可以活下去，也就還可以努力的幹下去，因此，我畢竟還是樂觀的。

依於我的生活習慣，我不只已經有了一種「隨遇而安」的修養，而且在一個地方住久了，還往往不勝其戀戀；同時也覺得負了一筆債似的，假定可能的話，我總得來還一還才心安理得。

在香港這三年最使得我最愉快的一點，便是在生活上，無論是精神的或物質的，都沒有任何人給我以干擾，好像連一種懷疑的眼光也不曾接觸過；換言之，一切責任由你自己負，你要如何便如何；自然這不是說沒有任何的規範，可是以我們的生活方式，其距離這種規範的束縛，總是隔得遠遠的；假定說這就是自由，已經能使我們相當的滿足。

我初到香港的第一印象，只感到物質生活與精神生活的太不均衡。我很奇怪以香港這樣一個安定而自由的所在，何以不能醞釀出一種精神物質均等發展的文化？香港居民的百分之九十以上是中國人，假定中國人對現代高度文化有一種熱烈的追求，一面發揮自身的努力，一面發出正當的批評與呼籲，我想並沒有人不樂觀厥成，而會加以阻擾或僵化，而必使之安於現狀。可見由一百一十年來已逐漸形成為定型的一個社會，要使它走上日新又新的道路，我們還是必得反求諸己。

（一九五二年八月六日《自由人》）

香港三年（二）

在過去的一百年，香港經過了無數的滄桑，尤其十年前經過日本一度的佔領，最近三年，因中國大陸為蘇聯所控制，使得香港的人口，驟然增加了兩倍，更是值得大書特書。

我們決不能忽視在過去一世紀英國人在這裡所做這種鑿山填海的物質建設，假定自海通以來，在中國內地任何一個地點，能有如香港這樣的建設，豈不也足以成為中國人的一種誇耀？惜乎竟舉不出這樣一個類似的例子來。三年前我從台北坐汽車赴基隆，坐火車去台中，同時也遊覽過台北近郊的北投、草山一帶，已曾引起我無限的感慨；近年在香港，偶爾乘纜車上山頂去望望海，或偕三、五友人去沙田、荃灣的感觸，與在台灣所感者，也大致一樣。二十年前，中國的山西省，曾有過所謂模範省的盛譽，我在十九年的一個冬天，乘長途汽車自太原赴大同，路過歷史上有名的雁門關，峯巒環繞，積雪滿山，那樣一種氣象磅礴的形勢，確實給了我一個深刻的印象，可是那條公路的糟糕，至今也還使我談虎色變，假如不是一位北京朋友送了我一頂皮帽子戴著的話，我這個頭已早在汽車激烈的顛簸中給撞破得不成樣子了。三十八年的春天，我還有過一次坐小汽車從南京去上海的經驗，所走的不是京杭國道，而是在溧陽這邊去的，汽車夫雖曾警告說不好走，但我還是堅持要看一看，這一來可真糟了，大概在近百里的一般路中，車子拋錨在泥坑中至少在十次以上，逼得我們下車把車子從深坑中推出的事實也決不少於三次五次，一直走近無錫，總算才出了一口悶氣！積非種種，使得我腦子裡至今還有一個不能回答的問題：「究竟政府是為人民而設，還是人民為政府而設？」

最近從台北的《自由中國》，知道閻百川先生有一本名叫《大同之路》的大著出版，閻先生這本書我雖根本就不要看，可是他這條路我卻真有走過一次的光榮，我深深的知道今天中國的老百姓決不需要什麼「大同」不「大同」，他們所迫切希望的，只是政府能就衣、食、住、行、公共衛生這類基本問題，好好的給他們一點兌現。就閻老先生個人而論，他假如願意從事讀書與著作以娛暮年，這是無可非難的；可是我依然有一個不情的建議：閻先生關起門來建設山西，一直搞了三十幾年，這是民國以來任何一個地方當局所不曾有過的奇蹟，究竟他在三十幾年中搞了一些什麼？何以始終搞不出一個道理來？其主要的原因安在？假定他承認無此能力，或環境絕對不許，又何以始終樂此不疲的要一直搞下去？如果閻先生能就這樣一件事，以寫「懺悔錄」的方式，毫不隱晦的寫成一本書，即作為向國民提出一份坦白負責的報告，我想這對於中華民國未來的建設，一定切實有益，要比寫「大同」之路這類的著作好得多，至少至少，我是非買來恭讀一遍不可的。

（一九五二年八月九日《自由人》）

香港三年（三）

因為談香港，因為看見香港一百年來這一點人所共見的建設工作，因而使我聯想到民國以來的山西，以及三年前我自己走過的一條首都附近的公路，這好像是扯得太遠了，其實不然。

我們試想想，清朝最後的六、七十年，民國以來的四十年，這時間對於中國人的關係，曾是何等的重要？說到中國人所受過的刺激，中國人所受過慘痛的教訓，總算是中國有史以來所無可比擬的了。大抵在這一百年中，中國人每經一次失敗，也照例有過一度的振奮，太遠的且不去管他，例如甲午以後，庚子以後，辛亥成功的當時，第一次大戰的末期了，北伐後與抗日前，我們何嘗不看見中國人確曾有過多少想振作起來的痕迹；可是「想振作」是事實，而終於沒有振作得起來，而且是一次一次的倒了下去，也是事實。最近這三年來的慘敗，其中所包含的教訓，總算是更深刻，而且是更為多方面的了，中國人是不是又在開始振奮呢？多數人都在高呼反共抗俄，更有不少的人在迫切要求自由民主，還有若干人在美國的援助之下，也在做一點點生產建設的工作，假如你說這不是一種「想振作」的表示，豈不近於厚誣？可是，假定如天之福，在今後的十年（我是從最低的打算）我們對於反共抗俄這個大題目，果然能夠勝利的告一段落，我們也居然能夠逐漸逐漸的返回到那個悲慘的大陸，你相信，今天的所謂振作，是不是會一直正確的發展下去，繼續下去，而不會半途又出岔子，一如已往的只是曇花一現呢？老實說，我對這個問題的回答，暫時還只能持一種保留的態度。無他，中國人在這個一百年，儘管經過了無數次血肉淋漓的教訓，可是中國人對於做一個現代人，或者縮小範圍說，對於做一個現代從政者的基本觀念，截至現在為止，依然沒有體念得明明白白，把握得牢牢實實，更沒有看見一個人能夠表現得清清楚楚，因此，我對中國的政治前途，依然不能表示怎樣的樂觀。

中國的儒家說：「親親而仁民，仁民而愛物」。又說「施由親始」。儒家的這一套說法，在他們的思想體系上，自然也可以說是「持之有故，言之成理」；可是由這一點出發，而演為中國社會的結果，成為中國社會一般的習尚，更加上許多阿世媚俗者的種種曲解，於是使得中國兩千多年來的政治，乃毫無可觀，即有少數豪傑之士，從另一觀點出發，想奮發而有所作為，也往往鎩羽而去，甚至鬧到身敗名裂為當世所不齒！因為如此，一直到今天為止，我們依然看不見真正幹政治的人，而只看見無數無數做官的人，做官的目的不在做事，一個較古老的觀念，是在「光宗耀祖」，「揚名顯親」，「封妻蔭子」；就說近年多少有些改變，可「宮室之美，妻妾之奉，所識窮乞者得我」的這一套，即在比較的的賢明者，又何嘗能剷除盡淨？這是中國政治一切醜惡之所由來，決不是貪污無能這類的皮相之談所能解釋得了的。我們今天已經應該認識：「親親政治」不獨與「民主」絕不相容，即與「黨治」亦斷然不合，不從這種源頭上想辦法，而希望中國會有現代的民主政治出現，我恐怕總是南轅北轍吧！平心而論，我何嘗願意忍痛來恭維一個香港？然而別人拿了這樣一個地方，究竟能有這樣一種表現，可是我們呢？

（一九五二年八月十三日《自由人》）

香港三年（四）

香港沒有中國政治集團的公開活動，但有關中國政治的言論，以某一政治集團為背景的報紙或定期刊物，乃至以中國政治思想或制度為題材的書籍，在這裡卻是一視同仁的聽其流行，只要沒有直接妨礙到當地的秩序，我從來沒有看見加以任何的取締；至於來自國際各方面的的外文書刊，在這裡也大致不難購閱；從這種地方，我們多少可以看出英國優良的政治傳統。人畢竟是愛好自由的，你越是對人們的言論思想加以無理的壓迫，便越足以引起許多無謂的麻煩；你越是把尺度放寬，卻反而足以提高大家的責任感；這一點看來似乎是很尋常，但卻是表現民主精神最主要的一個方面。

從我這三年來的實地體驗，覺得香港出版界確乎是進步中，其重要的原因，大致不外下列的幾點：一，整個世界已陷於這樣的不安狀態中，人們不能不加以密切的注意，乃至不能不進一步的加以研究；二，由中國大陸出走而來到香港的文化人，比任何一個時期為多，參加到各方面從事文字工作的人數，也確實不少；三，香港的居民，比較三年前已驟然增加了兩倍，同時教育事業也成正比的日趨發達，因之對於書刊的需要加多，而選擇的標準也無形中提高了不少。

就我個人所知道的而論，現在香港已有各色各樣小規模的研究室，資料室產生；從事編輯寫作的小組合也所在多有；因之從事發行的小型書店，也就逐漸逐漸的增加起來了。假定能有一個搜羅比較完備的圖書館；假定有關方面不忽視這種事實而予以方便或助力；假定從事這類文化工作的人們能從研討與觀摩方面有相當的團結；更假定中外有資格的學者或專家，能不時光降到這裡，與這班人保持接觸；我想再得三五年，其成績一定是更有可觀的。

這種工作是要有相當長久的時間始足以顯其功效的。能不失掉研究的立場去埋頭苦幹，不問或大或小的成就一定會有；反而是那些政治色彩太濃，風頭觀念太重，或宣傳意味太多的一種組合，卻不一定能有多大的結果。同時我不怕這類少壯有為或求知慾旺盛的文化鬥士不會不去刻苦工作，我所憂慮的，乃是他們的生活太無保障，可能影響到他們身體的健康，和工作的進度。

因為生活高壓，逼迫得大家不能不從事一種近乎不成熟的多產；或把文化事業過度的商業化，使人們的精神感到難堪，這是很可悲的。最近國際方面有一種從事救濟知識分子的活動，我不知道主持這一事件的人們，也曾體會到這些方面沒有？

（一九五二年八月十六日《自由人》）

香港三年（五）

關於香港的衣、食、住、行，以我這三十年間住得較久的上海、南京、台北來作一比較，還要算香港的平均分數最高。

因為氣候的關係，衣的問題在香港算是最容易解決的，一切衣料，無論來自何方，除中國大陸的絲織品而外，大致都很便宜，在選料上的伸縮性也很大，但裁縫的工價則頗高，太太們做一件夏天的衣服，工價高於料子的價錢也是常有的。男裝或童裝，以買做好的最為上算，太太小姐們因為曲線關係，則非量體定做不可，因此香港的裁縫店，以做女裝的生意最為發達。

食品的價格，這三年間漲了不少：例如米，初來時每百斤約七十元左右（最好的），現在則到了百元左右；肉，三年前最好的不過兩元上下，現在則近四元；供炊事用的火油，三年前五加侖（一聽）約七元，現在則近十元；其他大率類此。不過價雖然是漲，但不是暴漲，所以大家並不覺得。此外有一部分主要的食品（例如牛奶麵包），政府定得有公價，一般零售商店，並無漲跌的自由，例如普通的麵包一磅，過去五角，現在也還是五角；鷹牌煉乳一罐，過去一元，現在也不過一元一、二角；普通西餐一份，我們初來時四元五角，現在也就還是這個價錢。

住是比較麻煩的，一個初到香港的人，往往容易上當：假如你向二房東租一兩間，頂費可能不要，但房租較昂；單獨租一所，或一層，則非頂費不可，要頂費是不法的，因此又有「鞋金」、「建築費」種種名目，實際便是這麼一回事，頂費雖是不法，再從來也沒有看見嚴加取締，因此經營房地產的還是有利可圖，香港在最近三年，人口驟然增加了兩倍，但並不發生嚴重的房荒，其原因大致就在此。

行更沒有問題，香港大概是最方便的，而且不問任何交通工具，價格也始終不變，渡海輪船、電車、巴士，普通一律兩角（渡海輪和電車還有了一角的），租一次汽車，九龍起碼一元，香港一元五角，這比較上海以前的雲飛、祥生，也還是便宜的。

此外如醫藥衛生，以人口的驟然增加，雖然微感不弱，但是很夠標準，收費不算太貴，西藥自然更是便宜。但有一點，我們覺得不大了解，醫生非英國學校出身的，似乎都不能在這裡開業，我有一位在德國學醫的朋友，以醫道和他過去行醫的地位論，在大陸都算是第一流，然而在這裡卻無法執行他這個原有的職業，反而一般的中醫，則無論來自何處，卻不難得著一張開業的執照，我覺得這一點，不能不說是一般居民的一種損失，似乎有變通的必要。

（一九五二年八月二十日《自由人》）

香港三年（六）

香港的教育情形，我不怎樣明白。關於小學的一段，因為自己和朋友們的孩子上學的頗多，大體上還知道一點，至於中學、大學，我便完全不清楚了。

香港學校的收費，不是按學期而是按月的（這是指小學而言，中學、大學是否有不同的辦法，我不知道）。這個辦法有利有弊；對於一個在香港不一定久居，或住址不能十分確定的人家，適用這個辦法。可避免不必要的損失，利一：對於一個沒有儲蓄，但按月卻有固定收入的人，這個辦法也很方便，利二：分交數小，威脅性較輕，一次總交，在一個子女較多的人家，也許更感困難，利三：可是學校方面按月必須收費一次，假定有上千的學生，在會計的手續上，一定也很麻煩；交費者的方面，月月都有這件事，也確實令人頭痛。但利害相權，我還是贊成這個按月交費制的。

一個小學生，每月大致要交學費二十元左右，每學期以五個月計，每年則為二百元，此外再加雜費、書籍費、文具費、制服費、手工材料費，及其他不確定的捐費等等，每人每年總非三百元以上不可，我現在有三個要交學費的孩子，每年決不能少於一千元。以現在香港一般的經濟情況論，我相信因父兄無力交費而失學的孩子們，一定不少；尤其以一般從大陸流亡到香港來的家庭為然，這實在是令人扼腕的。

私立學校完全靠收學費以資挹注，希望再把費用減輕，也許是不可能的。例如一個學校，學生約有四百名，但包括中學、小學、幼稚園許多班次，不僅校址要相當寬敞，教員的人數也特別多，開辦既要投資一筆鉅款，經常開支又如此浩大，說他們還有多少盈餘，在我卻是很難於想像的的，可是，假定一個學校的學生到八、九百名，又有自建的校舍，教員的待遇既不高，設備又異常簡陋，甚至每班的學生，還往往超過規定的名額，乃至學生一切的用品，又由學校包辦，則每年盈餘三、五萬，卻也不一定是不可能的。因此，我們對於私立學校的看法，不可一概而論，籠統的說他們都是商業機關，確實大有斟酌的餘地，何況只能收到一、二百學生的私立學校，也還是所在多有呢？

至於教育方法，就我所知道的而論，大致還算認真；功課過於繁重，使孩子們負擔不了。這種情形也往往是有的；偏重注入式，少用啟發式，這點似乎頗可斟酌。

香港小學的國文課本，仍參用文言，如果教師好，能不拘著一本教科書在死教，使得孩子將來在閱讀與寫作方面也能稍稍的運用文言，我不一定反對，不過這種教師卻是可遇而不可求的。

香港學校的教師，大抵多說廣東話，對國語十分忽視，我覺得這是利害參半，值得注意。

（一九五二年八月二十三日《自由人》）

香港三年（七）

對於香港的體育、娛樂、宴遊，只能就我參加過的來談談：

「馬與波」算是香港最熱鬧的，但馬場我只去過一次，純粹賭博性質，其能吸收多數的觀眾，原因也就在賭博這一點。賭博我並不反對，但對於這種其權完全操之在人，乃至「碰運氣」也談不上的賭博，我卻不感興趣。

在各種球類中，我只有兩種有經驗：其一是賭博性的回力球，其一是戶外運動而不激烈的「高爾夫」。回力球香港沒有，聽說新界某處有高爾夫球場，但不曾去過。

游泳我覺得很好，淺水灣、荔枝角這些地方曾去看過，這對於青年男女的身心，都很有益，上海人對於游泳的興趣，似乎不及香港遠甚。

營業的舞場和私家的舞會，我都曾參加過。據說跳得好的人對跳舞也是有癮的，二十年前，我在上海曾有過繼續不斷跳三個月的紀錄，但技術始終不進步，因此也說不上癮。香港的舞場、舞院之多，遠在上海之上，但不是為了娛樂，而是為了生活，其重點也似乎在副業而不在本業，其必歸於沒落，大致是一定的。

香港沒有公園，不能不說是一大缺點。春秋佳日，我們便只好到海邊，到山頂，到新界若干我們所假定的名勝去溜躂溜躂。實際這也是很好的，有時繼續工作得太久，能約上三、五個朋友，或攜帶自己的孩子們到這些地方去走動走動，也可調節一月、半月以來的疲勞。

有人說：「吃在廣州」，已經頗可斟酌。自然廣東菜有最好的，但非所論於一般；至於香港，則比起廣州、上海、福州、杭州、成都、北平等處，卻只能說有它的長處，但談不上如何好法。近年因大陸上遷來的人多，南北各省的館子也就應運而起，以京菜、川菜、杭菜等等名目相標榜的，何止二、三十家，可是畢竟不成體制。中國菜各有其地方背景，亦各有其地方條件，條件一不具備，則面目全非，不要說鱸燴、蒓羹，就要在這裡吃吃填鴨、涮羊肉鍋，乃至紅油餃子、擔擔麵，也就不是那麼一回事。西菜偶有好的，但也並不怎樣特別講究。

麻將自然是普及全國的，但似乎因為賭風之盛，聯帶的也以在廣東最為發達，香港亦然。可是廣東麻將卻不為大陸的來客所愛好：內容簡單，第一：工具笨重，第二：鬧得太凶，第三：我對於此道，也可以夠得上說「三折其肱」，對於那些完全不懂此道的，我雖不覺得便怎樣高尚，但沉迷不返總以為大可不必。就我所知道的諸般遊戲而論，麻將也算是最有理趣的一種；但廢時失事，勞民傷民，似乎也在其他各種遊戲之上，娛樂之於人，總是不可少的，假定能找到其他的代替，麻將仍以少打為是。

（一九五二年八月二十七日《自由人》）

香港三年（八）

香港幾乎沒有京戲，在馬連良和張君秋未離港以前，我還偶然聽過兩次，此外偶有票友演出，我卻未敢請教。我也略能了解：中國正規的舊戲，原是一種相當高級的藝術，唱已甚難，做更不易，假如不經過一番苦修苦練，便連一舉手，一投足，也可能一無是處。聽戲本來是為了娛樂，要我隨時為台上的演員捏著一把汗，這實在是苦不可言。

廣東戲我完全不懂，但也曾以觀風問俗的態度去看過一回，只覺得行頭非常華貴，演員也十分賣力而已。我們外省人不懂廣東戲，大致廣東朋友愛聽京戲的也不多，京戲之難於在香港立足，其原因也許多少在此。

話劇在香港也幾乎沒有，學生團體偶有借電影院演出的，但我卻從來沒有看過。

電影大概是香港最發達的，我在上海二十年，所看電影的次數，似乎還不及這三年在香港看的次數多。經營電影事業需要鉅大的資本，雜湊的演員也斷然演不出一部有價值的片子，美國片子之所以獨步世界，完全是經濟與人才的條件使然，條件不具備而要勉強學步，恐怕終於是沒有希望。

在香港演的電影，百分之九十以上是美國的，不夠味的自然也很多，但真值得看看的卻也不少。現代戰爭，現代武器，若干蠻荒或北極這類的地方，以及當前世界若干重要人物聲音笑貌，一般人都只能從電影上去接觸，這種地方也可看出電影在現代生活中所佔地位是何等的重要了。我自己和朋友們的孩子，幾乎全是歡迎打鬥或戰爭的片子的，而打鬥戰爭得越激烈，他們便越感興趣；其實不僅孩子們如此，即成人亦何獨不然？人心的趨向在此，大家還在高談世界和平，也許終於是一個夢想吧！

在北平、上海遊戲場所流行的各類雜耍，在香港也幾乎絕跡，這大致也是語言的關係。我在香港住久了，才感到過去若干熱心國語運動的朋友們，實在是不為無見。我想，假定廣東人與外省人之間，能逐漸減少這一層語言上的隔閡，在文化上的交流，事業上的合作，一定要發生更良好的影響。

四川人愛坐茶館，廣東人亦然，就我所知道，這是其他各省人所不及的。但廣東人飲茶，似乎重點不在茶而在點心；四川人飲茶，則似乎對茶比較的考究，同時以茶舖子而兼賣點心的，則好像是絕少絕少。我從前為多懂得一點四川，常常歡喜上茶舖子聽四川朋友們去擺龍門陣；現在想多懂得一點廣東，因而也就學著飲茶；可是對四川我覺得所得較多，對廣東的了解還是太少太少，這大致也還是一個語言問題啊。

（一九五二年八月三十日《自由人》）

香港三年（九）

「老驥伏櫪，志在千里，烈士暮年，壯心未已」。

以香港的各種條件而論，要住是勉強可以住下去的，可是住在一個地方整整經過了三年，一動也不能一動，這卻是打破了我四十年來的紀錄。

去年有一位好友，他知道我有去日本就某問題作一長時間研究的志願，慨然答應供給三、五年的用費，一切都已由他送來，但因種種的手續問題未能辦好，遷延了好幾個月，而我這位朋友所經營的生意，也突然起了變化，因此只好作罷。

也是去年，老友董時進先生，忽然自美國來信，說美國方面的一個反共團體，願意約我和我另一位朋友去幫忙，不久便接著該團體主席某君來函，正式徵求我們的同意，可是具體辦法與工作範圍都沒有確定，而我們又都有一個家庭的包袱，不弄得相當明白，便貿然的接受一個身分未明的雇員，實在感到為難，我有這個顧慮，我的朋友更有這個顧慮，因此這個機會也就只好放棄。

我把這類的機會都已一一放棄或拒絕了。因此我便至今還留在這裡。

在過去兩年，還常常有若干的朋友隨時可以聚談：今年以來，則連這類的機會也減少了，因此時間更多，除每月照常寫四、五萬字的稿件以外，每天總還有三、四小時可以讀讀書，讀書的興趣卻也愈推愈廣，好在自己並沒有什麼了不起的野心，但求心身有所安頓，也就相當的滿足了。

不過像這樣一個希望，我依然沒有放棄：一、即不能在日本久住，至少還想去作三、五個月的短期旅行，希望對復興中的日本，能有一番實地的接觸，關於日本人各色各樣的想法，也想能多有一點理解；二、對東南亞一帶，如越南、馬來亞、泰國、緬甸、印度一帶，即令就是走馬看花式的去兜一個圈子，也可能對我有多少的啟發。可是在我目前的情況之下，恐怕並此也不能辦到，因為坐著不動，我便怎樣節約也不在乎，一到旅行，便完全兩樣，非相當的舒適不可，如此，便仍為經濟條件所不許。看來便惟有暫時住下去的一法了。

（一九五二年九月三日《自由人》）

從我的流亡生活說起——順便報告一點香港的見聞

種桑長江邊，三年望當採，
枝條始欲茂，忽值山河改！
柯葉自摧折，根株浮滄海，
春蠶既無食，寒衣將誰待？
本不植高原，今日復何悔！——陶潛

最近幾年，我住在香港那樣一個英國的殖民地，儘管每天還是照常工作，也多少讀了一點自己所愛讀的書，可是有時受著一種意外的刺激，或偶然聽到一些不愉快的消息，卻依然不免憂從中來。假如朋友們要問我的頭髮何以白得這樣快，除掉一種流亡者的心情隨時在對我侵襲以外，我也別找不出其他更正確的答案。

我從我自己的性格上加以分析，我總覺得我畢竟是一個樂觀者：在過去的四十年，除掉當我接近中年的時候，曾有過一度情感上的紛擾，以及在抗日期間因為我所愛的一個孩子的自殺，和一個小女孩的夭折，曾使我有過一年的鬱鬱寡歡以外，好像從來不曾因任何事件使得我的心境有過三天以上完全失去了平衡的事實。

三十八年的春天，在一個陰沉而寒氣頗重的清晨，我乘著一輛小車，整整經過十二小時，相當疲乏的回到了上海。當我開始從南京出發路過明孝陵和中山墓一帶，我的心情確實感到相當的沉重；一到太湖邊上，看見環湖那群小山上所造的松林，長成得那樣繁茂，已經使得我的心境為之一開；走進無錫的梅園，眼見滿園的梅花盛開，一股沁人心脾的清香，早已使人陶醉，於是和同行的幾個朋友，在梅園前面的一家酒店，索性喝了一個痛快！

當時上海的情況，並沒有使我感到兩樣，然而一天天趨於緊張，卻是無可掩的事實；即京滬一帶之終於不保，我也確已有數。於是在上海滯留了一月有餘，把我經手的事項匆匆作了一個結束，一直延四月的初旬，才獨自一人，搭著一架相當破舊了的運輸機，暫別大陸，飛到了臺北。由我的愛兒把我送上機位的那一瞬，我確實有點感到茫然，但到臺北一經住定，並且見著了不少的朋友，我的心情乃仍復返於寧貼。其時我的家人，還全部留在上海，在一個月左右，才分作兩批，先後到來，可是我那鎖在一層樓上，已經包紮裝箱準備運臺的書籍，卻已永遠淪陷！中共所能加於我的打擊，也僅此一端，因為除此以外，我本來也一無所有。

在臺北寄居在中華農學會的樓上，經過了四個月，其時大陸的形勢已一天不如一天，但我還有好幾十位朋友，分別轉徙於廣州、港九一帶，而且多數是攜帶家小，負擔相當的沉重，如果我拒絕他們的請求，不去為他們加以籌劃，實為我的責任所不許，這便是我三十八年到達臺北以後又匆匆離去的主要原因。

香港實際還是中國人活動的天地，在三十八年與三十九年之間，更成了一部分中國流亡人士的避難所。原有人口本不超過八十萬，這樣一來，乃突破到了兩百萬以上。這是香港百年以來，所不經見的一個非常局面。當地政府那種妥慎的應付，和種種同情的措施，在一般流亡者的眼中，實在覺得是可感的。

我留在香港已經四年有半，在這短短的四、五年中，我感到香港天天都在改變，以今天的新香港和五年前的舊香港比較，確有若干顯著的差別：在三十八、九年之間，因為大陸難民突然的湧進，在一個相當長久的時間曾感到房荒，一個或一家初到香港的人，要覓得一處適當的住所，必須支出一筆不合理的代價。這幾年增建了無數的房屋，即那些由難民們臨時搭蓋的木屋，也已逐漸歸於淘汰；現在要找一處新的住所，多數已無須頂費，至少也已大大的減輕，乃至每月的房租也漸漸有了減輕的趨勢。本來九龍、新界的居民，原不算是太稠密的，現在卻有無數新興的村落；即以我所住的地方（九龍鑽石山）而論，最初原不過一千戶左右，現在何止四、五千戶，人口原不過幾千人，現在何止四、五萬；此外其他多數的地方，也大率類此。九龍原有的公路，本也不算是太多的，現在則已交通四達，假定有人坐著一輛小車子，在九龍作三、五小時的巡視，他一定會要感到這個新事實的可驚；而且車子可能走到的地方，無一不是平整的柏油路，絕不見半點的荒廢跡象。新界水電的供給，原來也是不大充裕的，現在也已逐漸的改了舊觀，乃至我所看見若干通衢，本來是沒有街燈的，現在居然也大放光明了。說到教育，和醫藥衛生方面，我相信天天都在進步；一面由於當地政府的放任，一面也由於中國人的自動，新開辦而擁有上千或幾百學生的中小學和幼稚園，真是多到不可勝數。質言之，只要您能交出少許的學費，決不愁您的孩子們沒有上學的機會，儘管這些學校的內容，仍有待於充實與改進。現在香港一個害病的人，或一個臨產的婦女，要得到適當的照顧，似乎是不太難的，收費也十分合理。去年我便生過一次大病，儘管我這個高等難民所得的是一種特殊待遇，但我可推想一般的醫藥設備斷然不壞；乃至兒童的保健，防止肺病，防止痲瘋，防止天花，一直到家畜的保護，也無一不有特殊的措置。

我初到香港，很擔心地方的秩序不大容易維持，近年因為警察的特別加多，警員的訓練和待遇積極改進，現在可以說香港一般的秩序已大體良好，警察確實是在保護居民，我決沒有看見居民害怕警察的事實。

至於談到香港的出版事業，讀書和研究的生活，乃至文藝和高級娛樂種種的情況，我可以把它逐漸進步的來龍去脈一道其詳，可惜現在為我的時間所不許，只好留待有機會再說。

但最後我還有幾句概括的話必得要在這裡提一提：我希望自由中國的同胞，決不可因為英國已經承認了中共而誤會到英國人沒有反共的決心和反共的能力，尤其不可忽視她在亞洲現在所依然保持著的一種地位，老實說：整個亞洲問題的解決，如果沒有英國人和日本人參加，是不會圓滿達成的。據我所直覺：真正了解英國人的能力而承認其價值的，似乎也莫如日本人。

（一九五四年三月二十七日《自由談》第五卷第四期）

述最近留台觀感（上）

「君自台灣來，應知台灣事。」

我最近因為到台灣住了四十天（二月二十八日到四月九日，實際十分之九的時間都留在台北）。回到香港以後，不免有許多朋友都跑來向我問長問短。其實在這短短的四十天，忙於開會，忙於看朋友，幾乎每日三餐，都被朋友們招待去吃點心，吃飯，或被邀到一種集會的場所去講講話，確實使我感到有點疲於奔命。

在最近的四年半，我已習慣過著一種比較有規律生活，差不多每天讀書和工作，都有一定的時間，這四十天的台北旅居，乃使得我這種生活方式完全起了變化；再加上當地的氣候，比較香港更不正常，陰晴無定，冷熱不時，衣服少穿不是，多穿更不是，儘管我隨時都在小心應付，可是留在那裡四十天，我便害了四十天的傷風，這實在使得我精神上非常鬱鬱！

關於台灣各方面的情形，我聽得很多，看得太少，搜集了七大包有關的資料，昨天才由郵局遞到，什麼時候有機會能擇要的看看，現在還很難說。我近年已養成一種習慣：大凡對一件事的處理，或一個問題的解決，假如我不能源源本本弄得明明白白，您問我對這件事或這個問題有什麼意見，我便無從置答。好比您問我：從「三七五減租」到「耕者有其田」這一套政策的推行，所及於台灣整個社會的影響怎樣？我便只好老實向您說：我不知道，或者說我不大清楚。因為就這一套政策來說，從理論到事實，從政策的提出到執行，從執行中所得到各方的反應，乃至過去台灣地主與佃農間的關係，以及這一政策執行後所及於地主和一般農民的實際利害……，這一切一切，我確實是無從說起。

三十八年的四月到八月，我曾在台北住過四個月，其時蔣先生雖已到了台灣，但一個自由中國的中央政府，還沒有在台北出現。當時主持台灣省政的，便是今天的行政院長陳先生。其時台灣給我的印象，只覺得是一個可以有為的地方而已，至其前途的命運如何，則似乎還沒有人敢下一句斷語。事隔五年，情況完全不同了：今天不只是已經有了一個中央政府，而且這個政府確實是相當穩定。從某一點上看，好像是由於土地的狹小，人口的不算太多，真正可以由這個政府來處理的政務，似乎是非常有限；可是從另一觀點來看，只要不以現狀自甘，而有決心把台灣建設好作為我們未來建國的張本，則今日應興應革之事，何止千千萬萬。

先就台北市一般情況來說，我覺得值得讚許的方面不少，應該注意的方面也頗多：

一、社會秩序良好：在四十天中，我不曾聽到有人在街上高聲吵架；不曾見軍、警、憲對人民有公然不禮貌的行為；在火車站及巴士站，不見擁擠凌亂的情事；小偷僅有（如國大代表韓君的衣物，一夕被小偷竊去；鄭君皮包遺失，但由憲兵拾得交還）。乞丐則可說絕無：

即在一切餐館，也很少看見有人使酒胡鬧。我這次完全沒有工夫看戲看電影，但聽說場場滿座，買票子頗不容易，黃牛黨異常猖獗。三十八年我聽過兩次的顧正秋，現在已為前台灣省政府財政廳長任顯群藏之金屋，有錢人當然應該享有這種自由。麻將牌的流行，不下於香港，嚴格取締，固可不必，但為增加一點備戰的氣氛，似乎總以少打為是。

二、市內交通工具較五年前加多，收費亦尚合理，頗稱方便。幾條幹路，尚能維持原狀。但支路則多失修，且極不整潔。一般市民的室內衛生以及飲食店等等，似乎沒有嚴格檢查，頗值得注意。至於水電供給充足，電話裝置普遍，這類情形，即香港也略遜一籌。

三、一般人民的生活情況，大致安穩。公教人員的待遇不算高，但配給制（煤、米、油、鹽）辦得很徹底，且多數有住宅或宿舍，子女教育費的負擔極輕微，金融安定，物價波動不大，除衣料及舶來品外，關於食、住、行三項的費用，較香港的低三分之一，至少亦低五分之一。台灣對美鈔的官價與黑市，相差甚遠，但從前南京新街口及五年前台北衡陽街一帶那種按黑市沿街兌換的情形，卻很少看見。就我所訪問過三十個左右的家庭（包括市內和郊外），其生活大抵舒適，少數且相當奢靡，像這樣下去，會不會使大家在精神上流於晏安，而發生一種「此間樂不復思蜀」的流弊？這一點確實也是我所擔心的。

四、我一共跑了十幾家書店，覺得台北的出版界非常不景氣。香港這方面的情形，已經不能使我滿意，台北又較香港不如。聽說台北的印刷紙張都比香港貴；銷路不廣；稿酬太低；向台灣以外推銷，則以定價太高，頗不容易；凡此種種，大概都是台北出版物貧乏的癥結所在。據我看，在香港出版的書籍，十之八九應該是可以在台灣出賣的，可是因為審查的手續太繁，無謂的挑剔太多，更加上一個嚴重的外匯問題，於是使得一般出版商都相率裹足，這實在是一件很可惜的事。現在輸進台灣的電影片子，好像美國的，日本的，香港的都為數不少，其他的奢侈品也很多，難道這些都不需要外匯？何以對於輸入書籍的外匯獨吝而不予呢？

（一九五四年四月十七日《自由人》）

述最近留台觀感（中）

生產事業與軍事

有一件事是我未到台灣以前已決定要做的，便是多訪問幾位從事生產事業的朋友，聽聽台灣這幾年農工各方面生產的實況。依據我從三十位左右這方面主要工作者所聽來的口頭報告，我覺得情形確實不壞。他們對我說的話很多，我現在只想提出農業方面的米和水產，工業方面的製糖、紡織以及化學肥料等方面來轉述一下。

米（糙米）在日據時代的最高產量為一百四十萬公噸，從三十四年一直到三十八年的五年間，雖說每年都有進步，可是始終不曾趕上這個最高數字。到了三十九年，我們的產量已經是一百四十二萬公噸，四十年為一百四十八萬公噸，四十一年為一百五十七萬公噸，到去年，則已達到一百六十四萬公噸，比較日據時代的最高數字，已超過百分之一六・九四了！今年的情況依然很好，看來仍是有增無減的。米的產量其所以能有這樣的成績，一方面固由農田面積比較日據時代已增加了百分之二七・一二，（日據時代為六二五，三九八公頃，現在為七九五，〇〇〇公頃）而肥料供給與水利發展的情況日趨良好，亦有密切的關係。

水產為台灣一個極有前途的事業，可惜目前經營的規模還不夠大，且漁獲多限於近海，很少及於遠洋，養殖也不怎樣發展。可是就四一、四二兩年的產量而論，也已超過日據時代的最高產量不少了。（日據時代的產量最高數字為一一九，五二〇公噸，去年為一三〇，五九七公噸，已超過百分之九．二七）

台灣糖的產量，去年曾達到八十八萬二千公噸，這是近九年間一個最高的數字；但比較日據時代最高產量的一百四十一萬八千公噸，仍相去甚遠。其原因係由蔗田面積比日據時代的最高數字，已減少了百分之三十以上。以目前的趨勢而論，只要世界市場的糖價不至過份低落，而經營與管理又能逐漸改良，達一百萬公噸，依然是大有可能的。

輕工業的紡織部門，我們在大陸原是有了基礎的，這幾年的台灣工業，也以紗布的增產最為迅速，尤其以三十七年到四十二年的這六年間，更是突飛猛進。三六至三七年間所產的棉紗，還只有七十三萬公斤，棉布還只有一千二百四十五萬公尺，到四一至四二年度，綿紗已躍進到一千九百五十七萬六千公斤，棉布已到了一億三千零二十三萬公尺，以日據時代的數字比之，不僅可以自給，已經有多餘的可以出口，所可惜的只是台灣不產棉花，仍不能不仰賴美棉的輸入就是了。

日據時代，台灣所產的化學肥料極少（最高不足四萬公噸），但台灣所需，實際乃非五六十萬公噸不可。三十八年我留在台北的時候，知道已比較日據時代所產稍多，但仍不足五萬公噸，去年的數字，則已超過十七萬公噸了。現在一共有五個廠，統屬於「台灣肥料公司」，一切情況良好，且已接受美援，正在作第六廠籌建的準備，大致三年以後，我們要產生一百八十萬噸的米，一百萬噸的糖，肥料問題，已有把握可完全解決了。

此外農業方面的茶葉，水菓（包括香蕉、鳳梨、柑桔等等），雖產量尚不及日據時代，但已逐年有加；工業方面的製鹼（包括燒鹼、液氯、鹽酸），煉油（包括汽油、煤油、柴油、燃料油等），也發展得很快。尤其有一點令我們非常滿意的，便是電力與水利的建設，均已超過日據時代甚遠，這更是發展工農兩業一個最可靠的保證。

關於軍事的進步，這是一件有目共睹的事實；現在美國方面有一個龐大的代表團留在台灣工作，並且隨時有陸海空的大員來台視察，這也早已為舉世所周知；我對軍事是絕對外行，這一方面的情況，正好藏拙不必有所敘述了。但此外有兩件事我必得在這裡提一提；對於共諜的破獲與防止，這幾年政府方面確實下過很大的工夫，現在雖沒有人敢保證台灣已絕無共諜，但要像大陸國共對峙時代那樣猖狂無忌，殆已絕不可能。因之因防共之故而牽及好人受累的種種措施，似已有簡化而力求專注的必要，此其一。有人懷疑台灣對大陸的情報相當隔膜，但就我訪問所得，知道台灣對大陸所做到的切實工作雖已不少，中共在大陸的一切動向，想要逃避台灣的嚴密監視，殆已甚難。因之由台灣所發出一切有關中共的情報，已應該足以取得所有防共國家的重視，此其二。總而言之，統而言之，就軍事的觀點來說，今天已經不是如何防備中共去獲取台灣的問題，而是台灣如何去打擊中共才能有效的問題；我相信，國際的突變不會來得太遲，台灣對大陸的反攻，也決不會遷延得太久。

台灣工業化問題

然以余所見，僅此實尚不足以言台灣工業化，因國營事業，縱使全部移轉民營，亦不過等於由此手移彼手耳，既未增加一公司，又未添設一工廠，於工業化何與？我之所謂提倡民營企業，以臻於工業化之要旨，乃在於提起人民對於經營企業之興趣，使其自然趨向此途，其方法不外以下數項：（一）能獲合法之利潤。（二）確受法律之保護。（三）改良稅法及進出口管制辦法。（四）購取原料及銷售貨品多予便利，盡可能使其成本輕減。（五）減少各種手續上之麻煩。其條件不過如此，可謂甚為簡單，但果使此五項條件，確能做到，人民未有不樂於投資者，如此則游資皆納入正軌，群趨於生產之建設一途，而工業化之目的，可以漸達。

外資僑資何以不來

二、吸引外資僑資來台開辦工礦事業，此一方針，政府業經採行，惟年餘至今，不僅外資未來，僑資亦迄未來，所謂經濟部核准由香港遷台的幾十家工廠，每家資本，只不過幾萬港幣，或幾萬美金，談不上吸引僑資，雖然政府鑒於績效未彰，正對有關法令加以修改，但如修改而不徹底，其效力仍等於零，其實只要前節所述之五項條件，確能達到，再加以其所獲之紅利及資本，可以自由匯向原來地方，且其匯率之損失，有方法可以彌補，則僑資定可大量湧來，毫無疑義，匪僅僑資如此，即外資亦何嘗不能來耶。

培植人才應為急務

三、大量培植技術人才，欲求工業化，非有大量技術人才不可，近數年來，台灣投考大學之學生，人數雖眾，然考文、法、商等科者甚多，而考理工科者甚少，倘建設工程突飛猛進，實不足以應需要，似宜由教育部訂立獎勵工科規章，使學生改變方向，自動投考工科，並將工學院及工業、職業學校之儀器設備，加以充實，工科教授，尤須慎選賢能，至於出洋留學學生，亦應暫以習工科者為限，因有限之外匯，除習工科有出國深造之必要外，其餘科目，尚可暫緩，如此措施，則風氣可以轉移，技術人才，當必蔚起，況建設事業多，固需技術人才，技術人才多，亦可促成建設事業，二者乃相因相成，互為因果。

獎勵發明應得其道

四、切實獎勵發明，工業人才，既宜增加，特殊發明，尤須獎勵，試觀外國之發明家，其所享之榮譽，與所得之報酬，其優越程度，非任何人所能企及，以前我國對於某種發明，例係呈報經濟部，經審查認可後，僅許以專利幾年，事實上發明人未必即有資本，能以開設工廠，則專利云云，豈非等於空談。今欲工業化台灣，技術一門，最關重要，固當學習外國，尤宜自己發明，則獎勵之道，不可不優。竊以除由政府仍許以專利外，並宜予以鉅額之獎金，並賜以特殊之榮譽，以示鼓勵，而促發明，在此名利雙收之報酬下，必有人殫思竭慮夙夜孜孜以求之者。中國人之腦筋，決不愚拙，謂無發明，吾不能信。抑有進者，近年對於克難英雄已有崇敬，愚謂應有進一步之辦法，即（一）應不限於軍人，凡人民有發明者，同須獎勵；（二）不僅給以一時之榮譽，應有長久可享之報酬。

以上所舉，乃是幾項原則，至於如何互相配合，審時度勢，妥善推行，是在行政當局耳。

（一九五四年四月二十一日《自由人》）

述最近留台觀感（下）

對幾個問題的簡單答覆

上面兩段，我只把台灣近年的一般情況和生產建設略略的敘述了一番，此外還有幾個問題：例如一、台灣對於反攻的準備究竟如何？所謂「今年是決定年」，作何解釋？二、國民黨、青年黨、民社黨在台的動向如何？又三黨的關係怎樣？三、台灣的特務，吳國楨曾在美國大肆攻擊，其內容到底是什麼一回事？四、聽說台灣的訓練工作作辦得十分起勁，會不會收到預期的效果？五、台灣是否真正有了言論自由？報紙和一般的刊物，敢不敢說話？如此等等，也是一般港九的朋友所歡喜向我提出的。

以上這些問題，有的我只有一些看法，所謂見智見仁，對不對卻很難說，有的我知道得相當清楚，但我不願說得太多；有的壓根兒我就不知道，要說也無從說起。無已，我只好大概的來談一談。

反攻的準備

關於第一個問題，所謂反攻的準備，這個話很難說；今天台灣各方面的工作，自然都很緊張，可是在反攻前，反攻中，反攻後，其問題確實是多如牛毛，要如何準備才算十分充足，誰敢提出這種擔保？當局所謂「今年是決定年」，據我所了解，並不作今年決定開始反攻解釋，而是說整個世界局勢的演變，今年決定能看出一個眉目。由台灣向大陸反攻，一定要與整個世界反共行動相配合，決無法採取單獨的動作，這猶之乎南韓不得美國的援助而想揮軍北上，或越南三邦不得法美的支持而想單獨去消滅越盟，都是一種不可想像的事！

關於黨派問題

關於第二個黨派問題，我不想在這裡多說，但我知道，這次各方面的人士集合台灣，對這個問題確曾加以充分的考慮，而且引起了空前的注意。蔣總統曾公開的告訴青、民兩黨的負責人，希望兩黨合而為一，作為一個較有力的野黨；胡適之先生則主張國民黨不妨自動分而為二，以一個在朝，一個在野，比較的來得迅速有效。但據我所知，在今天國民黨之無法可分，也正如青、民兩黨之無法可合。不過所謂不可分不可合，卻又並不是絕對的，到了不能不分的時候便自然會分；到了可能合作的時候，也許自然會合；但決非所論於今天就是了。對這個問題，我曾和若干個國民黨的朋友交換過意見，我知道他們決不反對有一個像樣子的反對黨，毋寧說他們今天已有了這個迫切的要求，可是在事實上卻依然有無數的矛盾：例如今天的青年黨人，即站在實際政治的圈子以外，那怕在各縣市當一個校長，或一個廠長，也還是無法安於其位，我已經搜集得這類的材料在十五件以上。谷正綱先生向我解釋，說這不一定就是一個黨派摩擦問題，而只是一個工作崗位爭取的問題，即在國民黨員與國民黨之間，像這樣的一種鬥爭，又何嘗不進行得異常激烈呢？我承認他這一番話有相當理由，不過對若干的個別事實，卻又不能完全適用。我另一個補充的解釋是這樣的：我相信今天大多數的國民黨員並沒有意思還要貫徹一黨政治，但過去若干年的習慣卻不容易矯正得過來，一般下級黨員對黨的整個政策的理解，乃不如他們對黨的習慣的遵守來得更為深切就是了。

關於特務工作

關於特務工作的內容，我這次僅僅在一個少數人的座談會中，聽過蔣經國先生作了約一小時的簡單報告，確實知道得不很詳細。但我從這次報告中所得的印象，覺得他們過去幾年對於台灣共諜的應付和處理，確實下了不少的工夫；且收了不小的效果。所還有多少懷疑的：是不是這類有關的機關微嫌太多？工作的對象是否完全明確？參與這類工作的人員，其能力是否確能勝任？胡適之先生在這個座談會中，曾說明美國聯邦調查局的工作人員，必須大學畢業，再加特種訓練，頗值得注意。以吳國楨過去在台灣的地位，對這件事他可能知道得更多，因此他所說的也確有淆亂國際視聽的煽動性，必得審慎應付。要緊的不在口舌之爭，而在有明朗的態度，正確的事實，與世人以共見。

短期訓練可懷疑

關於目前台灣各色各樣的訓練班，我很想知道，也很想參觀，但沒有時間，也沒有機會。我是一個相信正規教育，而不大相信這類短期訓練的，而且我相信訓練班所用的若干教材，也儘可容納於正規教育之中，似乎並沒有架床疊屋的必要。依據我過去教書的經驗，我覺得教一學期或兩學期的一個課程，總能使用功的學生有所得，作三、五次的講演，則給予學生的印象決不會深。這次我看見一個受過訓練的青年，他們一班的程度是高中，訓練期是十天，編制是一營（即二百幾十名學生的集體），我問他訓的是一些什麼材料，他說是俄帝侵華史，偉人故事，以及「讀訓」等等。我問他感不感興趣，他乾脆回答：「不感興趣」。我又問：「你個人不感興，還是一班都不感興趣！」他回答：「都不感興趣！」我相信這個青年說話很天真，他決不是預備好來答覆我的。至於那些高級訓練班，要找到從事訓練的人才真不容易；對一個四十、五十的人，要想在最短時間改變他們的思想，改造他們的人生觀，真是千難萬難啊！尤其那些自請受訓的人，其動機便不容易明白，他們是不是藉受訓來作為進身之階？果然如此，那就更是醉翁之意不在酒，要得到預期的效果，恐怕是很難了，至於高中和大學畢業生，規定要受一時期的嚴格軍事訓練，這一點我完全贊成。

言論自由有了進步

最後說到言論自由，我覺得目前的尺度確比從前放寬了不少。例如從前不能進入台灣的報紙，如《星島》、《華僑》、《中南》、《天文台》等等，現在已能進去；雜誌如《自由中國》、《民主潮》之類，也時有不客氣的批評；但我從當地一部份報紙所嗅到的氣息，總好比裹過腳的女子差不多，儘管已在逐漸解放，步子還是放不大就是了。又關於紀載新聞的方法，遇著總統兩字一定要空一格，提到行政院長不用他正式的官名稱陳院長，而一定要稱「陳揆」，這都是一些不良的習慣，大可不必。至於書籍進口的情形尚待改善，審查的機關必須簡化，則我在上文已經提到，現在不多說了。

（一九五四年四月二十四日《自由人》）

最近十年的香港

因葛量洪氏去職所引起的種種感想

「人事有代謝，往來成古今」；「四時之序，功成者退」；一位經過港九居民一留，再留，三留的香港總督，終於在昨天於多數居民的一種惜別與熱烈歡送的心情之下，而翩然歸國了。這雖是一件不值得過分重視的尋常事件，可是也未嘗不足以引起我們種種的感想。

有人把最近十年（1947-1957）的香港目為「葛量洪時代」，這自然是稍近誇張；但葛氏具有高度的政治修養，能保持英國人一種少說多做的優良作風，除透徹理解各色各樣的政治技術之外，更富一種咱們東方人的人情味，因而獲得大多數居民對他的好感，要為無可否認的事實。

世界上可以自由生存的地區

上月二十八日，《香港時報》發表社論，指出葛氏最近在立法局所說「在香港可以享受到行動自由的權利和意志的自由」，是「世界上可以使人最自由生存的地區之一」，認為這是十年來葛氏對本港的最大貢獻，我完全具有同感。

在這十年之間對港九第一件劃時期的大事，當然要推四九、五〇，這兩年來自大陸百萬以上無居，無食，無業的難民向港九的突然湧進！要應付這樣一種嚴重的情勢，假如領導者不得其人，而是遇著一位少不更事的政治哥兒，豈只要鬧到手忙腳亂，恐怕結果還非焦頭爛額不止哩！可是葛氏以他老練的幹才，正確的認識，運用一切公私機構，從容處理，卒能使得鑒個的港九，秩序井然，僅此一事，已經可以十足說明他的政治能力。現在港九全體居民，實際已接近三百萬，即較中國大陸淪陷前已有兩倍以上的增加，目前大多數不僅已經有居可安，而且有業可樂，其主要的原因，自然是由於中國人的勤敏耐勞，但在這七、八年之間，葛氏及其所領導的機構，能使港九成就一個最優良的政治環境，其勞績豈容忽視？

不愉快的外交關係

尤其使得港九當局最難應付的一點，乃是英國政府與中共之間，儼然有了一種不愉快的外交關係，其勢不能不容許共產黨在港九這一地面自由出入，於是中共若干的公私機構，可以在這裡自由建立，若干地面的和地下的人員，可以在這裡自由活動，他們可以製造事端，可以亂提抗議，可以瞎造謠言，可以無中生有的盡量挑撥，好像非把一個平安無事的港九，也造成像大陸那樣一種昏天黑地的景象不止；可是他們從這一和平地帶，利用他們從大陸無數善良人民所榨取得來的大宗產品，每年吸收去十億港幣的外匯，他們卻認為是分所應得！我們能僅從港九這一角度去理解中共年來所標榜的所謂「和平共存」、「和平競賽」；便知道其內容所包含的是什麼東西！在不危害當地秩序的條件之下，不得已容許中共在這裡自由活動，同時也默許當地居民有附共反共的選擇自由，這大致是英國政府一個既定的方針，而把這一方針運用得恰到好處，不給予中共以可乘之隙，我覺得這也是葛量洪氏表現他優秀的政治才能的另一方面。

文化水準的提高

從另一角度來看，最近十年以來港九的文化水準，確已今非昔比。以我個人的經驗來說，當八年前我初到香港的時候，香港的書店舉不出幾家，要買一部我所需要的參考書，往往是踏壞鐵鞋無覓處；可以看看的刊物和報紙；我確實也找不到幾種；至於帶有一點文化或教育性質的機構，究竟內容如何，作用如何，主持的是一些什麼人物，我也全不明白；現在則書籍與刊物到處滿谷滿坑，可以說古今中外應有盡有，報紙和定期刊物的內容，已一天天健全充實，發行數字也逐步增加，無數的教育文化機構，也確實在不斷的改進，效率提高；凡此種種現象，自然也有中共所表現的一份，我從來不主張對他們的這類表現，加以任何嫉視，甚至他們的一本書印刷得不錯，校對得不壞，我也不惜加以稱許；至於他們的說法如何，主張如何，這是他們的事；如何看法，如何批判，這才是我們的事。不久以前，中共曾在大陸標榜所謂「百花齊放」、「百家爭鳴」，我覺得只有在像港九這樣一個自由天地，才可不折不扣的辦到，像在大陸那種一黨專橫而絕對無所謂自由的地方，畢竟只能曇花一現！中共今天在大陸對一切批評他們的言論，不能不以全力撲滅，對海外發行的一切書刊，不敢聽其自由輸入，這只證明他們「擔心於鼠」、「頭縮如龜」；只證明他們毫無自信，絕對經不起批判；已天然的注定他們必歸失敗。大家在這裡必得注意：今天散居港九的知識分子，其所以能有餘力注重到從思想文化的傳播去掘共產黨的根根，甚至已漸有餘力關心於未來新文化的創造，這也與十年來港九這一和平安定的環境，有著必然的關係。

此外的幾點感想

最後，關於葛量洪氏的去職，我也還另有幾點感想：

（一）前兩次葛氏任滿，其所以一經港九居民挽留，英倫方面即慨然允許，這只是他們不願過拂港九居民的情感；這次其所以終於不能不讓葛氏離去，乃是他們不願因情感而損害了他們的法制。在一個具有優良法制傳統的國家，關於一切人事異動，都有一定的法制軌道可循，斷沒有某種職務一定非由某人一直幹下去不可的道理。至於不問某人幹得長，幹得短，幹得好，幹得壞，在一句不通的「人事凍結」的口號之下，便一動也不敢動，老實說，這已經不是有民主無民主的問題，而是有政治無政治的問題了。

（二）今天港九的知識分子，對中共作一種文化思想的鬥爭，儘管目前還是處於相當的優勢，但我無法保證中共不會加強他們的反攻，如何求得我們的團結與配合，加強我們的實力，以爭取最後的勝利，這是值得我們加以切實考慮的。

（三）世界不斷的在變，任何一個角落，其勢都不能不會受到這種變的影響，港九也決非例外，如何應付這一變的形勢到來，這豈只是英國人應該考慮的一個問題，便是住在港九絕大多數的中國人，也更加是責無旁貸哩！

（一九五八年一月一日《自由人》）

台北與大陸之間 從若干消息所引起的一些感想

從四面八方來到香港的朋友，當他們看見我們的時候，好像都抱著同一的觀感：「您們真幸運，最近八九年，凡我們所遭遇的一切一切，您們都不曾遭遇，因此您們的態度很安詳，好像您們的精神從來沒有被擾亂的樣子，確實值得羨慕！」

我不好說這個話完全不合於事實，但說簡直就是這樣，卻又未必盡然。

香港這個地方，緊接著大陸，隔台灣也只有兩三時小時的飛機，往往大陸發生一件事，大陸的人民還不曾弄清楚，我們住在香港的人卻每每能預測其後果而若合符節；同樣，在台灣發生一件什麼事，台灣的老百姓還被蒙在鼓子裡，香港方面乃先來一個「大膽的假設」，再來一套「小心的求證」，於是只要經過三天五天，最多一個禮拜，我們對這一事件的真相，也就大致可以明白。我們對於大陸和台灣兩地人民的生活狀況，隨時都在密切注意，因此他們所遭遇的種種，我們實在是感同身受，最多不過有直接、間接之分罷了。

千古艱難惟一死

最近大陸在所謂大鳴大放以後，便著手惡毒的清算「右派分子」，當時香港有一部分人說：這一次像羅隆基、章伯鈞這類「罪魁禍首」，中共大概非把他們趕快的弄死不可。但另一部分對中共較有研究的人說：不然，他們不一定要把這般人立即弄死，假如真是這樣做，便還不夠殘酷，更不足以使大家深刻的警惕。他們要做一定是這樣的：第一步，叫一群無恥之徒，先對這般人來一次或多次的清算，把二十年、三十年的老案一律翻了出來，儘管是虛虛實實，但卻也要造出若干的「真憑實據」、「物證人證」，使他們辯無可辯，甚至把他們弄得無地自容，於是他們便只好站在群眾面前自打耳光，自動認罪。認了罪，他們便是罪人，最後應該如何辦，當然只好聽憑發落；於是第二步他們便叫這般人去受訓，去學習，叫一群到過莫斯科或搞過一下馬列主義的黨棍做他們的老師，他們便惟有坐下來恭聆訓誨！據曹某人在《南洋商報》的一封北京通信，我們才知道費孝通、潘光旦、錢端升、吳文藻、儲安平等等，早已在受訓之中，至於章羅之類，當然更不用說。在曹某的這封通信中，還附了羅隆基的一個照片，據說是在老羅住宅中的後花園裡照下的，我已經二十多年不曾看見老羅，單就這張照片說，簡直就是從棺材中拖出來的一個活死人！他早年那一股飛揚跋扈的神氣，不知消磨到那裡去了？從這裡我們可以得到一個了解：凡是運用一種訓練制度，用上一群無知識的蠢材，對著一群曾受現代高等教育的知識分子，實施訓練，硬要他們去相信某種說法，去崇拜某一個人，這是現在世界上比較古代凌遲那種酷刑還要殘酷的一種刑罰！

究竟章羅等這種受訓要受到那一天為止呢？我看也總有一個結業的時候，只要他們個別或集體用書面表示，說他們對馬列主義已經有了充分的了解，他們對於「毛主席」的恩情更是感激不盡，從此願把心交給黨，永遠不再放言高論，妄肆論評，我想中共還是可以讓他們毫無心肝的活著下去的，「千古艱難惟一死」，像沈鈞儒、黃炎培、邵力子、張治中、李濟琛之流，不儼然就是這樣活著下去的嗎？這大概便是中共對付他們最後的一步。

章行嚴已進入彌留

其次，我們還得著一個消息，說在這次清算右派中，葉恭綽也在被清算之列，章行嚴聽到了，便跑去向「毛主席」說情，毛也答應把葉的名字去掉，可是結果並沒有照辦，於是章不免發了幾句牢騷，說這般共幹們不應該對「毛主席」的意見也不買帳。這樣一來，章便立即受到警告：說這次被清算的名單中沒有他，已經算是對他十分寬大，叫他自行檢點，少管閒事。章在接到這個警告後，便一氣病倒，至今兩月有餘，已經進入一種不生不死的彌留狀態。在得到章行嚴這一消息的同時（五月三日），本港的某著名晚報，乃以木刻大字標題登出一條駭人聽聞的噩耗，據說胡適之先生的長公子胡思杜，因為不勝中共的壓迫，已於去年八月在唐山鐵道學院的教員宿舍中自殺身死！這一消息一直被中共保密到現在才透露出來。該晚報這條消息的內容，多至六、七百字，原原本本，言之鑿鑿，證以若干年來大陸反共人士被迫自殺者之多，幾乎使我們一百萬分不願相信這條消息真實的可能性很小（我現在正托人打聽這條消息的來源）！

根據上面從大陸所傳出的這類消息，已經使我們在精神上遭受莫大的刺激，再看看台灣，是不是多少有些好消息可以使我們得到一點安慰呢？不幸事實還是適得其反。

台北的多事之秋

在最近幾個月，台灣也真可說是多事之秋：從防衛捐問題到俞鴻鈞的被彈劾，被申誡，一直到徐柏園、王德溥、江杓的去職；從蘋果問題，內政干涉問題到《自由中國》半月刊的被圍剿，一直到最近出版法修正案遭受新聞界的強烈反對而仍勢在必行；從胡適之先生回國消息的傳播，到《胡適與國運》小冊子的滿天飛，一直到現在胡先生少談政治不談反對黨而強調學術研究的半消極態度；從立監兩院的積極活動，到監委孫某四十餘人的效忠簽名，一直到最近立委程滄波等二十四人提議對出版修正案公開討論的卒被否決；從藍欽、羅柏遜先後在台北和華盛頓答覆美國新聞記者及美國議員有關中國總統繼承的問題，一直到最近立法院中為應付討論出版法修正案某某兩派立委的合流；從王寵惠、馮自由這類與國民黨有深長歷史關係的老黨員先後凋謝，一直到最近國民黨在準備中的再度登記……實在是極盡五花八門之能事，而無一不足以激起大家的極度不安，其對民心士氣以及反共復國，前途可能發生的不良影響，自更不待論。

像上面所列舉這一大堆的問題，我現在還不能，也不願在這裡逐一討論，下面只揀出比較輕鬆的一兩點談談，這是我自來對台灣直接發言總是採取避重就輕的一貫態度，我坦白承認：我是投鼠忌器！

黃色新聞與黃色事實

這次所謂出版法修正案，據我們所聞，決不是出自行政院的主動，而另有其來源，這在黃少谷的某次談話中，實已公開流露。其主要目的確在壓抑少數民營報紙對政治的尖銳批評，似反對若干政治內幕的盡情暴露。現在行政院把主要目的說成只是取締黃色新聞，可謂文不對題，而且跡近欺騙。現在這件事的全部責任已經落到立法院的頭上，我們希望每一位立法委員都能夠謹慎從事，要確切認識人民的公意是什麼？您們所代表的是什麼？如果過度忽視了人民的公意，您們可能得到的後果又是什麼東西？

再說到所謂黃色新聞，我們也覺得非常可笑。我們住在港九兩百萬以上的中國人，平日便絕少機會看到台灣的所謂黃色書刊，可是由台北若干要人所製造黃色事實的傳播，卻依然在港九一帶不脛而走！例如某某要人的「帷薄不修」，涉及任某、蕭某等的婚姻故事，至今也還是港九一帶對黃色消息感到興趣的人門在茶餘酒後的一種談話資料。不從源頭上想辦法去轉移這種不良風習，只想拿著幾種黃色刊物來開刀，即令有此必要，也只能說是不其本而齊其末啊！

名滿天下而謗亦隨之

關於《胡適與國運》這本小冊子，據說在一度取締之後，現在依然又可在台北公開發賣，不無令我們感到離奇。據我所聞，這本小冊子的出現，並非臨時發動，遠在胡先生未動手術以前準備回國的時候，就已經有人在那裡籌備，這件事的主動者，既不姓徐，也不姓李，而實際是一位搞國醫的某某所幹的。雖不定為某一方面所策動，但擔任印刷的卻不是一家什麼民營的印刷機構，據說第一版印五千冊，印刷費四千五百元，只付一千，好像還有三千五可以特許欠帳的樣子。這件事就胡先生本人來說正所謂「名滿天下而謗亦隨之」，大陸清算「胡適思想」已經鬧了八、九年，專集也出了八、九冊，台灣在今天既仍然難保不有匪諜滲透，他們願意採取一種行動以與大陸遙相呼應，自屬事理之尋常，胡先生不願深究而一笑置之，我覺得甚為妥當。不過胡先生的這次回國，好像不完全是他自己的主動，與蔣總統的再三敦促也不無關係；因此這本小冊子直接所要打擊的是胡先生，間接對蔣總統的威信，多少也有些損害，這可看出台北有一班人平日儘管高呼「擁護領袖」，可是到了某種場合，他們卻是可以一切不顧的。萬一不幸，台北有一天再有類似「五二四」一類事件的發生，乃至連蔣總統的命令也不一定有效，這樣一種尾不大掉的趨勢，不是有點令人感到不寒而慄嗎？

（一九五八年五月七日《自由人》）

記新春的雜感與瑣事之一

書當快意讀易盡，客有可人期不來，
世事相違每如此，好懷百歲幾回開！——後山。

住在香港的中國人，對於每年的兩個新年都過得很認真，但也各有所偏重，大多數的孩子們，則似乎對舊曆年更感興趣一些。像我們這類過了六十已快接近七十的老人，則介乎新新舊舊之間，已歷半個世紀以上，回憶過去，想像未來，把自己國家的現實情況和別人的比一比，眼看著許多中年人對他們自己的事業不太留意，有一種進取氣象的更不多；同時，還看到不少的青年人，在求學期間並不怎樣緊張，指導他們的先生們又不盡如理想，像他們這一代，將來究竟能有多少人能對國家民族生出較好的影響，我也很懷疑。最近幾天，因為工作輕鬆一點，照理應該多少有點愉快，可是仍不免為這類的感想所侵襲，在心情上依然籠罩著一層陰影。

陰曆的年前年後，因為學校放了假，大家都有工夫走動走動，在最近兩週，承他們枉駕到我這裡談談的也還是以教書的先生們為較多，從這一群的舊雨新知，我聽到的珍聞真也不少。有一位在台灣教歷史的先生，以前我不認識，甚至他有著作在我的書架上，我也不曾看過；這次見了，談得很痛快，我知道他非常用功，研究興趣濃厚，最近更與美國和日本的史學界有過一番接觸，而且年富力強，太可愛了，我希望以後再有機會見到他，而且期待我們再見的時候，不要使他感到我太落伍。

另有一位先生，也是現在在台灣和過去在香港教歷史的，因為他的太太和小孩都住在這裡，因此趁年假回來團聚團聚。承他告我：他這次回到香港來，曾搜購了若干種最近幾個月大陸出版有關歷史的書籍，因為這類書刊無法帶進台灣，他只好在這裡匆匆忙忙的翻閱一個大概，那怕在輪渡上或巴士上的時間，也得充分利用。談次，他從皮篋中取出一本小書給我看，他說：「像這一本，便是剛才在輪渡上看完的」！這一事實，真引起我無限感慨：記得三十年前，其時我還在上海中華書局編譯所服務，有一天，書局收到「上海市黨部」一份公文，另表開列禁止出售的書籍計兩百多種，其中有二十幾種是中華出版而且是由我經手的，因此，書局的當局才把這件公文交給我看。我記得很清楚：這件公文是由三位市黨部的委員署名，其中一位，現在美國艱苦卓絕的辦報，依然沒有失掉反共和維護國民黨的立場，我很欽佩。另一位，是近年在監察院錚錚有聲的監察委員，我也很佩服。第三位，現在在台灣，但已與現實政治無關，只做做生意，幾年前，我和他在香港見過面，已變得非常的平易近人，我還和他在某紗廠老板家裡吃過飯，叉過麻將。可是在當年，他們卻都是炙手可熱的人物！就當時中華書局的立場說，所謂「不怕官，只怕管」，既已收到這樣一件公文，當然只能把他們出版的二十幾種書一律停止發行。可是就我所知道，在這兩百多種書刊中，真正出自共產黨人手筆的最多不超過十分之一，其餘十分之九的作者或譯者，則明明白白並非共產黨人，可是國民黨的一貫作風，永遠是疑神疑鬼，不把所有的朋友都變成敵人總覺得不夠味！

上面所舉的這個例子，僅僅是我親自經手無數這類例子中的一個，而且是三十年前的往事了；最近這十多年來政府遷到台灣以後又怎樣呢？可以說不僅沒有絲毫改善，而且是毫無悔心的做得變本加厲！舉例來說：友聯出版的一本《祖國》周刊，現在已出到三十七卷了，他們的立場是一貫反共的；誠然，他們偶然也要觸到政府的瘡疤，觸到瘡疤而覺得癢或感到痛，總比麻木不仁要好一點，因此要撤銷他們的登記證，不許在台灣繼續發行，究竟也還算得有一種不成理由的理由；可是老早在台灣便已風行的一本《兒童樂園》最近也被禁止，這又怎麼說呢？如果說怕這類書刊在台灣流行太多，對政府的外匯便構成一種威脅，但東鄰的大腿姑娘們到台灣去亮上一個月以上，您們何以又看得眉飛色舞呢？每年以幾百萬的外匯派人坐到香港來亂花，專做壞事，不做好事，甚至一經貪污，便以幾十萬的港幣計，您們又何以毫不吝惜，而還要把這類分子捧為「匪情專家」呢？

今天收到二〇二五號的《天文臺》，看到黎晉偉先生一篇〈期待台灣及時努力〉的文章，我才知道黎先生去年出了一本《國事諍言》，曾按照規定手續，向台灣有關機關申請內銷，但經過了三個月，還不曾得到肯定的答覆，因而不免發了幾句牢騷，並說明他的立場是「反共而又反七十三烈士」，而感到自己做了「走狗」與「打手」為「愚不可及」。鄙人忝居「烈士」之一，因此不能不向黎先生申述幾句：在我們心目中：所謂「走狗」與「打手」，黎先生原不在內，其原因便是因為黎先生在《工商日報》所寫的社論，儘管委婉曲折站在維護政府的立場，但確實也向政府進過「諍言」不少，假定政府能稍稍採納，也未必於國事無益。再從實際說來，今天在香港這類的「走狗」與「打手」，最多也不超過半打，他們的目的很單純，而且被孫家麒的兩本書拆穿了西洋鏡，我們是從來不理的，請黎先生不必誤會。照我想，經過黎先生這一度抗議，他這本書或許可以解禁，不過我仍希望黎先生推廣範圍，如有「諍言」不妨多說。否則黎先生所期待的「扶持正氣」與「鼓吹中興」，是難免不要落空的。

最後，我還要在這裡補述一個故事：去年有一位在台灣教國文的老師，在香港買了幾十種書帶回去，全部被查檢員扣留，交涉了好幾個月，至今未予發還，有人問這位老師：「您買的書究竟有那幾種是犯禁的？何以至今不發還給您」？他回答：「我是以教國文為專業的，我買的書以教國文用得著的為限，但內中有一部《馬氏文通》和一部《列子》，卻是大陸出版的，或許他們懷疑我是馬克思列寧的崇拜者，所以要給我這一嚴重懲罰」！大家不要以為這僅僅是一個笑話，我是得自一位新近從台灣回港，在台曾見過這位老師，而又從來不說謊話的人親口告訴我的。近年在台灣發生過不少的冤獄，大抵可作如是觀，一言以蔽之：兒戲！

（一九六二年二月十六日《聯合評論》）

記新春的雜感與瑣事之二

今年春節的正月初一，初二，初三，也和往年一樣，我這間簡陋的書房兼客座，便也添了一些生氣；而今年的糖果，卻比往年多了一些花色，因而引得一般孩子們，似乎也比較的感到興奮。說老實話，在這個年頭兒，除掉從孩子們的臉上看到一絲天真的笑容，我也不覺得有什麼事更能使我愉快。

我的客人大率分為兩類：有的一到便走，有的卻願坐下來談談。話匣子一經打開，當然便是天南地北，包羅萬象。今年最突出的一種談話資料，便是大家都歡喜報告他們大陸親友們的近況，同時也不免向我問長問短。我告訴他們：去年底，我還收到大陸兩個青年愛侶一封超過兩千字的統戰長函，文字相當動人，也沒有完全隱瞞大陸近年發生的一些可悲事實，在信的末了，有著這樣的句子：「西子湖邊的春色，不減當年」；……「故國河山，仍在向您招手」；……「我們總希望您回來住住，也可到各處走動走動，即令不願久住，住半年也好，保證來得去得，一切都無問題……」這個意思自然是可感的。不幸我這快近七十的老翁，已不感到人世值得如何留戀，「是處青山好埋骨」，死便是死，「故國」不「故國」，倒沒有什麼關係。記得三十年前，一個深秋的清晨，我單獨一人，在巴黎近郊一處公共墳園散步，四面寂無人聲，只一起陣襲來的鳥語花香，稍稍干擾我的孤獨。當時我私心有一個這麼的疑問：「我將來能不能走到一個自由最多的地方去死，而有幸福與這類的自由之鬼為鄰呢」？我們這份小得不能再小的《聯合評論》，台灣和大陸都是不許進去的，不過我們有真憑實據，這一每週發行兩小張連我們自己也不滿意的小東西，不只是台灣有，大陸也有，因此，對這兩位朋友的來信，我便不必正面作答，只希望看見我們這小玩意的人能轉告他們，知道我讀了他們的來信，有著這樣一種的感想便完了。

我的故事正說到這裡，在座一位姓張的好朋友，乃從他的皮夾子裡面，取出一長約三寸，寬約一寸的小條子，頭上兩個大字，「收條」，下面記著「冰糖一公斤」，再下用阿拉伯字，表示價格，五元六角！據這位朋友告訴我們：「共產黨有進步，現在寄糧食或日用品到大陸很方便，只要在香港購得一張在大陸取東西的條子，由郵局掛號寄交收件人，信到便可憑條子到指定的地方取件，如經過一定的時期不曾收到，這方面寄件人還可憑收條追問。既可免去到香港郵局排長龍的麻煩，又可避免在大陸交稅的手續，損失有保障，還可除去帝國主義者從中剝削運費，一舉而數善備，真是簡便極了啊」！究竟共產黨富有打倒剝削階級的經驗，才虧他們能從一公斤冰糖的代價上，淨淨的剝削去四元以上的港幣，我相信，假如不是在他們「英明的毛主席」的領導之下，是決不會有這種輕鬆簡便的方法產生的。據說去年一年，共產黨從香港華人手上吸去的外匯，共為十八億港元左右，我們在這裡兩百萬以上的難民，對台灣，還只勉勉強強做到了「歲歲來朝」；對大陸，卻充分做到了「年年進貢」！這究竟為的什麼？還不是在發揮我們對六億同胞的熱愛，同時也還是看在「故國河山」和「西子春色」的份上啊！

另一件事，大約是在初二年前發生的吧。因為願意坐下來談談的朋友一下子集中了七、八人，內中有甲、乙、丙三位，卻因為胡適之先生去年十一月在台北那篇〈科學發展所需要的社會改革〉的講演，引起了相當熱烈的爭執。甲先生是一種刊物的主編，年最長，已六十開外；乙先生是一間大學的專任教授，頭髮也白了不少，大約五十七、八；丙先生卻還是一位少壯派，面孔圓圓的，生氣勃勃的，大致才剛到四十的邊緣，他是一位必須經過長期思考和搜集充分資料然後敢於下筆的作家。這次爭執的起因，是由於甲先生在他的刊物上分期發表了徐復觀先生一篇反對胡先生對中西文化觀點的長文，乙先生看了非常憤慨，他原想打電話給甲先生，說明像他那樣一種立場的刊物，如徐先生這類超越理性，跡近失態，甚至還夾雜得有相當副作用的文字是不宜發表的。這一天他們兩位見了面，剛巧甲先生又向乙先生要稿子，因而引得乙先生大放厥辭，發揮了他一番袒胡抑徐的高論。這個時候少壯派的丙先生忍不住，也插上幾句，他說：「我對胡先生近年的政治動態，確也有些地方不以為然」。我知道丙先生是另有所指，與胡先生最近一次的講演無關。不幸我這天是站在一個主人的地位，對甲乙兩先生間的爭執不便參加；同時在台北方面為這一問題所發表的文字，我也看得太少，對他們所爭執的論點更不大清楚，一直到最近見到台北出版的《文星》第九卷第四期李敖先生的一篇長文，才感到雙方的爭論相當激烈，因而不敢說話；但在我的內心，卻依然是站在胡先生一面的。據說胡先生這次講演所以引起反胡派的一種衝動，倒不是因為他提倡發展科學的這一主題，而是由於他在若干外國人的面前，又一次提到了中國女子的小腳。好像這是丟了中國人的臉，因而激動了一種所謂民族的情緒，乃不惜藉題發揮，對胡先生大張撻伐。其實講起來，中國歷史上的小腳問題，並不是一個怎樣的小問題，在講話的時候偶然提到，又算得什麼罪大惡極？我平日勸一般朋友為爭取民主而遭受挫折不要灰心，也常常歡喜拿中國人的解放小腳做個例子。我常說：「儘管在一百六十年前，中國已經有了一個好色而不贊成小腳的袁子才（1715-1897年），可是四十年前卻還有一位站在大學裡面歌頌小腳的辜湯生；康有為組織團體主張解放小腳是光緒九年（1883年）的事，到現在快到八十年了，可是小腳至今也還沒有絕跡，可見為了解放中國女子的兩隻腳，至少也得花上一百年！中國人提倡民主從王韜（1828-1897年），鄭應觀、馬建忠等到現在，最多也還不到一百年，而實現民主與解放小腳的難易又不可相提並論，有什麼值得我我們灰心呢」？至於一般至今仍在追隨他們的「張文襄公」實行「中學為體西學為用」的先生們，則更不值一談，發明了這兩句口號而且身體力行了一輩子的張之洞，到最後的歸結，也還只落得「辛苦李（綱）虞（允文）文（天祥）陸（秀夫）輩，追隨寒日到虞淵！」就儘他們去搞好了，又何必爭論？

（一九六二年二月二十三日《聯合評論》）

記新春的雜感與瑣事之三

我在本刊的「一八〇」和「一八一」兩期，曾發表了兩段記新春的雜感與瑣事，原想繼續發表我的最後一段，不幸胡適之先生突然去世，使我難過了好幾天。本刊上一期，我們一共寫了四篇追悼胡先生的文字，已沒有多餘的篇幅，所以我只好把這第三段移到這一期來發表。

我沒有意思反對這一過舊曆新年的習慣，但疲勞卻也真夠疲勞：初一，初二，初三這三天，因為白天的談話太多，以致弄得身心交困，幾乎把我多年來硬性規定，無特種應酬必於晚間夜闌人靜後讀書兩小時至三小時的自課表也給破壞了。

幸而還好，去年除夕的前兩天，李幼椿先生約我到他家去吃年飯；他盛讚羅香林先生的一本近著——《香港與中西文化之交流》，提供了不少有關中國近代史的切實資料；若干不容易見到的插圖，更能引起一般人一讀此書的興趣。於是我把它借了回來。

這本書共分八章，中文部份除目錄外二六五面，後附「英文提要」又四十面，插圖共五十二幅。插圖中的大部分都是我以前不曾見過的；尤其以一八七四年唐紹儀、梁如浩（均十二歲）以幼童出洋，在準備赴美前的一張合照，使我想起唐氏在甲午戰前與袁世凱在朝鮮的一段關係，以及他辛亥代表袁氏南下議和而首贊共和，一直到抗戰中他在上海被人暗殺，頗引起我相當的感慨。

初一、初二的兩個晚上，我看了這本書的前四章；初三晚上乃深夜不能入睡，我只好起來，把後四章也一氣看完。本書第三章，述「王韜在港與中國文化發展之關係」，第四章，述「最早自香港留學美國之容閎及其所提倡之洋務」，第五章述「香港早期之西醫書院及其在醫術與科學上之貢獻」，都極端重要。假定我們不明白王韜、容閎等的種種活動，及其見解與抱負，則康有為在光緒十四年即正式上書主張改革，乃至再過十年便有了一幕戊戌維新，我們便不會了解其來龍去脈；假定我們不知道孫中山在西醫書院正式受過五年的科學訓練，而成績又十分優秀，則中山何以有一個堅定主張革命的決心，乃至孫康兩派何以終於不能合作，我們也決不會有進一步的認識。

我們不可忽視同治初元迄光緒甲午以前三十年的洋務運動，洋務運動實際便是誘導中國人研究科學的一個初步工作。

王韜在同治年間已主張廢八股文；戊戌以前，康梁等對這一主張便表示得更為堅決，結果卒告成功；到了民國七年，胡適之進一步主張「國語的文學，文學的國語」，也已經成功了十之七八；這個趨向完全是對的，我希望某一部分人最好不要繼續反動。劉百閔先生主張古文可讀而不必做，我同意；但我覺得古文可讀的也只有一部分，其他的一部份，便只好讓給專門研究中國文學和中國文學史的人們去下工夫，不必強迫多數青年（包括中學生和大學初年級的學生）濫費大部分學西文和研究科學的時間，非讀韓文背杜詩不可；強迫中學生讀〈哀郢〉、〈秋水〉，和李義山〈無題〉

一類的東西便更不必了。何況今天在中學大學教國文的先生們，真正能把〈哀郢〉、〈秋水〉，乃至李義山的〈無題〉詩講解得清清楚楚的人已經不會太多呢？

太扯遠了，我想就羅先生這本書再說幾句話：羅先生這本書是為紀念香港大學五十週年而寫的；我們讀歷史的人，最怕一位著者把時間和空間的觀念弄得不清楚，也怕敘述一件複雜或多件有關聯的事實弄得頭緒紛繁而又不具體。羅先生這本書便完全沒有這兩種毛病：他一切提出了真憑實據，使人無可致疑；對一件事的時、空關係，也交代得明明白白。假定他只說中山先生少年時讀書是如何如何用功，他的成績又如何優秀，便不能給我們一個深刻的印象，這因為舊日用古文為一位大人物寫傳記，往往只運用陳腔爛調給這位人物一番照例的恭維，其目的原在使我們相信這位不世出的人物「生有自來」，但結果卻僅能使我們疑信參半。羅先生把中山在西醫書院記錄成績的原件也印了出來，這便使人感到確確鑿鑿，而自然使得我們加強了對中山的景仰。推而廣之，司馬遷寫項羽少年時代學書、學劍、學兵法都不肯下苦功，這固然會使我們覺得項羽是一位「才氣過人」的天才，但他後來所以留不下得力的幫手，如韓信、陳平、范增之類，以致陷於慘敗，也就正是由於他這種疏忽的性格所召致的當然結果。他記劉邦「左股有七十二黑子」，這自然只有他自己和他的老婆才能造出這種謊言，否則誰又能扯開他的褲子數得這樣清楚呢？再如說到劉邦住的地方頭上有雲，以及「赤帝子」、「白帝子」這類鬼話，也自然都是他們兩口子搞出來的；再看下去，如後來的偽遊雲夢，這自然是劉邦的一貫性格；韓信、彭越的被殺，多半也就是他們兩口子的預定計劃。我常說，劉邦是中國歷史上第一個怕老婆的人，乃至怕到她公開的養面首，他也不敢說話，其原因也就是因為有許多的把柄早已抓在他老婆的手上了啊！司馬遷是第一個把古書上的文字改得較為淺顯而又最能具體描寫的人，因而他的書至今也還為我們所愛讀！

羅先生這本書是用明白淺顯的文言寫的，容易使人一氣看下去，以這樣老老實實的文言寫歷史，我覺得不必反對。

書後一個「英文提要」，這自然是為不能看中文的外國人寫的，但對只注重看中文的人也還是有益，因為使我們對全書容易記得一個大概。今後敘述一切與外國有關的歷史，我覺得他這個方法是可酌量採用的。

（一九六二年三月九日《聯合評論》）

C　點指人物

書生建黨的曾琦（1892-1951）

慕韓到美國去養病，已近三年，我們平日所得的消息，知道他總是時好時壞，他的身體自來不行，我和他做了三十幾年的朋友，很少看見他能有半年以上不生病的時候。這次出國，我以為環境變換，醫藥的條件也比較良好，應該於他有益。而且他最近還重遊了一次歐洲，假定他的健康沒有好轉，似乎他決不會冒險跑這一趟，可是去年冬天，他從巴黎寄了我兩首詩，都是充滿悲觀，已無復當年豪氣，我著實有點替他擔心。他由歐洲回美國以後，有一封較長的信給我，表示他願意離開美國，問我究竟以到那裡去為比較相宜。我因為不明瞭他的經濟和健康實況，不敢為他決定，只好指出三條路線請他自己選擇：一、健康情況不佳，經濟勉可支持，便留美不動；二、身體尚待修養，經濟又無法維持，便去台灣休息；三、身體已好，興會又佳，經濟還勉強可以自了，便到東京或香港，來和我繼續奮鬥。我這封信既講理學的，他和他的同學對他都很崇拜，也許他從這兩方面受的影響不少。

我和他認識是在上海的震旦學院，我雖不和他同班，但我們有過接觸，當時我所留的印象，只知道他是一個土氣很重的四川人，他常常和幾個朋友在一塊，從他那一副矯矯不群的神氣看來，他好像已經是那個小圈圈裡邊的領袖，可是我並不在他們的圈子裡面。其時是民國三、四年之交，他不過二十三、四的光景。

後來他到日本留學，到上海和王宏實、張尚齡等辦《救國日報》，我都沒有和他通過信，僅在上海見過一兩面。到民國七年，他和王光祈、陳淯（愚生）、周無（太玄）、雷寶（眉生）、張尚齡（夢九）、李大釗（守常）等在北京發起「少年中國學會」，經過王光祈的一度南下，便把我介紹入「少中」做了一個會員，並且非正式的要我在南京負起了發展會務的責任。究竟慕韓是從那點上賞識了我，我自己至今也不明白，因為我從來就沒有賞識過我自己，並且看見那些裝模作樣自命不凡的人物，就根本有些討厭。

慕韓在法國留學的期間，一面讀書，一面以愚公的筆名為上海的《新聞報》寫通訊，每次約兩三千字不等，每信報館酬以十元，後來改為十二元五角，大概每月通訊七、八次，約可得稿費百元左右，即靠此維持生活，當然是很苦的。民國九、十年之交，中國共產黨已經發起，其時留法的勤工儉學生很多，中共就憑藉這一基礎，在法頗有所活動，慕韓的反共工作，也就從這個時候開始。當時在法國領導中共的便是周恩來、王若飛、李維漢這班人；領導反共的，便是慕韓、何魯之、李不躉等等。聽說他們當時對壘的情形，也就是一會兒打打架，一會兒又開開談判，所謂「談談打打」、「打打談談」，他們大概在三十年前便已開始了。

慕韓所發起田「中國青年黨」係於民國十二年十二月二日在巴黎正式成立，他所提出的兩句口號：「內除國賊」、「外抗強權」，所謂「強權」，在當時自然所包者廣；所謂「國賊」大概便以共產黨為主體。其所以要提倡「國家主義」，他們自然早知道「中共」要求發展，除向蘇聯「一面倒」以外，是斷然沒有第二條路可走的。

十三年的冬天，慕韓由法國回到上海，不久，他的夫人宋靜宜女士，也從四川出來了，他們兩夫婦便搬到靜安寺路民厚北里一七八九號的樓上，和我同居。到十四年春天，一個與青年黨的歷史不可分的《醒獅》週刊，便在這個時候出版。該刊每週出版四開一小張，用道林紙精印，《醒獅》兩個字是章太炎寫的，在報名下面，還印著一隻獅子，是慕韓由法國帶回的一張畫片翻印的，慕韓顧而樂之，覺得很神氣。這個週刊的經費，係由二十幾個朋友（有的是青年黨員，有的是同情者），每人每月擔任五元，絕對沒有向外面去找過一文錢的捐款。寫稿子的完全是義務性質，無所謂稿費。慕韓任總編輯，幾乎每期都有他的文字，凡發行校對一切瑣務，便由我包辦，有時候也還要幫他看看稿子。發行半年，銷數已達八、九千份，再版、三版的記錄也有過，等到第二年五月，我因為要籌備出國，便交給一位黃鐘聲同志接辦，其時的銷數，已超過一萬，不僅最初每人每月拿出五元的辦法早已取銷，而且在交代的時候，還贏餘了七百餘元的現款，二、三百元的郵票，我生平辦過的日報、期刊，不下十餘種，但在營業上成功的，卻只有這一次。其時國民黨正在聯俄容共，我們在言論上不只反對共產黨，同時也反對容共的國民黨，要在中國談「第三勢力」，我們也真可以算得是「第三勢力」的老祖宗。

在國民黨清共絕俄以後，我們本應該以一個普通政黨出現，似乎沒有與國民黨完全立於對立地位的必要了；可是共雖清了，俄雖絕了，但國民黨從蘇俄學來的一套，依然未能放棄，還是要一黨專政，還是要高呼「黨外無黨，黨內無派」，我們逼得無路可走，不得已依然與國民黨對立了七、八年。在這一期間，黨的領導權，大體是握在慕韓的手裡，我們可以想像他的處境是很苦的。有人責備慕韓，說他不應該和若干軍閥有所接近，甚至連黨內的同志，在這一點上也有對他不諒解的，現在慕韓死了，我們試平心靜氣的想想：他所領導的一個黨，一個愛國而反共的黨，簡直弄得無法可以生存，剩下可以接近的，就只有寥寥的幾個軍閥，他不去和他們接近，還和誰去接近？由今觀之，軍閥在中國近年的歷史上，誠然也造了不少的罪惡，但比之於今天大陸上的共產黨又如何呢？

青年黨與國民黨關係改善是二十三年以後的事，可是慕韓與蔣先生第一大見面，卻在二十六的春天。接著八年的抗日，兩黨的合作總算大致不錯。汪精衛離開國民黨的一幕，不幸也帶走了幾個青年黨員，但百分之九十以上，卻依然是異常堅定，可是這件事在抗日史上是國、青兩黨的白璧微瑕，要為無可否認的事實。再拿現在的情形比較，汪精衛賣國的程度，並沒有超過共產黨；當時在偽組織下面生活的人民，比之於今天大陸上的老百姓，也真不知道要好到多少倍啊！

自從有了「國民參政會」，慕韓便想憑藉這個組織，逐漸把國家引上民主憲政的常軌，有兩個關於提前成立地方民意機構的案子，也就是慕韓所提出，而得到大多數的通過的。

慕韓所讀的中國書，比較有心得的，便是中國歷史上那些政治人物的言論和行事；他留學日本，留學法國，他所注意的，也就是日本和西洋那些政治家的政績和風度。「當代吾所師，新會與餘杭」，這是慕韓的兩句小詩，我覺得他之崇拜梁任公和章太炎，也僅僅是梁、章談政治或革命的方面，並不在他們的學術方面，我敢說太炎講學的精微處，慕韓是並不太能理會的。

慕韓的政治技術或政治運用，我不怎樣恭維，可是在最近的三十年，在我的朋友圈子裡面，真正能談大政治的，我卻只承認慕韓一個。我對於政治是玩票的性質，最多也不過是興趣之一，慕韓卻把政治看成身心性命，無論造次顛沛，腦筋裡都是沒有把政治拋開的。要談文學的欣賞或藝術的賞鑒，我絕對不去找慕韓，可是一涉及政治，慕韓便立刻成了我一個不可少的朋友，慕韓死了，我對於政治的興趣，也許更會要趨於低落。

慕韓不僅歡喜談政治，而且長於組織，試想，以他這樣一個永遠窮得不名一錢的書生，居然敢於發起一個黨，經過無窮的困難，受過無數的壓迫，已經有了近三十年的歷史，不靠他的組織能力還靠什麼呢？我想有幾句話，凡屬認識我們的朋友，一定都可以承認：只要是一個經過慕韓直接訓練或組織的青年黨員，說他還有向共產黨去投降的可能，那才真正是奇怪！

慕韓在我們的朋友中，自成一格，我舉不出另一個朋友在某幾點上像他；甚至我不能舉出慕韓的某一點與某人完全一樣。

毫無疑問，慕韓的性格是保守的，當白語詩文盛行的時候，慕韓所作詩文，依然保持老調。

他不是一個很聰明的人，但他的記憶力頗強，前人的作品，他能成誦的頗不少，可是鑑別力未必太高。他有一篇〈巴黎寄妹書〉，似乎是摹仿王湘綺，太炎說像習鑿齒，他很高興。慕韓的詩是志士之詩，而非詩人之詩；他的文是策士之文，而非文人之文；這是我對慕韓的詩文一個總評，儘管他自己未必同意，但我依然相信很公道。

慕韓於男女之際，在我的朋輩中算是一個極端規矩的人，假定他的第一位夫人宋女士，不是在四川中了炸彈的破片死去，他真可以做到古人的所謂「不二色」。聽說他在巴黎的時候，有一個有名的故事：一天，慕韓忽然收到某君一張約他在午後喝茶的請帖，地點是巴黎某街某號的三樓，他如約而往，頭戴博士帽，手拿「斯替克」，找到了門牌，便漫步登樓，用手仗在門上敲了幾下，門一開，乃是一間很大的「沙龍」，在紅絨的地氈上，一排站著十幾個一絲不掛的妙齡女郎！這一下直把慕韓嚇得手足無措，回頭便跑，踉踉蹌蹌的幾乎滾下樓來，一直回到宿舍，還連呼「惡作劇」不止。可是雖然如此，慕韓的這種態席，僅僅用以自律，決不以之律人，青年黨的同志們，因言論和行為的不檢，受過慕韓責難的頗不乏人，但我從來沒有看見任何人因男女關係受過他的責備，這種地方，也可看出慕韓並不是不近人情。

慕韓只有惟一的一個兒子，——曾憲斌，能讀書，很誠篤，現在美國的某大學肄業，係宋夫人所生。現在還留在美國的這位夫人——周若南女士，能書畫，籍浙江諸暨，與慕韓結婚已近十年，無出。慕韓於伉儷之情甚篤，我從來沒有聽說他鬧過家庭問題。慕韓以政治為專業，他前後兩位夫人也從來不管。

看慕韓的樣子是很嚴正的，有時且近於迂腐，其實慕韓也並不是完全不懂得幽默；我們有一位老友，他在中年以前，嘗抱有物色得一個「奇女子」的宏願，偶然發見一個似乎頗有奇氣的女子，他便不惜用盡方法和她接近，但結果終無所得。慕韓交遊遍全國，頗能宏獎人才，「愛才如性命，宗法在湘鄉」，便是他的自白；然而也常感失望，他作了一首打油詩，用以自嘲，且調侃這位老友：「君求奇女我求才，世事茫茫大可哀，安得黃金三百萬，美人名士一齊來。」可見慕韓眼中之名士，美人，也不過如此如此。

❦ ❦ ❦ ❦

慕韓的生活，清苦如老僧，除談天，出遊，或偶然做做舊詩以外，殆一無嗜好。近三十年來所流行的新文學，非慕韓所能欣賞；即電影和京戲，他也並無興趣。非極高興的時候，我從不見他喝酒，抽烟、打牌更無論矣，朋輩中覺得他的生活過於單調，有勸他出去散散步或在草地上晒晒太陽的，他也頗難採納，他把身體弄得太壞，大概精神上缺少緩衝，也是最主要的原因之一。

慕韓晚年也寫日記，有自編年譜，平日所作詩文，均能編次保存；朋友們的來信，必批明收到日期，很少不回信；朋友們的住址和電話號碼，他都有小本子記錄；凡此種種，可證明慕韓決不是一個散漫而沒有條理的人。

慕韓在開會討論一個問題的時候，總希望讓每一個人都有發言的機會，他所要求於大家的，便是要說得出理由，把握得著關鍵，立得起方案，提得出進行的步驟。慕韓自己對於一個重大問題，往往就利害得失先作多方面的考慮，有時且一條一條的寫出，可是一旦覺得別人的理由比他長，指出的關鍵比他明白，方案能更周到，步驟能更謹嚴，他卻可以從善如流，不惜把自己的意見拋棄，單就這一點而論，慕韓已經是很夠一個領袖的資格的。

慕韓自己長於文字，但關於青年黨對內對外的文告，他卻常常指定燕生和我執筆，要長，要暢達便找燕生；要短，要有力便找我，現在燕生死了，慕韓也死，我大概關於這類的東西也從此擱筆了。

一九五一年五月

附錄：曾琦的遺囑與絕筆

我在前記發表不久，又讀到慕韓去年十二月六日與台灣某同志書，其中有重要的兩段，不啻是他的一種遺囑，特再補記於此：

「弟為貧病所苦久矣，處茲亂世，寧戀殘生，所以尚不願遽與世長辭者，亦以生平抱負，百未一展，以國家主義倡於天下，而親見國亡於斯拉夫蠻族之手，若不及身而睹恢復，則雖死亦不能瞑目。加以自傳尚未寫成，詩文集尚待編定，政見亦未完全寫出，是以尚望壽命之稍延，非有戀於塵世也。」又云「弟已吩咐家人，如竟死於海外，必須舉行火葬，以便他日灰骨容易運歸，屆時由兄等分配，除以一部份葬於故鄉先父母墳旁外，餘則分別撒於黃河、長江、珠江、遼河各大流域，以示弟之忠魂隨流水以縈繞故國，此非故作悲觀之論，事實上亦饒有可能，兄姑誌之可也。」

這封信寫在他去世的前五個月，其時正入華盛頓大學醫院治療貧血症，尚非最後一次割盲腸也。

我前記提到去年他從巴黎寄給我的兩首詩，我所看見他的詩，此為最後，大概要算是他的絕筆了，也補錄在這裡：

其一：

玫瑰花開百鳥鳴，當年曾此結鷗盟，
故人多少先朝露，淒絕孤鴻斷雁聲。（重遊巴黎）

其二：

鳳泊鸞飄不計年，海枯石爛欲迴天，
餘生無復重來望，鐵塔低徊一惘然。（臨去巴黎）

玫瑰村在巴黎近郊，電車三十分鐘可達，中國留學生居此者頗多，中國青年黨即發起於此。我二十七年八月離開巴黎，臨走前一天，還去聽了一次「阿拍拉」，在火車上為送我的蕭石君唸了東坡的一首絕句：「淒昔怨亂不成歌，縱使重來奈老何，淚眼無窮似梅雨，一番勻了一番多。」我這種浪子的性格，與慕韓固自不同也。

給毛澤東一個初步的解剖

一篇現代史話

我們沒有理由說台灣絕對沒有真正瞭解目前大陸情況的專家，我們更沒有理由說台灣遣赴大陸的情報人員簡直就沒有一個好手能展開活動，而居然得著中共較高的秘密。因此，最近透過這類專家與情報人員的合作所發出有關毛澤東快要垮臺的消息，他們既「姑妄言之」，我們也就不妨「姑妄聽之」，好在在最近的將來有無事實可資證明，大抵無關宏旨。即令毛澤東偶然變更一個職務，也值不得大驚小怪。

毛澤東遲早必敗

我個人平日也強調毛澤東遲早必歸失敗，但我並無任何「情報」可資依據：也不是說我有任何真憑實據，足以證明中共少數領導階層的人物之間，確有無法克服的矛盾；至於蘇聯對毛的態度究竟如何，是否把毛運用到某一階段便要斷然中止，我也只研究一些類似「馬路新聞」的說法，我從來沒有把這些認為可靠。

可是「毛澤東遲早必歸失敗」的這一信念，我至今沒有動搖，這只是由於我對毛的一種基本認識。

人與法兩派

在最近的若干年，我們常在人們的口頭上聽到「法治」兩字，甚至也還有人強調「組織」或「組織領導」，其實這是不相干的。中國人的政治思想，誠然有「人治」、「法治」兩派，可是在中國全部歷史的過程中，法治派抬頭的時候很少，很短，人治派卻經常的佔著優勢。中國共產黨鬧成如今天的這一局勢，毛澤東個人的影響占著很重要的成分，這是沒有疑義的。因此，如果我們真要懂得目前的中國共產黨，對於毛澤東個性的分析，似乎是一個值得留意的方面。

分析毛澤東的個性，我不是一個最適當的人，尤其中共發展到了現階段，我們要徹底剖解毛這個人，更非懂得佛諾伊得一派的心理學不可，這顯然更不是我所能勝任。我在下面所說的。只是一個最粗淺的發端，聊供一般真能研究毛的朋友，作為一種參考而已。

如何研究毛

要研究毛澤東，首先不要忘記他是一個湖南人，在現代的湖南人中，何以會有毛這樣一個怪物出現，最低限度，我們應該懂得咸同以來以迄今日約一百年間，由湖南人所扮演的若干史實，及其代表人物的個性；尤其對清末民初湖南教育界的風氣，更非有一番親切的體驗不可。毛澤東生於甲午戰爭的前一年（光緒十九年，一八九三年），他現在已經是進入六十六歲的老人了，自聖賢以至一切渾蛋，都逃不出其所生時代與環境的影響，毛當然也不是例外。

從太平天國談起

太平天國一幕是湖南人領導結束的。當曾國藩開始在湖南建軍的時候、太平軍的勢力已由廣西到達長江，清廷已危如累卵。可是曾等經過十餘年的奮鬥，屢瀕於危，卒將這一次的大動亂弭平下去。清末一派種族革命論起來以後，乃對洪、楊予以過分的推崇，而立憲派則仍對曾、胡等景仰備至（梁任公曾一度打算為曾寫傳，蔡松坡有《曾胡治兵語錄》），黃遵憲對曾雖有微辭，但他仍承認曾雖不可學卻不可謗。四十年前著《清朝全史》的日本史學者稻葉君山，目湘軍非勤王之師而為一種宗教軍；最近日本岡山大學教授木下彪和我的朋友沈雲龍通信，則斥洪楊為盜魁，而目曾為中國古今所僅見之人物，並認中國近人著書目曾為漢奸者為不辨事理；凡此均足見公道自在人心。三十年來，我對太平天國一時期的史料，也有過部分的涉獵，我雖不否定太平軍亦自有若干的種族觀念，可是他們那種殺人越貨的行為，離奇怪誕的宗教，五花八門的制度，以及洪、楊等到達南京以後那一類驕奢淫逸的勾當，與毀滅中國文化的無知，則雖欲不目之為盜魁，以與今天的中共相提並論也不可得了。

咸同風氣的感召

我是十九歲才離湖南的，在我青年時期所見一部分的同鄉前輩，深深覺得他們那種講學治事的謹嚴，多少總還保持得有一種咸同時代的流風餘韻；後來我知道譚嗣同、唐才常在戊戌、庚子兩役所表現那種倔強不屈的精神，又看見黃克強、蔡松坡對革命與倒袁兩役所表現那種樸誠邁往的氣概，我乃更感到曾、胡、江、羅輩的影響未容忽視。假定戊戌一役沒有譚嗣同等的壯烈犧牲，則維新一幕的光芒可能為之低減；假定同盟會成立以後沒有黃克強六年的苦鬥，清廷的顛覆便不見得那樣的迅速；更假定民國四、五年之交沒有蔡松坡的崛起，則中華民國的基本動搖，又何必要等到今天？江忠源明明知道廬州不能守而必守，譚嗣同明明可逃而卒不肯逃；羅澤南受命於危難之際而戰死武昌，武昌卒得而不復再失，黃克強也受命於危難之際而苦戰漢陽，漢陽雖失而卒有南京的繼起；胡林翼能與一個闒茸庸劣的官文相處得水乳相融，蔡松坡乃能把一個一代奸雄的袁世凱玩之於掌股之上；這些都是偶合，但您能說歷史人物的感召，對後起者絕無影響？大致湖南知識分子的墮落，是從楊度、章士釗一輩才開始的，而陳天華、楊篤生、宋教仁、譚人鳳、禹之謨……，仍為湖南人才的後勁，到劉揆一、胡瑛、李燮和……的晚節，則已趨於變種。其實少壯期的楊、章，又何嘗不顯其美質，以時代有變化，學術有純駁，政風有良窳，乃逐漸流於荒唐，亦不盡屬章、楊之咎。

毛澤東的出現

最為一般人感到奇怪的乃是近代湖南人物在再衰三竭之餘，又居然像戲劇一樣的爆出一個冷門的毛澤東！其實凡懂得我在上面所舉咸同以來的一些脈絡，懂得清末民初的湖南學風，再加上「五四」一期的一些影響，而又略略明白第一次大戰以後的世變，像毛這樣一種角色之出生於湖南，更出生在「長沙裏手湘潭漂」的湘潭[1]，卻是半點也不稀奇的。

原來毛在青年期也仍不失為一個優秀的學生，他受了一點中學教育，已居然能夠胡亂的看一點書，也居然能在長沙的報紙上偶爾發表一些文字，乃至自辦刊物；其行為似乎也相當的謹飭，因此才為他的母校第一師範的校長楊昌濟所賞識。楊字懷中，號華生，長沙人。英國留學生，曾任「北大」西洋倫理學史教授（所用講義係日人某所著。我找來看過，內容似乎不壞）。曾有一篇涉及倫

1　「長沙裏手湘潭漂」是我們長沙一句流行的話，是湖南人製造出來挖苦自己的。「裏手」是明明不懂不裝作內行的意思，「漂」是表面漂亮而中無所有，同時就是上海話「像煞有介事」的意思。

理宗教的文字，發表於章行嚴所辦初期的《甲寅》，所署筆名為Y.C.Z，章譽胡適之「中西之學俱粹」，而目楊為「魯殿靈光」，其時還是章行嚴頭腦最清明的時代。毛澤東與楊的女兒結婚，據說是由於他們自動的戀愛，與楊不一定有何種關係，因此楊對毛的影響究竟如何，我很難作切實的說明。但據一位最瞭解楊、毛關係的人告我，楊曾勸毛涉獵過胡、曾、左諸人的遺著，而毛對胡林翼最為崇拜，胡字潤之，毛之改號潤之，即是毛崇拜胡的一種表示。

清末民初的湖南教育

清末光宣之際，長沙教育界有幾個影響青年最大的人物，據我所知，如徐特立、何勁、曹孟其（惠）、朱劍凡（周南女學校校長）、姜濟寰（字詠洪，其人體貌頗似黃克強），乃至陳夙荒（楚怡校長）、胡子靖（明德校長）、彭國鈞（修業校長）等等均是。這類人大抵對學問都無深造，對立憲革命也不一定有何成見，但改造社會的要求則異常強烈，用力也十分猛勇，那一種高度的熱情，簡直有點不近人情，一般守舊者目這類人物為「國民派」，其意義乃等於「怪物」，可是當時我們這般十七、八歲而不太遲鈍的青年，乃多數直接間接在他們的領導之下，而蠢蠢欲動。毛澤東也正是這一風氣中的一個產兒。由今思之，我覺得當時這般人的社會改造運動，比戊戌時代時務學堂一派人在我們湖南所生的影響，要廣泛，深澈得多。

下面再舉兩個實例來說說。

我前面所提到的何勁，乃是一位專側重社會教育的鬥士，他自己辦有一種白話報，發行不少改良社會的小冊子，也隨時舉行一種通俗的講演。我看過他一種名叫《女先生》的小冊子，是提倡普及女子教育的，其劈頭四句便這樣說：「女子無才便是德，此語本來是胡說，試看蘇州女先生，如何有才又有德」！我覺得他這類的東西，乃與陳天華所寫鼓吹革命的小冊子《猛回頭》異曲同工，也可以說是互相呼應的。何勁這個人的樣子短小精幹，勁氣內歛，而又幹勁十足，真可以說是名如其人。這個人大致已去世多年了。

徐特立其人

其次我要提到當時的徐特立（此公刻已八十以上，大致還住在北平，為中共五老之一），其人也是敢作敢為的（敢作敢為加胡作亂為，便是咱們湖南人的特性之一）！「好讀書不求甚解」，好像什麼都懂得，其實什麼也不懂，他似乎有一個信念：「大致凡新的總是對的」。可是其人身體壯健，富有熱情，好名之心甚切，那一股幹勁，也是一往直前的。清末請願開國會的運動起來以後，我們湖南的兩個代表之一便是羅傑（字峙雲，留日學生，有文采，首先剪辮，入民國後還在上海辦過群治法政學校，在我的心目中，算是最富有咸同精神的一人）。當羅出發北上的時候，徐特立乃砍下一個指頭，血書八個大字：「請開國會，斷指送行！」當面交給這位羅代表。羅峙雲送了他一首七律，中有句云：「指痕送別壯南行，才氣逼人求李雙」，其時大致是宣統元年，我還在高小二年級，但這件事對我的印象卻是很深的。徐又是留法動工儉學生中年紀最大的一個，因為缺了半顆門牙，讀法文咬音不正確，學算學，有無所得，我不得而知，大致總是未能深造的。三十四年我在延安還見著他，他拉我談得不少，說他要編一種各科混合的教科書，其態度如在長沙師範當我的校長時一樣，雖已七十開外，但不顯其老，別人告我，他有時還跳到延河裏去洗個冷水澡哩！毛澤東受此老的影響，可以說是最深最深的，即令我說您如果不懂得徐特立，您便無法瞭解毛澤東，也不算是如何過分。申言之，您如果不知道徐特立到七十以上還可跳入延河去洗澡，您如何會懂得毛澤東的浮渡湘江，浮渡長江是幹的一回什麼把戲呢？

從正面看毛澤東

毛澤東生平也覺得「凡新的總是對的」，也一樣「好讀書不求甚解」，他的敢作敢為，更早進入了胡作亂為，他對共產主義的愛好，開始於讀了陳望道從日文翻譯的一篇〈共產黨宣言〉，現在他儘管滿口馬列主義，其實他隔馬列之門還有十萬八千里，您想，他憑什麼可以窺見馬克思列寧的全貌？充其量不過「拿著鷄毛當令箭」，利用這一工具，來演一回搶奪政權的全武行而已。我知道有毛澤東其人，大致在民國八年，是我的朋友王光祈寫信告我的，其時他已加入了「少年中國學會」，其時我在南京。第一次我和毛見面，大致在民十一、二之間，是李守常寫信通知我的，其時我在上海，毛給我的第一個印象，沒有什麼，只是土頭土腦的一個苦學生，但談話中也偶有一兩句可聽的。第二次我在延安會見他，已隔了二十年之久，他卻長進多了，他拉著我同去的六人（褚輔成、黃炎培、冷禦秋、章伯鈞、傅斯年，加我）一塊兒座談，雄辯滔滔，居然能談出許多不成道理的道理，有一次在煤汽燈下談得興高采烈，他把外面的一件衣服脫掉，裏面居然是一件潔白的襯衫，我恍惚看見舞臺上的一員「白袍小將」，其週旋進退，也類似群英會中的周瑜，其時我對這位富有戲劇性的「湘潭漂」（音票），倒是覺得蠻有趣的。

最近十年，毛澤東殺了無數的人，玩弄了無數的知識分子，製造出了無數離奇怪誕的名辭、口號，也創造了無數匪夷所思的神話，到最近乃更有全國練鋼，全國皆兵，人民公社等等的把戲出現，好像真是把一個地獄的大陸，居然說成了天堂，其實毛還是一個毛，一個平平常常的毛，不僅對一個「紙老虎」沒有動得了分毫，乃至連他所寫出那些太不夠水準的詩詞之類，也非痛打手心不可！

莫誤會毛一無長處

話雖如此，假定看了我這篇文字的人便覺老毛一無長處，卻又大大的不可：

一、你不可忘記毛確是一個「不信邪」的湖南人。

二、他富有實踐性，即幻想也無阻於他的實踐。

三、他頗能運思，可惜的只是「思而不學」。

四、他有頗強的組織力，就他操縱軍人的本領說，他不失為一個活宋江。

五、他有一種「居之不疑」的氣概，這是在我們中國人中充當一名領袖所必須具備的條件。

附帶想說一說的話還很多，可是已經占去篇幅不少，有一位小弟弟來信，說《聯合評論》快要變成左舜生評論了，這句話倒是很可取，就此打住了吧。

（一九五八年十二月十九日《聯合評論》）

毛澤東最後的苦杯

毛澤東生於一八九三年，現在也算是十足七十歲的老人了。他之搞共產黨，既不是由於他對主義真有何等的認識，也不是他果有何等的抱負，更不是他對中國確有何等的理解；不過當俄國革命以後，正遇著中國的軍閥橫行，政治前途，看不出任何希望；而國際對中國的壓迫，更本著他們數十年一貫的手法，纖毫不肯放鬆；於是中國的思想界，由於內外的推盪，乃起了相當的變化，而所謂「新思想」、「新文化」這類的名辭，也就隨時掛在中國知識分子的口頭，出現於中國文人的筆底。其實講起來，當時所謂「新思想」、「新文化」的內容究竟是什麼東西，即在提出這類名辭的人，也莫明其妙。

陳獨秀者，不過是敢於武斷，而又富有煽動性的這類新文人之一；他覺得籠統的高談「新思想」、「新文化」究竟太嫌空泛，於是他乃提出所謂「賽」先生、「德」先生作為這類思想文化的內容，給予大家一個較為清晰的印象。其實您要問陳獨秀：科學要如何才能在中國生得起根來？民主又必須如何才能在中國推得動，他也還是瞠目不知所對。

與陳獨秀比肩的李大釗，嚴格說來，不過是當時北方的新政客之一，他與吳佩孚的關係甚深。在俄國還不曾向中國大施誘惑手段以前，像陳、李這類的人，尤其是李大釗，他們原不難各自找到他們的出路，換言之，他們確不是註定非做共產黨不可的。後來俄國對中國所施的手法一天天趨於複雜而又具體，所謂中國共產黨固然接受了俄國的豢養，自己立了一個小小的門戶；而中山先生經過無數次的挫折與失敗，無論精神與身體、又都已接近暮年，於是國民黨乃出現了容共聯俄的一幕。當時代表中共與國民黨接頭甚至代表中共在改組後的國民黨第一次全國代表大會內發言的乃是李大釗而非陳獨秀，也正因為李具有一副政客的頭腦，而同時具有一副政客的體貌（白晰烏鬍而態度穩重）之故。

毛澤東在國民黨容共以前，不過是陳、李下面一個三等腳色，即以我所認識的共產黨人而論，其能力比毛強而又正式受過高等教育的乃多到不可勝數。可是經過改組後國民黨第一次全國代表大會以後，毛乃以跨黨分子的資格，取得了一個中央執行委員。就我所知，看出中山將不能久於人世，而國民黨的地位確可由中共取而代之的，要以毛為最早。這一事實是毛親口告訴鄧中夏與惲代英，又由鄧惲告訴我，即作為當時引誘若干少年中國學會會員與他們採同一行動的有力說法之一。十六年國民黨清黨以後，又經過十年間的所謂剿共，中共分子被殺的確也不少，加上李死而陳又被逐，其他能力知識高出毛上的人，又被毛分別對付而漸歸淘汰，於是毛在中共黨內的地位，乃逐漸確定。再加上，日本軍閥繼續瘋狂侵略中國不已，無端而又有所謂西安事變發生，使得國民黨雖欲延緩抗日而無可能，於是中共在史達林領導之下，黨員既日見加多，武力也日見加厚，尤其要緊的，乃是使它取得了公開活動的地位以後，一個對中共有利的形勢，更日見形成。歸納中共所以鬧成如今天這樣一種態勢・始終對它扶助指導之者為蘇聯，給以機會者為日本，名為援助國民黨，實際為中共幫了大忙者則為美國。自然，國民黨在勝利以後，因若干措施的失當，更忘了一個更惡劣更嚴重的形勢即將到來而掉以輕心，則尤為主因。總而言之，中共在取得整個大陸以前，完全以「哀者」的姿態出現，因而它確能博得若干人的同情，同時也引起了國際對它若干的迷惑，但一個全面得意的形勢來得太快，無形中給毛澤東以及他們若干高層分子沖昏了頭腦，也提高了他們無往不利的信心，於是他們過去那種小心寅畏的心理完全喪失，而一切荒謬的行為在這十幾年間乃一幕一幕上演，以致鬧成如今天這樣一種走投無路的絕境。

本來，在中國文人中，毛澤東只是一個酸溜溜的典型人物；對世界的真實情況自然缺乏理解，即對所謂馬列主義的認識，也不會比他們的「賀龍同志」更為高明；「一不信邪」毋寧說是他這頭湖南騾子的一點長處，但「不怕醜」卻使得他完全忘記了他的本來面目。截至現在為止，他依然迷信幾個口號和幾篇又長又臭的文章便可解決問題，以為只要經過他「鬼畫桃符」的一套，便可實現他的一面反美，而又一面反蘇。他這種心理的演變，總算比較他的「土法鍊鋼」又跨進了一大步！

上月十四日，以中共中央名義答覆蘇共中央這封三萬多字的長信，即所謂〈關於國際共產主義運動總路線的建議〉，我還是十足花了兩點鐘的時間，耐心的看了一遍。這篇文章可能不是完全出於毛澤東的手筆，但由毛澤東長時間關起門來加以潤色琢磨，再加上他一些看似強硬而實則軟弱的句子然後送出，則係事實。大家不要以為他這篇文章真是什麼「理直氣壯」；更不要誤會他真要和蘇共去討論什麼馬克思列寧主義的「真理」；實際說來，它不過是「如怨如慕，如泣如訴」向赫魯曉夫同志告哀，而期待他能對他們「覆水重收」！在這篇文章裏面，凡提到所謂「獨立」，所謂「平等」，所謂「民主的基礎」，乃至聽來使人肉麻的所謂「兄弟黨」，都能激起人們對中共的多少同情，可是他們卻忘記一個四十年來受人豢養，受人栽培的黨派，根本便沒有去向別人要求「獨立」、「平等」的資格！蘇聯之敢於向中共表示這一粗暴無禮的態度，根本就是他們平日叫「老大哥」叫「爺爺」叫出來的必然後果！今天忽然要與人家去稱兄道弟，當然要引起「老大」和「爺爺」的十分不快！

現在就要推測莫斯科中共和蘇共雙方會談將會有何等結論，也許微嫌過早，但氣氛不怎樣良好，卻是事實。從實際說來，今天中共只剩下三條路可走：

第一條，不是派遣了這幾個蘇聯學生到莫斯科去「班門弄斧」，而實際只是去「負荊請罪」。但能否博得赫魯曉夫的意轉心回，同時還多少給回老毛一點面子，卻很難說。

第二條，第二條，是掉轉頭來，向美國以外的第二等帝國主義者求得妥協。雖有可能，但作用不大。

第三條，第三，便是一改已往一切胡鬧的作風，從此也不再談所謂世界革命，實行向大陸的老百姓認錯賠禮。這雖然是最安全而也不太丟面子一條大道，但仍不容易得到「英明的毛主席」的許可。總而言之，以現狀來說，除掉毛澤東實行滾蛋以外，中共今天的處境，確已陷於路路不通了，我們且等著瞧吧！

（一九六三年七月十二日《聯合評論》）

大陸動亂已在變化中

一

從去年八月到現在，時間已經過了半年，無論在臺北、在東京、在港九，我隨時都和許多朋友在一塊，共同檢討中國大陸這次的動亂，我們有許多點的看法是完全相同的：

一、這次的亂子，醞釀的時期很長，牽涉的範圍很廣，一經發動，絕不是短時間所能結束得了，甚至陷於無從結束也不一定。

二、中共已經有了四十年的歷史，在他們未取得政權以前和這十八年已取得政權以後，他們中間已經有過許多意見上的參差，更有過許多人事上的恩怨；即以毛、周、劉三巨頭而論，他們本來都是「半瓶醋」的文人，儘管他們強調組織，號稱鐵的紀律，但他們彼此間「相輕」的惡習，絕不是這種所謂組織和紀律所能減輕得了。

三、單以毛而論，他並不缺少若干方面的「小聰明」；運用這種「小聰明」的方式作政治鬥爭，有時也發生奇效；但以「小聰明」應付大問題，或提出什麼大主張，當然要毛病百出。過去有不少的中國人和外國人，號稱對中共有相當認識的，往往對毛的估價，都看得太高，只有極少數清楚毛根柢的人，才能少犯這種錯誤。

四、自從有「紅衛兵」出現，我們都知道亂子一定要擴大：在罷免彭德懷以後，毛知道軍隊已經不大能效忠於他，這是他的機警；但他不知道把林彪的地位過分提高，足以招致軍隊的分化，卻是他的糊塗。就中共說，林彪也自有他的勞績；在一部分中下級軍人中，他也積有若干的威望；如果老毛對這塊料能謹慎使用，叫他所擔任的工作不出軍事範圍，他總也還可撐持幾時。忽然要把劉少奇這把交椅奪來給他，還加上一個異樣的頭銜，叫作「毛主席最親密的戰友」！這寧不令比林老一輩的人寒心，新興的少壯一輩絕望？林本人也未曾不知道他負不起這個責任，可是他的野心一經被毛挑起卻又得意忘形，於是只好徹底排除異己，加速提高自己的親信，甚至連彭德懷也要加倍處罰，捉拿解京；朱德、賀龍也要追加清算；此所謂去年殺韓信，今年醢彭越，要黥布不起來造反，豈非怪事？三十四年我在延安，有一次他們用朱德的名義請客，被約陪客的全係他們的高級軍人，我這一桌，我坐客位，彭德懷坐主位，當時我和彭的問答，請參閱《左舜生選集》回憶錄內所記，回到重慶以後，有人問起中共的人才，我說：「軍人優於文人」，軍人我又推彭第一。這次風潮的掀起，始於彭首先反毛免職。因而有「海瑞罷官」、「海瑞罵皇帝」，以「三家村」等等的說法出現，可證明我的觀察十分正確。至於朱德，我們去延安的六個參政員：褚輔成、黃炎培、冷遹、傅斯年、章伯鈞和我，和中共的代表們，舉行了三次談話，朱每次都在場。我眼中的朱德，只是一個平凡的軍人，假定他有角，也早已被老毛磨平了。中共佔據大陸這十幾年，朱始終只負一空空洞洞的名義，毫無實權，但他究竟是紅軍的創建者，很長時期都是「朱毛」並稱，他年齡已過八十，他以此自娛有一個元帥的頭銜，和毛等同上天安門看看熱鬧，已經心滿意足，此外別無其他野心。毛自然多少懂得他的「無用之用」，所以過去不敢輕於動他（實際也無此必要）。林彪這個小老粗，當然不懂•依然要揪出他來鬥一鬥，這是林自己開自己玩笑，也十足證明林其笨如牛，賀龍也是彭德懷那天陪我吃飯在座的一個，終席未發一言，但我對他那副綠林豪傑的面孔，卻頗感興趣。同席的蕭勁光、蕭克拿賀開玩笑，曾對我說：「我們的賀同志這幾年進步最快，他已經能寫白話信了」！在稠人廣眾中，當著老賀的面，對一位生客說這種話，多少有點令人難堪，但老賀未以為侮，只抿嘴一笑，這可說明老賀確有一種江湖朋友的胸襟，相當可愛。據我所聞，賀龍、蕭克算是連襟，當他們度著打家劫舍生涯的時候，曾在他們的本鄉桑梓霸佔了人家兩姐妹，賀龍較長，得了姐姐；蕭年青，分了妹妹。這個故事，頗類似孫策、周瑜之於二喬，不過我們湖南一個偏僻縣分的鄉下姑娘，恐怕遠不如長江下游的姑娘來得漂亮就是了（孫策、周瑜攻皖得喬公二女；策納大喬，瑜納小喬，二喬可能就是安徽人）。因為賀有這樣一種性格，多少還有人味，與其他裝模作樣的共產黨人不同，因而許多軍人很歡喜他，他在軍隊裏面的潛力似乎還在朱德之上，現在林彪壓迫到朱、賀，不僅中共的軍心從此瓦解，多數反毛林的軍隊，可能對林有極嚴重的條件提出，非打擊林到永遠不能翻身不止，到那時候毛也惟有犧牲林以自救，可是毛這一著有不有效，仍很難說，因為毛這次實在鬧得太不成話，他的「厚黑」，他的刻薄，他的無知，……經此一度，已經暴露無遺，甚至連目前當過「紅衛兵」的這一群小孩子他也欺騙不了。

二

上面這一段話，大半根據事實，一部份是經過大家的檢討暫時得出的假定。

除此之外，有一點是我在半年以來隨時強調請求大家特別加以注意的，即周恩來在這次亂子起來以後所變的戲法，和他所抱的一種希望。在香港，我們每月至少有一次人數較多的討論（十人以上），其他二、三人或三、五人交換意見的機會，則次數無限制。每次遇到這種有多數人討論的場合，我一定本著我個人所見，提出以供大家參考，但我並不十分肯定我所見的一定可靠，而我也相當謹慎，不願使我的判斷過分流於主觀。至於任何一位朋友，能就中共的某一方面，某一個人，或某人與某人間某種關係能作出深入研究，我總衷心欽佩，不惜盡量接受，以加強或修正我自己的判斷。去年八、九月在臺北，在東京我的態度如此；三年前在紐約，在波士頓也是如此；尤其最近幾個月在港九，我更曾就我的看法，作過多方面的說明。換言之，我在每次談話，一定要提到周恩來，以中共的上層分子來說，我不認毛劉是中心人物，周才是中共內部左右全局的一個腳色，中共這個政權勉強支持了一十八年，也以周的關係最為重要。

我第一次見周，在民國二十六年「廬山談話」結束以後，在上海滄州飯店的一個晚上。我對他的第一印象，覺得他的基本知識儘管不夠，但常識卻比毛多。而且也還能細心聽取別人的意見。他有五十年的統戰經驗（不是從黃埔當教官算起，而是從留法動工儉學算起），在共黨中接觸黨外人士最多的。他是第一個，這也就是十八年以來他變成一個「不倒翁」的最大本錢。

毛之為人，知識有限，主觀太強，讀書太少卻又太雜；有人說他曾熟讀《資治通鑑》，我不相信；從《水滸傳》、《三國演義》學得許多鬼主意，倒是真的。假定他真正好好讀過《資治通鑑》，遇著一個大問題，便不會錯得太離譜（《資治通鑑》本來就是一部皇帝或政治領袖人物的教科書）。有人說毛能看英文文件和報紙，這也是騙人的；截至現在為止，毛對外國文字，只認得西瓜大的一籮筐，因此毛最缺乏國際常識，也完全不懂什麼馬列（但他有本店自造的馬列，也有陳伯達捉刀的馬列）。反之，他卻胡謅出許多不成話說的舊詩詞，經無恥文人柳亞子、郭沫若等給他一捧，他也就飄飄然以詩人自命。他在過去和最近作出無數害死人不償命的浪漫主張，就是從中國舊文人的惡習出發；毛平日抽煙、喝酒、玩女人，養著各省的名廚，為他做菜，再加上起居無節，白晝作夜，也都是從舊文人的惡習自然產生的。這次亂子擴大以後，他便連江青也放了出來，讓她對王光美發洩一股怨氣，假定說江青也能指揮什麼「文化革命」，則「文化」兩字在毛的心目中究竟是什麼意義？於是只好把「文化革命」這面旗子棄而不用，就直截了當赤裸裸地把他們這次的內鬨正名曰「奪權」，平日毛口中所標榜的「教條」、「無產階級專政」、「人民民主專政」、「為人民服務」等等乃完全成了騙人的鬼話。

周恩來在這些方面，似乎比毛小心得多；他從來沒有寫過一本什麼書或一篇講稿強迫人去背誦或學習，也很少聽見他把馬、恩、列、史之類掛在嘴上，檢查他五十年的統戰工作，儘管在他偶不謹慎的時候，也要露出虛偽的馬腳，但他在周旋進退之間，卻也表現相當的素養。他原籍紹興，生長淮安，讀書於天津南開中學；離開南開以後，在日本住過一年左右，然後才去搞勤工儉學。他的法文不曾學好，但英語還可對付，能慢吞吞地和英美人打交道，也能看看淺近的書報。周的老婆鄧穎超，和我們在「國民參政會」共過一時期的事，她也是一個愛說話的人，除掉口齒清楚以外，內容自然也沒有什麼，但我在延安，曾去參觀過她的家庭，她卻能把他們一個窰洞裏的家，佈置得井井有條，窗明几淨，一塵不染，若干的書籍，也擺得整整齊齊，在最近這十八年以來，她也從未出面干擾過政治，這些地方，都可使我們把毛與江青和周、鄧作一比較。

儘管周的基本知識談不上，但他卻喜歡聽取別人的意見，抗戰中，他在武漢和重慶一直充當中共代表團團長，與各方面經常保持接觸。楊杰（耿光）這個人本來是魏延、趙括之流，一味驕妄，官癮甚大。他曾繼蔣百里（方震）的《國防論》之後，寫過一本《新國防論》，其內容不過是一本日本軍事學校的講義，毫無特色，比之百里的書，不可相提並論。周恩來不明白日本的軍閥情況，常到重慶鄉下找楊，請他說明日本進攻中國的軍事動向，經常和周一起去楊那裏的，三、五人或七、八人不等（因為所謂各黨各派，只中共有一部汽車），我也是其中之一，我聽過三幾次之後毫無所得乃不復再去，但周仍照常周旋。最近的十幾年，中共的政治、外交都掌握在周的手裏，他又隨時出外走動，見聞因而較廣，經驗也較前有加，國際對他也頗注意；在中共的黨中央，他雖不居第一位，但他的意見，也不曾被忽視。說到「當權派」，他才真正是當權的，而且自來看毛不起（在重慶，如林伯渠、董必武等談到毛，總叫「毛主席」或「我們的毛主席」，只有周叫「老毛」），為什麼這次亂子起來以後，他都站在毛、林的一面呢？要解答這個問題，必須知周之為人：他是一個最能看風使舵的，首先要把自己站穩，絕對避免「吃眼前虧」。當大亂初起，他看見毛在黨內還保持一部份殘餘威望，而又把林彪拿穩，可以支配部份的武力，其決心要與劉少奇等，作一場殊死決鬥，顯然可知。周本來是徹頭徹尾反毛的，幾乎這十幾年來毛的許多荒謬主張，他都不以為然，但沒有使得政權根本顛覆，他總是多方隱忍。周本人最基本的理想是要由他來掌握實際的政權，在他上面，不妨擁戴一個虛名的傀儡，可是毛把劉提高到作為他的繼承者，周卻絕對不能容許。其理由：

一、劉比周年青七歲，身體似乎也還沒有大毛病，這一點周比不過他；

二、劉在黨方軍方，都有相當的潛力，周最多也只能與他勢均力敵；

三、劉也可能取得若干國際的支援；

四、劉具有若干湖南人的硬性，決不甘心做別人的傀儡，而要自作主張；

五、以這次表現的事實為證，劉顯然已取得若干文化人對他的支持；

……

因此種種，假定劉果真代毛而起，這對周實在是一莫大威脅，他絕對不能袖手傍觀。毛、林結合，以鬥垮劉為第一目標，他姑且站在擁毛的一面，先把劉鬥倒，乃對他有利；他也知道劉的實力不弱，不見得不鬥即倒，他把毛、劉「兩利而俱存之」，則對他的好處更大。周這一策略，求之中國的古書，乃是卡莊子坐觀虎鬥的辦法，也就是蒯通說韓信的那種陰謀。周對這類書本子上的知識，原不一定弄得清楚，但他積有多年鬥爭的經驗，乃居然與別人暗合，這也可說是周的聰明處。

又當大亂初起，周內心本來有一套主張，即不要把亂子擴大到不可收拾：一、他認定他所主管的行政系統，不容擾亂；二、生產機構不容破壞；三、軍隊最好不許介入。過去他們有所謂只許「文鬥」不許「武鬥」的說法；有所謂「十六點」的規定；更有所謂「抓革命，促生產」的口號；這些大體上都是周下的工夫。可是自從毛利用「紅衛兵」在各處大鬧後，生產固然大部停頓；軍隊也顯然分了擁毛、反毛兩派，還有心存割據的紅色軍閥；就在周所主管的偽國務院，也被「造反派」公然侵入，有若干的偽副總理及其他次要人員，已被鬥垮、鬥臭、鬥死。尤其劉少奇、羅瑞卿、彭真、陸定一等等，頭頂紙帽，身上掛著牌子遊街，更把中共的臉丟盡；周十幾年來對國際所造的西洋鏡，經此一幕，也全部拆穿；周眼見毛的威信已全部喪失，林彪更完全經不起考驗，即毛、林本人也心慌意亂。不知如何是好，是周乃認定他乘時崛起的機會已經成熟，假如他仍不接受毛、林的懇求，出來作最後掙扎，則中共這一偽政權便必然全面崩潰，整個大陸也必然四分五裂，這便是周最近毅然起來說話的原因（名義上還是代表毛、林），實際也就是他早經考慮，準備起來坐收漁人之利的預定計劃。不過時間經過得太久，亂子鬧得太大、太複雜，人民對黨的信仰，已摧毀無餘，周是否真有能力收拾這個爛攤子，卻值得我們全面反共的人，密切加以注意。

三

今後周的行動是否能發生較有效的結果，將決於下列各點：

一、「武鬥」全面停止，「文鬥」也必須結束，學生上課，工人復工，農村照常工作，對內對外的貿易，加速恢復正常，這些是否大體都能辦到？

二、公社一類的組織，必須斷然廢止，是否不大困難？

三、制止獨裁，略採集體領導的姿態，劉少奇僅能保留他生命的安全，不許再起；毛今後不許亂動，不許亂說，僅保留一個虛位；毛、劉這兩派，是否都能俯首接受這一約束，不另作復辟的企圖？

四、強迫人民閱讀《毛選》，背誦《毛語錄》，這是中國民族一件最丟臉的事，是否能在最短期內，把這一可恥的現象根本肅清？

五、如何恢復知識份子的尊嚴。使他們發揮力量不再遭受老毛和孩子們的壓迫或侮辱？

六、解除國際孤立的痛苦，準備如何著手，一反過去所為以取信於人？

七、中共擁有核子武器，美國所受的刺激還小，蘇聯所受的刺激更大，如何自動安排，減輕美蘇的猜忌，避免他們採取實際行動？

八、軍隊仍須有最高統一指揮之人，林彪已成過去，能否找出一個為各方所接受之人，或仍以朱德（朱今年已八十有）掛一虛名，為他覓一有力的副手，如彭德懷沒有死，是否可能在被考慮之列？

周今年也已經是七十的老人，我曾看過所謂《毛主席和百萬文化革命大軍在一起》的這部紀錄影片，看出周以二重人格敷衍毛、林大變把戲，不惜混在「紅衛兵」一塊唱歌、跳舞，為毛在群眾中開道，高呼「毛澤東思想萬歲」，實已身心俱瘁，毛病百出，馬腳畢露，中共到今天也僅僅剩下他這一張王牌，對上面的八大課題，周如不能作出適當的解答，則大陸各地人民除群起自救以外，也別無他法了。本來，毛在未完全喪失理智的時候也曾說過：「從長遠的觀點看問題，真正強大的力量不是屬於反動派，而是屬於人民」。老毛，十八年以來，你屠殺人民、侮辱人民、欺騙人民，人民今天已到總清算你的時候了，你明天就死了，這種清算也還是不能避免的！

（一九六七年三月十四日《徵信新聞報》）

談我所認識的幾個共產黨人——張聞天、田漢、李達及其他

大陸對多數開明分子的高壓仍在繼續擴大中，我想起一個早被清算的張聞天，兩位正在被清算的田漢和李達，都和我有過一段關係，把我所知道的若干事實，在這裡談一談，也許對注意大陸問題的朋友們有些用處。

張聞天，江蘇南匯人，民國八年開始和他交往的時候，他和沈澤民（沈雁冰的弟弟）正在南京河海工程學校讀書。「少年中國學會」成立於民國七年，我在第二年便已加入，其時我在同學黃仲蘇的南京家裡為他的幾個妹妹和兩個小侄女補習國文。張、沈兩位知道我是「少中」的會友，也許還在《少年中國》月刊和上海《時事新報》見過我的文字，因而未經任何人介紹，便一同來看我。我和他們經過幾度見面和談話，覺得他們研究的雖是河海工程，但中英文都不錯，對文學的興趣很高，對他們的印象確實不壞，因和仲蘇商量把他們介紹加入了「少中」學會。

其時，我的年齡已二十五、六，張、沈還不到二十。其時「少中」有三個姓沈的會員：沈怡、沈昌、沈澤民，加上張聞天和劉仁靜，都算是我們最年青的會友。

民國九年春天，我加入了上海中華書局編譯所任新書部主任，不久張、沈在南京畢業，我便把聞天介紹進中華書局，和我同事。民九以後的幾年間，在我這一部有四個同事，後來都變了共產黨員：一、聞天，二、田漢，三、李達，四、何叔衡。關於田、李的故事，下面再談，現在先談聞天。

聞天在河校畢業後，便結了婚，而且生了一個孩子，他的太太和小孩，住在上海對面南匯的家裡。聞天進中華以後，便一直和我在哈同路民厚北里同住一房，我不曾見過他回家一次。有一天，他的太太抱著小孩子來找他，聞天立刻逼著她回去，她的眼淚一大顆一大顆落在懷裡孩子的頭上，但聞天無動於中，這可看出「五四」以後的青年，對自己婚姻不滿的態度。

當聞天和我同住的時候，他急於要找到一個新的對象，對吳淞中國公學一位四川姓文的女生，和當時一位美名噪於一時的毛小姐，他都下過不少的功夫，可是兩者皆無成就。

聞天對讀書是用功的，其時H. G. Wells的The Outline of History新出版，聞天便買來擺在我們臥室的書桌上，從第一頁到末了一頁，以兩星期的工餘時間，通讀了一遍。這也是「五四」以後，一部分青年急於追求新知的共有態度。

聞天和我同事的時間不太長，大致兩年左右。後來我知道他去過一次美國，但他是那一年加入共產黨的，我不知道。民國九、十年之間，我和惲代英、鄧中夏（原名康，和惲同為「少中」會友）常在一塊，不曾見過聞天參加。我和陳獨秀也有過一時期的往來，而且在他編的《嚮導》和代英編的《中國青年》上寫過稿子，也不曾見聞天在這兩種刊物上有文字發表。

聞天在中華書局出版過一本中篇小說（書名已忘），我看過原稿，內容寫一個青年和他的父親發生激烈衝突，文字非常尖銳，這可看出他當時思想的一斑。後來（時間在民國二十年以前）國民黨的上海市黨部，曾以訓令方式，通知上海各書店，一次禁止了兩百種以上的新書，單我在中華經手出版的，也在二十種左右。聞天這本小說，和田漢的一本《咖啡店之一夜》的戲曲集，都在禁止之列。

民國十四年，我加入了青年黨；十五、六年，我又離開書局到法國去跑了一趟；從此以後，我和聞天的關係，便有一段長時間脫了節。後來我知道他到蘇聯讀了幾年書，俄國話說得很好，在莫斯科中山大學任過翻譯，後來他和陳紹禹、秦邦憲等都變成了有名的國際派，在黨內所擔任的職務，也逐漸的重要起來。

民國三十四年，我和褚輔成、黃炎培、冷遹、傅斯年、章伯鈞六人同訪延安，和共方代表毛、朱、周等八人舉行了三次會談，聞天便是他們的八代表之一。其時我已五十二，聞天四十四，但他那副小孩子面孔，卻和我們在上海時一樣，他和我確也談得很親熱（這是我們「少中」同人的一種風氣，無論在任何場合，我們的私人情感，總是超越黨派或政治意見之上的）。毛澤東也是「少年中國學會」會員，他當然知道我和聞天的關係。這次他所以把聞天排在八代表之內，大概多多少少是為了敷衍我的。會談結束，我向毛提出，說我個人要和聞天談談，毛答：「您不容易找到他的住所，我派人陪您去」。於是，我和任弼時一起去會張，任系毛的親信，我和聞天談話，他便坐在旁邊，因此我們便只能敘舊，不便談政治，這也可看出毛澤東對所謂國際派，是何等的猜忌。其時聞天住的地方，非常簡陋，桌上除幾本外文書和一部電話以外，別無他物（與周恩來的住所迥然不同），同時，我也不曾看見他的太太，大概一直到那時候，他還是一個光桿，我聯想到他所追求過的那位文姓女學生，和那位毛小姐，也許是因為他的眼光提得太高，不容易找到適當的對象吧，但這也就是小資產階級的意識囉！

當毛澤東還在向蘇聯「一面倒」的時代，他儘管對國際派如張、陳、秦諸人非常猜忌，但表面還得敷衍，因此聞天（洛甫）曾歷任要職，做過駐蘇大使、外交部副部長，一直到中共和蘇共大決裂以後，才把他凍結起來。他現在也已經是六十五歲的老人了，精神上也許很不舒服，但他與這次的大風潮，似乎沒有直接關係。

陳紹禹（王明）、秦邦憲（博古）都是國民參政會參政員，其時中共有一個代表團留在重慶，周恩來任團長，指揮一切。葉劍英則為軍事代表。陳紹禹愛出風頭，對政治和社會都認識不夠，但領袖欲極強，辯才無礙，每遇著他在參政會發言，能說會道的主席汪精衛，也只能皺皺眉頭了事。有一天，張君勱和我與蘇聯駐重慶大使鮑格莫諾夫見面，陳為我們當翻譯，俄國話熟極而流利，我和君勱都承認他是中共一個可造的人才。可是毛澤東始終對他不放心，可能周恩來對他也不滿意，大致他留在參政會只有兩年，便調回了延安，據說他回延安後，一直病了好幾年，說不定已被毛軟禁。我們到延安後，想揭破這一秘密，也要求和他談談，毛不好拒絕，經過兩天，我們便見著了他。其時是陽曆七月三、四號，中午延安天氣很熱，但他仍穿著棉衣褲曬太陽。據他告訴我們，他已經打過一千多針，看樣子確實有病。他住的地方比聞天的更不如；並且電話也沒有，會客的地方，除幾把櫈子以外，別無他物，他的太太帶著一個小孩，面黃肌瘦，可看出他們的營養不良。現在他已經是六十九歲了，是否尚在人間，誰也不知道。他是安徽六安人。

秦邦憲情形稍好一點，仍可往來延安與重慶，但精神也不愉快，他在延安主編《解放日報》，每天午後出版一大張，我們這幾天在延安活動，都成了這張報紙的第一版材料。在一次吃飯的時候，我對他說：「您回延安後，身體胖多了」。他說：「我在這裡，只是飽食終日」。這句話充分表示他無所事事。後來他和王若飛，都是在抗戰結束時回延安，因飛機失事死了的。他是江蘇無錫人。我與李幼椿和他第一次見面在上海滄洲飯店，其時是抗戰前，廬山談話剛剛結束以後，這一晚也有周恩來在座，我們的談話內容，是關於如何求得抗戰勝利的一點。

田漢，字壽昌，長沙人。我和他在徐特立（懋恂）創辦的長沙縣立師範同學。其時是民國元年，他十六歲，我十九歲。他大致在長沙師範讀了四年才去日本，我只讀半年便跑了。我和他朋友關係的建立，不在同學而在長沙定王台省立圖書館。這個圖書館規模不算大，但內容相當充實，藏舊書近十萬冊，善本書頗多（開辦初期，湖南著名經師皮錫瑞鹿門任過館長），清末民初出版的新書也有好幾千冊。因地點僻處東城，看報的每天有二、三十人，但看書的只有四、五個，遇著風風雨雨的時候，尤其是寒暑假，三間閱覽室，便幾乎被我和壽昌兩人專用。閱覽室的三面，裝著大的玻璃窗，窗外有十幾棵芭蕉，風搖葉動，夾著打在上面的雨聲，更令人神往。其時壽昌看的書已經以文學為主，我還在亂看亂翻的時代。我偶然在《長沙日報》發表論文，壽昌便在第三版發表他的改良湘戲，記得他寫過一齣《新三娘教子》，以黃花崗某烈士的家庭為題材，給我的印象頗深，這是壽昌寫劇本的開始，也是我們以文字相見的開始。《長沙日報》的總編輯傅熊湘，字君劍，一字鈍根，是「南社」有名的社員之一，光緒三十二至三十四年，他在上海主編《競業旬報》，胡適之便為這本雜誌寫過稿子不少。他能儘量把我和壽昌的稿子在報上發表，確也給了我們一種鼓勵。

我們在圖書館，有幾次看見徐特立的爸爸，六十左右，常常拿一本木版大字的陶詩，坐在閱覽室外的階簷上高聲朗誦，有一首我便聽也聽熟了：

種桑長江邊，三年望當採，
枝條始欲茂，忽值山河改，
柯葉自摧折，根株浮滄海，
春蠶既無食，寒衣將誰待？
本不植高原，今日復何悔。

有人說，此老有神經病，我看不儘然，假如，這便算是神經病，那麼徐特立終日忙忙碌碌，東奔西走，向人說話，慷慨激昂，見人發起什麼事，便想進而包攬，便算是神經病之尤了。平心而論，徐特立這個人，確不失為熱心分子，毛病出在學養不優，宗旨無定，當清末請開國會運動進入高潮的時候，他便砍下兩個指頭，寫了「請開國會，斷指送行」，八字血書，交給當時湖南的請願代表羅傑。等到勤工儉學有人大力鼓吹，他的年齡已經四十二，便拋棄一切到法國開始學法文，還要一面做工，一面研究他所愛好的數學。回國以後，他看見共產黨已經鬧得蓬蓬勃勃，他又變了共產黨。民國三十四年我到了延安；他的高齡六十有九，我問他近來幹什麼？他說：他想把許多部門的科學如數學、物理、化學等等，編成一種綜合性的教科書。延安另有人告我，說他近來還要跳到延安河裡去洗澡。今年他已九十，據大陸報紙記載，他依然見獵心喜，還要和莊則棟比賽幾盤乒乓哩！羅傑因為他的斷指血書所感動，曾送過他一首七律，有兩句警句：

指痕送別壯南八，才氣逼人求李雙。

我承認他「才氣」確實是有一點的，但微嫌太亂，外省人不大知道他，他在湖南，卻是一部分青年的偶像，近年湖南的亂人出得最多，受他的影響不小，我們要懂得毛澤東，懂得田漢，便多少有瞭解徐特立這個人的必要。

壽昌離開了長沙師範，便到日本讀書，後來進了東京高師，在名義上儘管是繼續研究教育，但仍以搞文學為主。他曾告我，他每次出去，總要在神田區一帶買一兩本書，遇著有好戲或好電影要看而沒有錢，便又搬幾本書去當了買票（在日本，好書是可以當錢的）。他去日本三、四年，回了湖南一次，便把他的表妹，即他的未婚妻易漱瑜帶了出來，再去日本。其時已民國八年，我在南京教書，已加入「少年中國學會」，他路過南京，和漱瑜一起來看我，事前並未通知，使我喜出望外，於是我把南京的「少中」友人，以南京高師和金陵大學的學生居多，和他見了面，我還帶著他和金大的教務長劉伯明（經庶）作過一次長談，凡伯明提到的書，壽昌大抵看過，談得甚為融洽，事後，劉伯明還常常對我恭維壽昌不置。壽昌之加入「少中」，就在這一時期。民國九年，主持「少中」會務的王光祈去了德國，我進了上海中華書局，「少中」的會刊《少年中國》，便由我負責編輯，壽昌寫過不少的稿子，他的話劇處女作《環珴璘與薔薇》這個劇本，便在這個月刊上發表。這個時候的「少中」月刊，內容還很幼稚，但銷路不壞，平常每期銷六、七千冊，出過兩期婦女問題專號，都超過一萬，黃仲蘇的妹妹後來成了武漢大學理學院長查謙的太太黃孟姒，和後來成了李達太太的王會悟，朱謙之的太太楊沒累，都在這兩期上有稿子。壽昌有個舅舅名易象（字梅丞，一號梅園），學問不壞，曾做過湖南留日學生監督，壽昌能到日本讀書，還得了一份官費，大概得著他舅舅即他的岳父的助力不少。但後來易象捲入了湖南地方政治漩渦，在長沙為他的政敵所殺，當軍隊包圍他的住所，拉他下樓槍斃的時候，他知道不免，還從容寫了一首絕命詩：

> 天外飛來事可驚，丹心一點付浮沈，
> 愛鄉愛國都成夢，留得來生一恨吟。

這件事大致發生在民國十年左右，這對壽昌、漱瑜的精神上是一絕大的打擊。壽昌的母親，我在上海常見面，也是一位明白多禮的老太太，壽昌之敏而好學，大致和他的母系血統是有關的。

壽昌在東京高師畢業後全家遷往上海，我請他加入中華書局（其時張聞天已離開了）。在中華做事有一好處，即書局對我們的工作，絕對不加干涉，我們名雖編輯，大部分時間，都在利用編輯所的圖書館讀我們自己要讀的書，民國十一、二年之交，他們的圖書館，已有藏書三十萬冊，民國二十年我離開以後，已陸續加到五十萬冊。其時，我已開始研究中國近代史，中國與列強的關係史，壽昌則加緊創作劇本，並從事翻譯。他的戲曲集如《咖啡店之一夜》，翻譯的莎翁劇如《哈姆雷特》、《羅蜜歐與茱莉葉》，王爾德的劇本《莎樂美》，《日本劇曲集》等等，都在這個時候出版，書局並沒有把這些工作算在編譯所的時間以內，還是另給稿費或抽版稅的，這比較今天香港的出版家，似乎賢明得多。日本的作家如谷崎潤一郎、佐藤春夫之類到了上海，因壽昌的關係我也和他們見過面；中國方面從事文藝的人，凡與壽昌有往還的，我大抵也有過接觸；我對當時的所謂新文學能感到興趣，並且知道這件事的重要，為中華書局出過許多文學部門的書，壽昌對我可說是最有影響的一個。

壽昌在中華工作，大致有三年左右，離開以後，他的文學運動，尤其是戲劇運動，便大大的展開：一面從事寫作，一面也從事實驗。壽昌與青年黨無關係，但他出過一種《南國特刊》，卻附在青年黨的機關報《醒獅》出版。民國十六年，他創辦了一個「南國社」，設有一個實驗劇場，可容納觀眾三百人左右，隨時有他自己寫的劇本上演，歐陽予倩寫的《翠屏山》，由予倩飾潘金蓮，周信芳飾武松，也在他這個劇場演過。到「南國社」不僅有好戲可看，而且有香檳、威士卡可喝（壽昌從那裏找來的錢，我卻不明白，也不願明白）。結果是賓至如歸，我自然也是座上客之一，因而我認識搞文學的朋友也越來越多，「創造社」的郁達夫和他的太太王映霞，我便是第一次在「南國社」見著的。當時的王映霞是那樣美，我真為他們暗暗祝福。壽昌又不只在他的實驗劇場演戲，有時還帶著大隊人馬到南京、杭州等處上演，氣象真是活潑極了。後來唐槐秋（此君係青年黨）父女組織了一個「旅行劇團」，到處演戲，便是直接受著壽昌的影響。

壽昌對男女生活是相當浪漫的，自從民國十二年秋天易漱瑜死了以後，他續娶的一位名黃大琳，同時還有一位林蘇菲（編者案：林維中），也和他「濃得化不開」，後來這位林小姐到南洋教書去了，所有寄給壽昌的信件或食品，還是由我轉交，「願天下有情人都成眷屬」，像這類的事，我總是樂於幫忙的。現在他的太太名叫安娥，我卻不認識。

據說壽昌是民國二十一年（一九三三年）加入共產黨的，從此他和夏衍（沈端先）、陽翰笙便成了左翼話劇界和影劇界的領導人物。壽昌在抗戰前後寫過不少劇本，抗戰中，他更到長沙、桂林、昆明等處作過演劇活動。他這個時候，名義上是在國民政府軍委會政治部第三廳廳長郭沫若下面負責文藝宣傳工作，但他自從「創造社」以來，便一直看郭沫若不起，因而他很少跟郭在一起做事。當壽昌在中華書局的時候，郭還在日本讀書，曾寫過不少白話詩在《時事新報》的「學燈」發表，有一首可憐巴巴的表示要自殺（為什麼我不清楚），頗能引起若干人的同情。後來郭又和「少中」會員宗白華（時任「學燈」編輯）有關於哥德的討論，壽昌也參加了，於是他們三人把有關這一方面的文字輯成一小冊，名為《三葉集》，在亞東圖書公司出版。可是等到白華、壽昌把他介紹進「少年中國學會」的時候，郭在四川的中學同學曾琦、魏嗣鑾、李劼人等（均少中會員）卻堅決反對，說他在中學時便品行不端，因而他卒未成為「少中」會員。後來郭這一特殊的不良行為，更大有發展，現在在臺灣的張夢九，和抗戰時參加汪偽組織的傅式悅，都最清楚。壽昌之所以看郭不起，這大概是最主要的原因之一。大家只知道郭叫「史達林爺爺」、「親愛的鋼」、「永恆的太陽」……實際他的卑鄙何止如此，這次大陸大舉清算知識份子，郭首先自打耳光，以求保持這碗共產飯，在一個知道他歷史的人，是一點也不奇怪的。

共黨蟠踞大陸以後，他們居然能用壽昌、歐陽予倩、洪深、丁燮林、夏衍、茅盾、周信芳等領導戲劇和其他文藝工作，我總覺得用當其才，以為共黨在這方面，或能有所發展，沒想到壽昌卒以《謝瑤環》一劇翻船；吳晗本來是搞歷史的，這次也以《海瑞罷官》的劇本牽入，真是不幸的很。以壽昌的性格來說，富有正義感而又讀書甚多，骨頭相當硬，不肯輕於妥協，尤其不拍馬屁，要和郭沫若輩爭一日之長，當然是不可能的。假定，他這次還能不氣死，不餓死，我希望他能關起門來，寫一本回憶錄，把他五十年來從事戲劇活動的艱苦經過記錄下來留贈後人，使繼起作這一活動的人有所憑藉，我想這是很有益的。

李達，湖南零陵人，現年七十五。他本來是在日本學工業的，捲入了「五四」以後的思潮，也頗留意社會科學。我原來不認識他，他回國以前忽然寄給我一部由他譯出日本人著的《社會問題總覽》，請我代他向中華接洽。我覺得他的譯稿寫得乾淨，文字清通，便接受下來，因而和他通過幾次信，出版後居然銷了好幾版。他畢業回到上海，一時找不到工作，我便把他拉入中華幫忙。他沈默寡言，看樣子很老實，做事也相當負責。但說他可以做一個大學校長，則太嫌不夠。他在中華，大致只有一年多光景。其時上海有一大群女子，都在東跑西跑的找對象，有一名王會悟者，貌僅中人，稍解文字，略有常識，和我也有過短時期的往還。據我所知，她本來已有一個假定的目標，可惜只限於「落花有意」。會悟有一侄女，貌美且較年青，不久便與沈定一的兒子訂了婚，結了婚，於是他這位姑姑的求偶之心更切。剛好李達到了上海，也正有找人的需要，與會悟見過幾面，後來他們又住在一所屋子裡面，再經過老李一度的懇求，於是會悟不得已而思其次，他們乃自然結合。我知道了，當然向他們恭喜恭喜。

李達離開中華以後，我們的關係便已中斷，他是什麼時候加入共產黨的，我全不知道。一直到中共佔據了大陸，老李居然做了湖南大學校長，我才再看見他的名字。這次他在武漢大學任內被清算免職，在我看一點也不稀奇，因為像李達這樣的共產黨人我看得太多，他們之輕於加入共黨，也正和他們輕於與一個女人結合，沒有多大的區別：和女人結合是一杯水主義，和共產黨結合是一碗飯主義。一個真正的共產黨，只有愚蠢，卻不浪漫，像老李這樣的人，即已上了共產黨的船，又不肯做奴才到底，以一個大學校長，在毛澤東看來還算得什麼東西，豈不是自討苦吃？

我在這裡，要附帶敬告一切研究中國共產黨的朋友們：對毛澤東個人的估價不宜過高。例如有一位朋友說：「在中國歷代打天下的人物中而工於詩者，魏武帝之外，毛澤東應該是第一人」。那然則是做過皇帝的人如劉邦、劉徹、楊廣、李隆基、李璟、李煜、趙佶等等，他們都寫出比毛澤東更好上一百倍的詩或詞，您打算把他們排在第幾呢？外國人要翻譯老毛的詩不奇怪，因為他們根本不懂中國文學，中國人似乎不好這樣說。

（一九六六年七月二十三日《徵信新聞報》）

左舜生先生遺言

舜生先生自民八以後，即奔走國事，不遺餘力。後加入中國青年黨，更畢生為民主反共而奮鬥，同時亦不忘學術研究工作之推進。茲將先生近年言論中有關國是及政黨問題之意見，摘錄於後，以供國人及本黨同志今後努力的參考。

一、抗戰時期，舉國對外，團結抗日，經過八年的艱苦奮鬥，始獲勝利。今天局面之艱難，超過抗戰時期，為歷史所未有，抗戰時期能夠團結，難道今天還不能團結嗎？面對當前的敵人，團結還不一定有效，何況不團結。

二、過去每逢大陸上有什麼變動，有些人就責備政府又失去了一次反攻的機會，我個人從來沒有作過這種責備，因為反攻復國是需要許多條件配合的，這是有關國家生死存亡的大事，豈能放言高論。我們應該共同努力，造成可戰之勢，至於何日開始反攻行動，應聽候最高統帥的決定。

三、毛共最大的弱點，乃是一個「陋」字。他們的一切措施，均有如坐井觀天，不知天高地厚，以僅有的一點微薄力量與淺陋見識，企圖搞世界革命，這是絕對不可能的事。

四、毛共政權已經不能領導知識分子，所以只好來領導小孩子胡鬧，因之，毛共的失敗乃為必然之事，只是時間遲早的問題而已。但毛共政權的失敗，並不等於我們的成功，這中間並沒有一個等號。我們的將來，還要靠我們自己的努力。

五、真正的建設，是應作廣義的解釋，譬如經濟、社會、倫理、心理等等。假使這些建設不是建築在堅實的基礎上，不是為人民著想的，那麼這種建設便會經不起考驗。相反的，要是我們的建設是處處以人民利益為前提的，人民便會歸向於你；民心的向背，是勝敗關鍵所在，即使洪水猛獸如毛共者，我們也可兵不血刃，戰勝他們。

六、政黨的結合，應以政治主張為本，沒有政治主張的，不成其為政黨。一個政黨內部有意見，如果是政治主張的不同，那不要緊，即使分道揚鑣，仍不失為光明磊落。

七、一個黨的團結，形式上比較容易，精神上則比較困難。在形式上的團結成功以後，必須繼續致力於精神上的團結工作。

八、一個政黨應隨時培植繼起接捧的人，以促進新陳代謝的作用，永保黨的新鮮活潑的生命。

九、我時常有幾句話向朋友們說起：「政治者俗人之事，君子不得已而為之，小人因緣以為利。」我們人人應該關心政治，但決不需要人人都去從事實際政治。我們要有所不為，要能甘寂寞，要耐得窮，要不畏強禦。

十、我們以書生集團起家，希望同志們要勤於閱讀，研究各項問題，須知救國建國之道多端，無一不需要高深的學術基礎。我們上了年紀的人，不得不特別愛惜時間，加倍用功讀書，充實自己，一天至少要當一天半來用。但願天假以年，使我能實現預定的計劃，再完成幾部歷史著作，有機會還想到東南亞各國及日本去看看，希望對國家和黨做一番最後的努力。

秀威經典 PC1063

左舜生回憶錄

原　　著／左舜生
主　　編／蔡登山
責任編輯／周政緯
圖文排版／黃莉珊
封面設計／王嵩賀

出版策劃／秀威經典
發 行 人／宋政坤
法律顧問／毛國樑　律師
印製發行／秀威資訊科技股份有限公司
114台北市內湖區瑞光路76巷65號1樓
電話：+886-2-2796-3638　傳真：+886-2-2796-1377
http://www.showwe.com.tw
劃撥帳號／19563868　戶名：秀威資訊科技股份有限公司
讀者服務信箱：service@showwe.com.tw
展售門市／國家書店（松江門市）
104台北市中山區松江路209號1樓
電話：+886-2-2518-0207　傳真：+886-2-2518-0778
網路訂購／秀威網路書店：https://store.showwe.tw
國家網路書店：https://www.govbooks.com.tw

2023年1月　BOD一版
定價：380元

讀者回函卡

國家圖書館出版品預行編目

左舜生回憶錄 / 左舜生原著 ; 蔡登山主編. --
一版. -- 臺北市 : 秀威經典出版 : 秀威資訊
科技股份有限公司發行, 2023.01
面 ; 公分
BOD版
ISBN 978-626-96838-2-6(平裝)

1.CST: 左舜生 2.CST: 回憶錄

783.3886 111020848